VLADIMIR SERKIN

Die Dankbarkeit des Wolfs
Heilgeheimnisse des sibirischen Schamanismus

GOLDMANN
Lesen erleben

*Buch*

Vladimir Serkin, ein Psychologieprofessor aus Magadan, begibt sich auf eine abenteuerliche Reise in die Einöde. In der abgelegenen und eisig kalten Landschaft Sibiriens will er einen angesehenen Schamanen aufspüren und Einblicke in dessen Heilmethoden erlangen. Er findet den alten Schamanen, und der erlaubt ihm tatsächlich, seine Heilkunst hautnah mitzuerleben und die Gespräche und Erlebnisse aufzuzeichnen. Doch Serkins Aufenthalt bei dem ebenso lebensklugen, humorvollen und gleichzeitig rätselhaften Heiler entwickelt sich ganz anders als erwartet: Mehr und mehr wird der Professor der Psychologie an seine körperlichen und geistigen Grenzen geführt und erfährt am eigenen Leib, wie die Kraft eines gelebten Schamanismus die rationale Fassade des modernen Menschen zum Schmelzen bringt. Als Serkin nach Magadan zurückkehrt, hat sich seine Sicht auf das Leben grundlegend gewandelt.
»Die Dankbarkeit des Wolfs« zeigt das faszinierende Porträt einer vergessenen Welt – und zugleich die autobiographische Schilderung eines packenden Heilungsprozesses.

*Autor*

**Vladimir Serkin** wurde 1955 in Jakutsk, einer der kältesten Städte Sibiriens, geboren. Er absolvierte ein Psychologiestudium an der MGU (Moskauer staatliche Universität), das er erfolgreich mit einem Doktortitel beendete. Heute leitet er die Fakultät für Psychologie der Universität Magadan und hat sich mit vielbeachteten wissenschaftlichen Publikationen hervorgetan.

# VLADIMIR SERKIN

# Die Dankbarkeit des Wolfs

## Heilgeheimnisse des sibirischen Schamanismus

Aus dem Russischen von
Jelena Beljajeva-Petersenn

**GOLDMANN**

Die russische Originalausgabe erschien 2008 unter dem Titel
»Khokhot Shamana« im AST Verlag, Moskau.

Die deutsche Erstausgabe erschien 2009 unter dem Titel
»Das Lachen des Schamanen. Heilungsgeheimnisse und Weltsicht
eines sibirischen Weisen« bei Sphinx Verlag, München.

Verlagsgruppe Random House FSC® N001967

4. Auflage
Vollständige Taschenbuchausgabe Oktober 2013
© 2009 der deutschsprachigen Ausgabe
Sphinx Verlag, München
in der Verlagsgruppe Random House GmbH,
Neumarkter Straße 28, 81673 München
© 2008 der Originalausgabe Vladimir Serkin
www.nibbe-wiedling.de
Lektorat: Claudia Fritzsche
Umschlaggestaltung: UNO Werbeagentur, München
Umschlagmotiv: FinePic c/o Zero Werbeagentur
SSt · Herstellung: cb
Satz: Satzwerk Huber, Germering
Druck: GGP Media GmbH, Pößneck
Printed in Germany
ISBN 978-3-442-22037-3

www.goldmann-verlag.de

Besuchen Sie den Goldmann Verlag im Netz

  SINN  SUCHER

Dieses Buch gibt, eingebettet in Tagebuchaufzeichnungen, Fragmente von Dialogen wieder – Dialoge mit einem Menschen, der ein höchst ungewöhnliches Leben führt. Das System schamanischer Praktiken ist weit komplexer und komplizierter, als der Autor es mithilfe von Zeichen und der Sprache darstellen könnte.

Neben der »herkömmlichen« Kommunikation mit anderen Menschen und Lebewesen beherrscht der Schamane zahlreiche weitere, darunter auch äußerst ungewöhnliche Praktiken. Sie versetzen ihn in die Lage, Einfluss auf die Außenwelt zu nehmen, und eröffnen ihm darüber hinaus die Möglichkeit der Teilhabe an anderen, nicht menschlichen Gesellschaften.

# Inhalt

# Vorwort

Liebe Leserin,
lieber Leser!

Der vorliegende Band trägt den verheißungsvollen Titel *Die Dankbarkeit des Wolfs*, und sofort drängen sich Ihnen Fragen auf: Wer ist der Autor? An wen richtet er sich? Und welchem Genre ist das Buch zuzuordnen?

Ich möchte Ihre Fragen folgendermaßen beantworten: Wir haben ein Buch vor uns, dessen Autor Psychologe ist und der sich auf den Weg zum Menschen begab – auf den direkten Weg. Denn ihm war es allenthalben zu eng geworden, nicht nur innerhalb der Grenzen der professionell-akademischen Psychologie, sondern innerhalb des gesamten Spektrums – dazu zählen auch psychologische Methoden wie die Psychoanalyse und neuere esoterische Praktiken wie die Transpersonale Psychologie, Transaktionsanalyse und die Neurolinguistische Programmierung (NLP).

Wer hat sich vor Vladimir P. Serkin mit diesem oder einem verwandten Thema befasst? Dazu kann ich Ihnen nur einen einzigen Artikel nennen, er ist *Der Zauberer und seine Magie* überschrieben und entstammt der Feder des weltberühmten Anthropologen und Ethnologen

Claude Lévi-Strauss. Dieser zeigt uns darin auf, wie und wodurch sich die Vorgehensweisen des Psychoanalytikers und Psychotherapeuten vom Alltag eines Schamanen unterscheiden.

Der Autor dieses Buchs hingegen unternimmt den Schritt in die entgegengesetzte Richtung. Die Persönlichkeitsentwicklung eines Menschen hängt von vielen Faktoren ab, sagt der Autor. Da steigen Zweifel in mir hoch – wovon? Von wem? Vom Guru? Vom Rabbiner? Vom Sensei? Von einem Lehrer oder von einem Meister? Einem Meister, wie ihn der russische Schriftsteller Michail Bulgakow in seinem Werk *Der Meister und Margarita* dargestellt hat? Dass ich Schwierigkeiten habe, mich mit der sozialen Rolle unseres Hauptdarstellers zu identifizieren, hat seinen Grund. Die Weltsicht des Autors erscheint meinem Verstand sehr besonders. Meine eigene Überzeugung habe ich Lew Wygotski, dem Gründer der kulturhistorischen Schule der russischen Psychologie, zu verdanken.

Besinnen wir uns doch einmal darauf, in welchem Jahrhundert wir heute leben: in einer Zeit, wo jeder auf der Suche ist. Auf der Suche nach Selbst-Entwicklung, deren Richtung sich auch jeder selbst aussuchen darf. Und wenn Sie sich, liebe Leserin und lieber Leser, auf diese Suche begeben oder gar Ihnen bislang noch Unbekanntes und Ungewöhnliches erleben möchten, sollen Sie »Die

Dankbarkeit des Wolfs« vernehmen und seine Wirkung spüren.

Professor Aleksandr Asmolow
Leiter des Forschungsbereichs Persönlichkeitspsychologie an der MGU, der Staatlichen Moskauer Universität

# Über den Schamanen selbst und das Buch *Die Dankbarkeit des Wolfs*

Beim Betrachten der Karte Russlands wird augenfällig, dass die Verwaltungsregionen Magadan (461 400 Quadratkilometer) und Tschukotka (721 481 Quadratkilometer) zusammen eine Fläche einschließen, die mehr als die Hälfte des europäischen Teils von Russland ausmacht. Nach Angaben des Föderalen Dienstes für Staatliche Statistik Russlands lag die Einwohnerzahl im Gebiet Magadan am 1. Januar 2006 bei 171 569. Allein 100 000 Einwohner sind direkt in der Gebietshauptstadt Magadan ansässig, ungefähr weitere 40 000 in Ortschaften im Umkreis von 200 Kilometern um Magadan, das entspricht einer Bevölkerungsdichte von 0,37 Einwohnern pro Quadratkilometer. Die übrigen wohnen in Ortschaften, die sich überwiegend an der einzigen großen Autoverbindungsstraße entlangreihen. Und in Tschukotka leben gemäß den Zahlen von 2009 noch deutlich weniger Menschen: 49 520[1],

---

1 Ich messe den Daten der Volkszählung in Tschukotka wenig Glaubwürdigkeit bei, da ich mir nicht vorstellen kann, dass und wie es möglich sein soll, dort alle Einwohner zu erfassen. – *Hier und in weiterer Anmerkungen des Autors. Mit * gekennzeichnete Anmerkungen stammen von der Übersetzerin.*

eine Bevölkerungsdichte von 0,1 Einwohner pro Quadratkilometer. Die Siedlungen selbst verdanken ihre Existenz allein den Goldlagerstätten – ihr Bestand steht und fällt mit deren Ausbeutung. Und so warten Hunderttausende von Quadratkilometern Taiga, Tundra, Küsten und Flussufer, Hochebenen und Bergketten noch auf ihre Erforschung.

Hier gab und gibt es weder Sozialismus noch Kapitalismus. Aus hiesiger Sicht erscheint Politik als eine absolut sinnlose Betätigung, ohne jeden Bezug zum realen Leben. In dieser Wahrnehmung stellen die europäischen Staaten ein paar Stückchen ausgezehrten, umweltverschmutzten und dicht besiedelten Landes dar. Weshalb man sich dort so großtut, obwohl man völlig überflüssig ist und nichts im Leben bewirkt, will hier keinem einleuchten. Wenn einer der Ortsansässigen gelegentlich mal den Fernseher einschaltet, dann wundert er sich ein wenig über den Tunnelblick der Politiker oder anderer Akteure, doch nachdem diese hier ohnehin auf nichts Einfluss haben, ist auch das schnell wieder vergessen. 1997 antwortete ein aus der Siedlung zurückkehrender Ewelne auf die Frage, was es denn an Neuigkeiten gebe, die UNO rücke nach Osten vor. »Nicht die UNO, sondern die NATO«, verbesserte ich ihn. Als mir alle erstaunte Blicke zuwarfen, begriff ich, dass für die Menschen hier UNO, NATO, RAO EES (Russische Energieverbund-AG) und sonstiges abstrakt-abstruses Blabla ohnehin alles dasselbe war. Und wegen solcher Nebensächlichkeiten trat ich ins Fettnäpfchen …

Im Übrigen ist das eine Weltsicht, die nicht nur unter den zivilisationsfernen Ewelnen immer mehr Anhänger findet. Im Herbst 2003 war ich als zugezogener Berater bei einer Kommission des regionalen Bildungsreferats tätig und hatte Gelegenheit, eine Geografiestunde an einer nationalen tschukotischen Schule zu besuchen. Ein im wahrsten Sinn des Wortes kleiner Knirps, dessen Eltern mit ihren Rentierherden in einer Saison für gewöhnlich über 1000 Kilometer zurücklegen, versuchte unter großen Mühen, auf einer Landkarte die Hauptstädte von ein paar europäischen Nationen zu entdecken, deren Staatsgebiet kleiner war als das Land, das Rentiere beweiden und durchwandern. Nachdem er die Ländernamen heillos durcheinandergeworfen hatte, ließ er schließlich entnervt eine Bemerkung fallen, die mir im Gedächtnis haften blieb: »Die sind so klein. Wie soll ich den Kram denn bloß finden?« Die junge Grundschullehrerin, eine Absolventin des Zentrums der Völker des Nordens[2], machte ein betretenes Gesicht, doch die erfahrenen Kommissionsmitglieder schlossen ledig-

---

2  Russisch *Sistemomysledeyatelnostnyj podchod (SMD)*, aus dem Russischen ins Englische übersetzt »*system-thinking activity (STA) metho dology*«.

lich eine Sekunde lang verständnisvoll die Augen und nickten dazu.

Vor 300 Jahren waren irgendwo in dieser Gegend Kosaken als die ersten Pioniere auf einer von vielen möglichen Routen durchs Land gezogen. Vor Jahrhunderten waren Konflikte zwischen den eingeborenen Völkern um manche der zahllosen Rentierweidegründe oder Walrosslagerplätze aufgeflammt und wieder erloschen. Die Segelschiffe der geografischen Expeditionen des Zaren waren weit ins Meer vorgestoßen. In der ersten Hälfte des 20. Jahrhunderts hatten einige Gruppen entflohener Sträflinge denselben Weg genommen wie die Kosaken, allerdings in umgedrehter Richtung, nach Westen – einige herausragende Einzelpersönlichkeiten haben ihn sogar im Alleingang bewältigt. Später, in den 1950er bis 70er Jahren, erforschten Goldsucher und Geologen das Land – in sehr bescheidenem Umfang und unsystematisch, sozusagen auf Zickzackwegen. Seit jener Zeit sind die Ewelnen unbehelligt geblieben. Sie entscheiden selbst, inwieweit sie Kontakt zur modernen Zivilisation aufnehmen und wie sie diesen handhaben. Ihnen selbst steht die Möglichkeit offen, in die Siedlungen zu gehen, doch umgekehrt würde niemand von dort zu ihnen hinausfinden. Es wäre zu schwierig und zu zeitaufwendig.

Manchmal lebt der Schamane hier – etwa auf halber Strecke zwischen den Wanderrouten der Ewelnen und den wegen der Erschöpfung der Goldvorkommen langsam dahinsterbenden Siedlungen an der Küste. Niemand kennt seine Nationalität und sein Alter. Außer ihm taucht Käpt'n Kuzma mit seiner neunköpfigen Wildfischerbrigade regelmäßig im Sommer hier auf, um Lachse zu fangen; harte Burschen, die resolut und praktisch vorgehen. Sie fischen viel ab, doch gleichzeitig mit Umsicht, damit der Lachsschwarm sich übers Jahr erholen kann. Ich weiß, dass sie näher bei Magadan ebenso viel verdienen könnten, sich ihr jährliches Erscheinen also rational nicht erklären lässt. Doch das ist ein Tabuthema und wird deshalb in der Brigade nicht diskutiert. Wie einige der Schiffskapitäne erzählen, bittet alle paar Jahre einmal ein unterkühlt und zugeknöpft wirkender Fahrgast darum, ihn an der Küste abzusetzen, beispielsweise 50 Kilometer von Sewero-Ewensk entfernt. Die Ewelnen berichten gelegentlich von Begegnungen mit einsamen Abenteurern, die hier irgendwelchen Angelegenheiten nachgehen, doch ich selbst habe noch nie einen getroffen. Sonst gibt es hier keine Menschen.

Anfang Sommer 1997 machte ich mich an den Bau eines eigenen kleinen Hauses – nicht allzu weit von der Überlandstraße entfernt, da man hier jeden Nagel, jede Bauklammer und jeden Beschlag auf dem eigenen Buckel heranzuschaffen hat. Vom Schnee niedergedrückte Sträucher legen sich über die Pfade, und man muss sie im Mai oder Juni zurückstutzen. Jedem, der seine festen Wege hat, fällt auf, wenn noch ein anderer beginnt, Zweige zur Seite zu biegen oder abzubrechen. Damals kannte ich alle Menschen in dieser Gegend, ob sie hier lebten oder sich nur vorübergehend hier aufhielten; sie berichteten mir von dem Schamanen. Ab dem Herbst 1997 bewohnte er eine seiner Erdhütten, sie lag einige Stunden Fußweg von meinem Haus entfernt, und wir besuchten einander von Zeit zu Zeit.

Der Schamane wirkt befremdlich, weil er so weitab vom üblichen sozialen Kontext angesiedelt ist. Eines Abends, wir standen gerade auf einem Gipfel der Kolymaberge und blickten auf Magadan, das fernab im orangefarbenen Schein der untergehenden Sonne lag, sah ich ihn von der Seite an und begriff plötzlich, dass es ihm ganz egal war, was mit der Stadt und den Menschen dort geschehen würde. Seine Einstellung ist nicht feindselig, aber auch nicht wohlwollend. Manchmal verhält der Schamane sich wie ein gutmütiger Großvater oder Lehrer, dann wieder erscheint es mir, als verberge sich hinter seinem menschlichen Äußeren ein Geschöpf der ganz anderen Art. Möglich, dass die vielen Jahre eines Lebens mit uns fremden Wesenheiten dem Schamanen diese seltsame Eigenart aufgeprägt haben.

Ich notierte mir unsere Gespräche immer sofort und möglichst genau, dennoch können meine Mitschriften nicht als wortwörtlich gelten. Die Unterhaltungen gestalteten sich schwierig, eine Aufzeichnung mit dem Diktiergerät war nicht möglich. Der Schamane lebt nicht auf derselben Zeitschiene wie wir, er lebt in seiner Ewigkeit, und so kommt es vor, dass er nach einer Frage erst einmal anderthalb oder zwei Stunden lang schweigt, einen seiner Kräutersude zubereitet und trinkt, sich mit dem Sortieren von Kräutern oder Amuletten und Talismanen beschäftigt – um dann unerwartet zu antworten. Wenn ich beabsichtigte, zu einem bestimmten Zeitpunkt in die Stadt zurückzukehren, konnte es passieren, dass ich die Antwort bis dahin nicht erhalten hatte. Doch der Schamane erinnerte sich an meine Fragen und beantwortete sie nach und nach.

Meine eigenen Überlegungen und Kenntnisse sind die eines Stadtmenschen und daher wohl kaum von großer Originalität, deshalb habe ich bei den in das Buch aufgenommenen Mitschriften unserer Gespräche von meiner Seite lediglich die Fragen in leicht gekürzter Form beibehalten. Das Wesentliche sind die Antworten des Schamanen: meistens überraschend, originell und tiefsinnig, manche allerdings scheinen banal. Zunächst wollte ich die »banalen« Antworten herausnehmen, doch entschied ich mich später dafür, sie im Buch zu belassen, um am Bild des Schamanen nicht eigenmächtig herumzuretuschieren. Ganz ohne »Eingriffe« ging es dann allerdings doch nicht ab: Bei der Vorbereitung zur Publikation wurden seine *Kraftausdrücke* durch *gleichbedeutende Begriffe* ersetzt – dadurch wurde zwar die Expressivität der Aussage gemildert, ihr Sinn blieb jedoch erhalten. *Solche Stellen sind jeweils mit dem kursiven Schriftschnitt gekennzeichnet.*

Bisher habe ich ausschließlich wissenschaftliche Arbeiten veröffentlicht. Doch dieses Buch ist meiner Auffassung nach kein wissenschaftliches Werk – wenigstens nicht auf dem derzeitigen Stand. Wissenschaftliche Arbeiten sind Beschreibungen von Forschung, Studien und deren Ergebnissen, von Theorien und Modellen, welche die vorhandenen Fakten erklären und die Feststellung neuer Fakten erlauben. Wissenschaft ist der Erwerb neuer, früher unbekannter Wissensinhalte. Im Augenblick jedoch gilt es, vor der Erstellung eines Erklärungsmodells einen Schritt zurück zu unternehmen, zurück zu einfachen Gesprächsnotizen und der Beschreibung der Interaktion mit einem außergewöhnlichen Menschen.

Zunächst fiel mir auf, wie richtig, aber für unser »gewöhnliches«, »normales« Bewusstsein oft paradox die Ansichten waren, die der Schamane im Alltag vertrat. So wäscht sich unsereins beispielsweise die Hände, wenn er aus dem Wald nach Hause kommt, der Schamane hingegen bei der Rückkehr aus einem Nomadenlager oder einer Siedlung. Seiner Meinung nach ist es am Ufer* sauber, während Infektionen dort auftreten, wo es Menschenansammlungen gibt. Der Logik nach ist das vollkommen richtig – nur ungewohnt.

Bei der Gelegenheit fällt mir wieder ein, dass auch die Einwohner Magadans immer die Sorge haben, sich in Moskau »irgendetwas zu holen«, während die Befürchtungen der Moskauer genau in die Gegenrichtung zielen. Ziemlich bald konnte ich mich davon überzeugen, dass sich hinter solchen »alltäglichen« Kleinigkeiten ein ureigenes Weltbild verbarg, und zwar ein sehr ganzheitliches und komplexes. Damals versetzten mich weniger die ungewohnten Begriffe und Praktiken des Schamanen in Erstaunen, als vielmehr seine Vorstellungswelt – meiner Ansicht nach beinhaltet sie Ideen, die nicht »von dieser Welt« sind … Von manchem fühle ich mich sehr angezogen, zum Beispiel von dem Gedanken, dass die von den verschiedenen Staaten der Erde entwickelten Verfassungen nicht nur die Menschenrechte, sondern auch die Rechte der Tiere, Pflanzen, Mineralien und etwaiger weiterer, der Wissenschaft bisher unbekannter Wesen schützen sollten. Andere Vorstellungen des Schamanen wiederum mögen zunächst allzu ungewöhnlich oder erschreckend erscheinen. Und ich bin mir bis jetzt nicht wirklich schlüssig darüber, wie ich solche Phänomene darstellen soll.

All das brachte es mehr oder weniger zwangsläufig mit sich, dass ich mich buchstäblich an den Dialog mit dem Schamanen »klammerte«. Zur Aufrechterhaltung unserer Kommunikation hatte ich mich mit der Gewohnheit endlos langer, einsamer Winterwanderungen anzufreunden, ich finde, das sagt schon genug. Wer weiß, was ein Winter in der Berg- und Flusslandschaft Kolyma bedeutet, kann daran den hohen Grad meiner Motivation ablesen.

Das Wissenssystem des Schamanen ist offen, das heißt, er eignet sich aktiv neues Wissen und neue Erfahrungen an.

1999 wurde mir klar, dass der Komplexitätsgrad seines Begriffssystems wie auch seine Praktiken meine gegenwärtige weltanschauliche Kapazität überstieg. Mein methodologisches Dilemma ließ sich sogar in eine einfache Frage fassen: »*Wie kann ein Forscher etwas untersuchen, das komplizierter ist als er selbst?*« Die simple Formulierung machte die Suche nach der geeigneten Methode indes nicht leichter, und ich schwankte, ob ich eher dem Ansatz der verstehenden Psychologie oder einem aktionsmethodologischen Ansatz zur Überwindung der Begrenzungen der Naturphilosophie folgen sollte. Erst einige Monate später »erinnerte« ich mich auf einmal daran, dass sich ein Lösungsweg über eine andere »Schiene« auftun könnte, nämlich im Rahmen des Ansatzes der Me-

thodologie der systemischen Denktätigkeit.[3] Der hochta-
lentierte Psychologe, Methodologe und Abenteurer Wjat-
scheslaw Sirotski[4] hatte ihn mir sozusagen bereits
souffliert, als wir vor vielen Jahren gemeinsam an einem
wissenschaftlichen Artikel arbeiteten. Dieser Ausweg lautete, » ... die Beschreibung des Objekts der Modellbildung
durch die Beschreibung des Prozesses der Modellbildung
als Organisation der Denktätigkeit zu ersetzen – eine Vorgehensweise, die für jene Situationen geeignet ist, wenn
die Komplexität des Objekts die intellektuellen Fähigkeiten des Forschers übersteigt, dieser aber eine sinnvolle
Abfolge von Handlungen zur Entwicklung einer Modellbeschreibung einhält.«[5] In diesem Kontext kann man die
vorgestellten Aufzeichnungen als zweierlei ansehen: erstens als Versuch der Entwicklung eines Modells im Ver-
lauf ihrer Beschreibung, zweitens als reflexive Vorbereitung der Beschreibung des Modellbildungsprozesses.

---

3  W. E. Sirotski sponserte die ersten Ausgaben der Zeitschrift *Voprosy
   metodologii* (»Fragen der Methodologie«). Er war einer der Gründer
   [des Bankinstituts] Tweruniversalbank. Er kam 1996 ums Leben.
4  V. P. Serkin, W. E. Sirotski: »Psychosemantik: Auf dem Weg zur Modellbildung«, in: *Vestnik MGU (»MGU-Bote«)* MGU = Moskauer
   Staatliche Universität, Reihe 14 (Psychologie), Nr. 3/1990, S. 30.
5  V. P. Serkin: *Strukturen und Funktionen des Weltbilds in der praktischen Tätigkeit.* Abstract der Dissertation zur Erlangung des Grades
   eines Doktors der Psychologie. – Moskau: Moskauer Staatliche Lomonosow-Universität, 2005, S. 42.

Die Psychologie kennt den Begriff der »Zone der nächsten Entwicklung«, der das Niveau jener Aufgaben bezeichnet, »die das Kind zwar nicht selbstständig lösen kann, unter Anleitung von Erwachsenen aber zu lösen imstande ist«. Im Zuge meiner Auseinandersetzung mit dem Problem der Darlegung ungewöhnlicher Ideen begriff ich, dass für völlig neue Ideen ein verbaler und bildhafter Kontext erst geschaffen werden muss. Im Kapitel »Der Schneemensch« und anderen Kapiteln meines Buches ist zum Beispiel die Rede von Wesen, die in anderen Sphären und Zeitrhythmen und mit einer anderen Zahl von Sinnen operieren, oder von vielen Tieren, die »Finger des Geistes des Ortes« sind. Im Moment überlege ich noch, wie sich ein Kontext erschaffen ließe für jene Begriffe, die von unserem Lebensalltag relativ weit entfernt sind, da sie außerhalb dieses Kontexts schlichtweg wie Fantastereien wirken und die Glaubwürdigkeit des Textes für den Leser stark beeinträchtigen könnten. Ein Beispiel sind die *Tiun*, atmosphärische Wesen, die über einen Sinn mehr verfügen als wir. Sie leben (gewöhnlich) miteinander, manchmal aber auch gemeinsam mit Gruppen von Steinen, analog unserer polygamen Ehe (der Schamane nennt diesen Prozess *dwojna: Paar*). Man könnte hier an eine Form sexueller Verirrung denken, doch der Schamane zeigte mir, wie einige Steine in einer solchen Gruppe durch diese Partnerschaft »wachsen« (auch im direkten Wortsinn von ihrer

Größe her) und neue Steine »gebären«. Außerhalb einer solchen »Ehe« zeigen die Steine keine Anzeichen von Leben, sind jedoch wohl dazu bereit. Es gibt sehr viele *Tiun* auf der Welt, doch für uns »sind sie nicht da, so wie wir in der Welt des Tiefseefisches nicht existieren«.

Solches Wissen hat vorläufig keine besonderen praktischen Auswirkungen auf mein Leben, doch immerhin bemühe ich mich jetzt, keine Steine mehr zu zerschlagen.

Jeder Dialog kann zum einen als Aufzeichnung zur Fixierung ungewöhnlichen oder gewöhnlichen Wissens betrachtet werden, zum anderen als Element der Modellbeschreibung. Außerdem versucht dieses Werk einen Kontext zu erschaffen, worin dann diejenigen ungewöhnlichen Ideen des Schamanen dargelegt werden, die außerhalb eines solchen Kontexts vollkommen unmöglich erscheinen, respektive eine ängstliche oder aggressive Abwehr hervorrufen könnten.

Heute weiß ich mit Sicherheit, dass ein tatsächliches Verständnis der Weltsicht des Schamanen die Vertrautheit mit dessen Praktiken voraussetzt. Dank des Umgangs mit dem Schamanen begannen mir gewisse »Unrichtigkeiten« in der Lebensführung der Menschen um mich herum aufzufallen. Sofern ich darum gebeten wurde, wies ich diese Personen darauf hin und erklärte ihnen, was sie korrigieren könnten. Manchmal war das eine sehr effiziente Hilfe, um sich von körperlichen Beschwerden zu kurieren, die durch eine falsche Lebensweise oder -haltung entstanden waren. So sagte ich beispielsweise einmal ganz spontan zu einer Studentin, die an mir und ihren Kommilitonen einen verführerisch gemeinten Augenaufschlag ausprobierte, sie würde Kopfschmerzen davon bekommen. Nach der Stunde klagte die junge Frau über Nackenschmerzen und bat um Hilfe. »Achte darauf, geradeaus zu blicken«, empfahl ich ihr entschieden. Zu Hause wurde mir bewusst, dass ich im Unterricht den von unten her aufwärts gerichteten Blick der Studentin irgendwann unbewusst nachgeahmt hatte, und ich empfand ein Spannungsgefühl in Hals und Nacken. Nachdem Informationen in einer kleinen Stadt schnell die Runde machen, habe ich inzwischen auf Bitten von Bekannten schon oft (nun bewusst und absichtsvoll) Blicke und Haltungen korrigiert oder Empfehlungen für Wohn- und Arbeitsräume, für die Tages- und Wochengestaltung, die Ernährung, die Beziehungen u.v.m. ausgesprochen.

Manche Menschen in meiner Umgebung begannen zu glauben, ich hätte bei dem Schamanen Heilpraktiken gelernt, obwohl es hier absolut nicht um Heilen als solches geht, sondern vielmehr um eine Praxis der Achtsamkeit, der Präsenz im Augenblick, der Beobachtung und des Verständnisses, die positive prophylaktische »Nebenwirkungen« besitzt. Zum Heilen ist darüber hinaus jedoch eine Praxis des willentlichen Handelns notwendig, deren

Kern ich ansatzweise im Kapitel »Aerodrom podskoka« erklären werde *(aerodrom podskoka: Militärflughafen. Wird später erläutert)*. Die kritische Gesamtheit neuer Vorgehensweisen erlaubt eine Umstrukturierung der eigenen Lebensrealität. Hierdurch nehmen sowohl das frühere Vorgehen als auch das frühere Sinnverständnis eine ganz andere »Färbung« an oder »werden anders realisiert«. (Ich gerate hier bereits an eine Grenze – meine vorhandenen sprachlichen Ausdrucksmittel reichen nicht mehr aus, und ich sehe mich vor die Aufgabe gestellt, erst noch entsprechende Mittel zu entwickeln.)

Nach dem Prinzip: »Ein schlecht ausgearbeiteter Plan ist besser als gar keiner«, charakterisiere ich das Leben des Schamanen vorerst als »Seinsweise des Zeugen«. Der Schamane erscheint mir – ein zunächst vereinfachendes Modell – als der ideale handelnde Betrachter, an dem eine Reihe von Gestalten vorbeizieht (zum Beispiel: ich, die Ewelnen, die Sowjetmacht, die Mammuts, zerfallende und aus der Erde aufsteigende Berge …). Ich will damit nicht behaupten, er besäße eine derart lange Lebensspanne, er verweilt nur einfach in diesem Zustand. Außerdem darf man nicht übersehen, dass der Schamane hier konkret mit mir zu tun hatte und meine Aufzeichnungen nicht wortgetreu sind. Dadurch ist der Text eindeutig subjektiv geprägt. Doch im Moment kann ich nur diesen Text bieten.

Nachdem *Die Dankbarkeit des Wolfs* 2001 und 2003 beim Verlag *Kordis* in Magadan sowie 2004 bei *Zebra E* und 2006 und 2007 bei *Sofia* in Moskau erschienen war, äußerten viele Leser die Ansicht, meine Aufzeichnungen hätten Ähnlichkeiten mit den Texten von Carlos Castaneda. Ich sehe insofern Anlass, auf einen Umstand hinzuweisen, den die »Castaneda-Jünger« hartnäckig übersehen: Castanedas Texte haben ihrerseits große Ähnlichkeit mit den Dialogen des Sokrates bei Platon. Doch sind Castanedas Texte keineswegs Plagiate – er beschrieb vielmehr einfach die Interaktion und die Gespräche mit einem für ihn bedeutenden Menschen, wie auch Platon es getan hatte. Das bewirkt eine gewisse stilistische Nähe. Man könnte auch noch andere »Wurzeln« nennen, wie die aus der Kultur des alten Orients stammende Lehre vom »schweigsamen Dialog« und die dialogische Tradition des »Gesprächs mit der eigenen Seele« in der Antike.

Stilistischen Einfluss hatte außerdem meine vieljährige Praxis der Verwendung von Techniken des »sokratischen Dialogs« in Beratungssituationen und im Unterrichten der Grundlagen der kognitiven und rationalen Psychotherapie.

Bei einem Vergleich der Grundkonzeption des Schamanen mit der Sichtweise von (Castanedas) Don Juan (Matus) möchte ich nur auf einen fundamentalen Unterschied in ihrem jeweiligen Verständnis des menschlichen Wesens hinweisen, woraus sich der Unterschied in ihren Handlungen ergibt: Nach Don Juans Ansicht ist der Mensch ein Wesen, das die Welt wahrnimmt; er setzt »Beschreibungen« ein. Der Schamane hingegen denkt, dass der Mensch und andere Lebende die Welt erschaffen; er setzt »Praktiken« (Aktivität) ein.

Der Unterschied zwischen Carlos Castanedas Ansatz und dem Ansatz des Schamanen ist nicht nur rein theoretischer Natur, vielmehr hat er eine sehr anschauliche praktische Bedeutung: Laut Castaneda ist der Mensch, während er sich in einem der möglichen Bewusstseinszustände befindet, nicht in der Lage, sich an die Erfahrungen, die er in einem anderen Zustand erworben hat, zu erinnern.

Dem Ansatz des Schamanen zufolge ist jedoch die Möglichkeit einer mittelbaren »Rekonstruktion« eines gewissen Teils dieser Erfahrung durchaus gegeben, da die »durch die Handlung geschaffene Realität« erhalten bleibt und in einem anderen Bewusstseinszustand ebenfalls wahrgenommen wird.

Letzteres ist auch in meiner wissenschaftlichen Arbeit grundlegend, da es »erlaubt, das Bewusstsein nicht als eine Gesamtheit isolierter Bewusstseinszustände zu untersuchen und zu beschreiben, sondern als eine Struktur von Bewusstseinszuständen, welche durch die Tätigkeit (die Aktivität, die Praktiken) des Menschen zu einem einheitlichen Ganzen verbunden werden.«[6] Mehr noch, die Wahrnehmung selbst entwickelt sich eben bei beziehungsweise durch die Realisierung des praktischen Handelns. Vorläufig eindeutig bewiesen ist die Veränderung der Realität durch das Handeln, wohingegen in vielen mystischen Lehren und Zeugnissen von einer Veränderung (Erschaffung) durch das Bewusstsein gesprochen wird. Anders ausgedrückt: Nach der landläufigen Meinung wirken unsere Handlungen auf die Umwelt, während unsere Gedanken und Worte (angeblich) keinen Einfluss haben. Wenn aber »Verwandlung« eine der Hauptfunktionen des Bewusstseins ist, muss man einräumen, dass unsere Worte und Gedanken auf die das Bewusstsein umgebende Welt einwirken. Diese Tatsache zwingt uns, die Bedeutung von Gebeten, Mantren, Beschwörungsformeln, Zaubersprüchen und anderen Praktiken, die vorläufig als »nicht wissenschaftlich« gelten, neu zu gewichten.

Viele seiner Auffassungen, die mir der Schamane darlegte, habe ich selbst erst nach vielmaligem Durchlesen meiner Notizen verstanden. Deshalb muss ein Teil der in

---

6  Im Zusammenhang damit halte ich den Ausdruck »russischer Castaneda«, den die Redaktion der Zeitschrift *Ogonjok* [»Feuerchen«], Nr. 17/2003 aufgebracht und ohne vorherige Absprache mit mir verwendet hat, für unglücklich gewählt und irreführend.

den ersten Buchausgaben aufgeführten Dialoge in einer anderen Anordnung als früher »gesammelt« und gelesen werden, wenn man neue Konzeptionen verstehen will. So wurde zum Beispiel ein Teil der bereits veröffentlichten Dialoge in die Kapitel »Die Tunnels ...« und »Das Tamburin« eingebaut. Ergänzt und anders angeordnet, ermöglichen sie nun auch ein neues, tieferes Verständnis der Grundidee. In manche andere Abschnitte sind ein bis drei früher noch nicht ausgewertete Dialoge eingesetzt worden.

Feldnotizen habe ich mir meistens auf die Schnelle mit dem Bleistift gemacht, wobei mir als Unterlage oft nur ein Stein, der Rucksack oder mein eigenes Bein zur Verfügung stand. Um die eigenen Aufzeichnungen fehlerfrei zu rekonstruieren und meine – auch sonst nicht sehr leserliche – Schrift wieder richtig zu entziffern, muss ich sie oft mehrmals lesen, mit Unterbrechungen von einer Woche oder einem Monat – so funktioniert das Gedächtnis.

Hiermit richte ich meinen aufrichtigen Dank an die Mitglieder unserer damaligen »Intellektuellenszene« (Clique), von denen einige nun bereits in anderen Teilen Russlands leben. Mit ihnen konnte ich seinerzeit meine Feldnotizen diskutieren und gemeinsam Fragenlisten für den Schamanen erstellen: Vladimir Gogolew, Direktor des Magadaner Radiosenders GTRK; Andrei Gubarew, Leiter des Lehrstuhls für Sozialwissenschaften der Magadaner Filiale der Russischen Staatlichen Humanistischen Universität (RGGU); Oleg Saderenko, Unternehmer; Witali Kalita, Leiter des Lehrstuhls für Psychologie und Psychophysiologie des Arbeitens unter besonderen Bedingungen an der Staatlichen Maritimen Newelski-Universität in Wladiwostok; Roman Korsun, Dekan der sozialhumanistischen Fakultät der Nordöstlichen Staatlichen Universität (SWGU) in Magadan; Aleksandr Lesnow, Leiter des Lehrstuhls für Philosophie; Swetlana Silantjewa, Psychologin bei der Verkehrspolizei (ORDPS) des Magadaner Gebiets; Juri Strelkow, Leiter des Lehrstuhls für Arbeitspsychologie und Ingenieurspsychologie an der Staatlichen Moskauer Lomonosow-Universität; sowie der praktizierende Heiler Alen Tolstow.

Und noch etwas Wichtiges: Ich habe keinerlei Möglichkeit, den wiederholten eindringlichen Bitten von Kranken und deren Angehörigen nachzukommen, für sie Termine mit dem Schamanen zu organisieren. Das hängt mit den Praktiken des Schamanen zusammen, sich gleichzeitig durch Zeit und Raum zu bewegen, die ich nicht nur nicht beherrsche, sondern vorläufig noch nicht einmal annähernd adäquat zu beschreiben vermag. Einfacher, aber auch profaner gesagt: Ich weiß heute nicht, wann sich der Schamane wo befinden wird; ob wir zusammenkommen, hängt keineswegs nur von mir ab.

Die eigentlichen Dialoge mit dem Schamanen beginnen im zweiten Kapitel mit dem Titel »Das Gelächter des Raben«. Im ersten Kapitel (»Die Dankbarkeit des Wolfs«) habe ich zunächst einmal die Situation beschrieben, die mich zu einer bestimmten Lebensweise geführt hat – das erschien mir nötig und sinnvoll. Ein anderes Leben hätte sich auf einem anderen Weg abgespielt, auf dem die Begegnung mit dem Schamanen nie stattgefunden hätte.

Für die Neuausgabe dieses Buchs habe ich die Dialoge umfassend ergänzt, in eine Reihe von Kapiteln auch ganz neue Gespräche aufgenommen. Außerdem habe ich einige der breiten Leserschaft bisher nicht zugängliche Dialoge (»Der Schamane in der Stadt«, »Der unerforschte Ozean«) aus dem Buch *Der Wald des Schamanen* eingefügt, das in einer kleinen Auflage im Verlag der Nordöstlichen Staatlichen Universität (Magadan) erschienen ist.

Vladimir P. Serkin

# Die Dankbarkeit des Wolfs

Bald endet die Dankbarkeit des Wolfs.

Ich hätte auch ein Bär werden können.

Als ich bereits ein erfahrener Wolf war, habe ich begriffen, dass ich zu Anfang auch die Möglichkeit gehabt hätte, ein Bär zu werden. Mir fehlte nur die Bereitschaft.

Meine Chance kam, als ich sechzehn war. In meiner Clique war ich zwar der Jüngste, aber altersuntypisch sehr groß, kräftig und verdrossen. Und nur ich selbst habe den Altersunterschied zwischen uns empfunden. Im Sommer waren wir auf dem Fluss Arman Fische wildern gewesen: Wir haben die Fische gefangen, ausgenommen, den Kaviar gesalzen und dann sofort an Händler weiterverkauft. Für Wodka, Essen (»Futter« nannten wir es damals) und ein bisschen Bargeld.

Ich machte mich gut in meiner Clique, obwohl ich innerlich bei Weitem nicht so cool, lustig und stark war wie meine Freunde. Es ihnen gleichzutun hat mich jedes Mal so viel Kraft gekostet, dass ich abends immer mein Schlauchboot nahm und wegfuhr – ich saß dann eine Stunde, manchmal auch zwei, am Ufer und bemühte mich, wieder zu mir zu finden. Meine Freunde rissen zwei Abende lang Witze über diese Alleingänge, nahmen sie dann aber irgendwann als selbstverständlich hin.

An dem bewussten Abend habe ich wie immer versucht, mein Schlauchboot tief ins Ufergebüsch zu stoßen. Da es in der Dämmerung auf dem Wasser immer heller ist, bemerkte ich nicht gleich, wie sich der Schatten um das Gebüsch verdichtete. Ich habe es eher intuitiv begriffen als wirklich erkannt, dass nur ein paar Meter von mir entfernt ein riesiger Bär stand. Für jemanden aus Magadan ist ein solches Zusammentreffen nichts ganz Außergewöhnliches – schon als Junge bekommt man von den Erwachsenen unzählige Geschichten über Begegnungen mit Bären zu hören, deshalb ist man selbst auch irgendwie innerlich darauf vorbereitet. Ich hob mein Gewehr, spürte die Härte des Kolbens an der Schulter und fühlte mich dabei erstaunlich ruhig und sicher. Der Bär hat das ebenfalls gefühlt. Etwa ein Jahr später, als ich meinem Alter entsprechende, schlichte und ein wenig plumpe Gedichte verfasste, habe ich diese Momente folgendermaßen beschrieben:

Der Bär hat die sichere Haltung seines Feindes gespürt,
Die Haltung war schicksalhaft, beängstigend.
Hinter ihm das Gebüsch, der Fluss, die Taiga,
Und vor ihm – die Gefahr.
Die Gefahr, der man nicht entgehen kann.
Dann vorwärts – auf dem Pfad des Schicksals.
Die Hand zuckte nicht,
Der Neuntklässler hat ihn erlegt, den Bären.

Ich erinnere mich nicht mehr an das ganze Gedicht, doch sein Schluss lautete ungefähr so:

Oft sah ich den Jungen mit dem Gewehr,
Den Bären jedoch niemals wieder.

Ich habe doch aus Angst geschossen. Nicht aus Angst vor dem Bären, sondern davor, dass die günstige Ausgangssituation rasch vorüber sein und ich in einer anderen nicht Herr der Lage sein würde. Viele Jahre danach, als ich erwachsen war, bezeichnete ich diesen Zustand als »feige Sicherheit«. Die Mehrheit meiner Bekannten hat das sehr gut verstanden. Hätte ich nicht geschossen, wäre mir die Dankbarkeit des Bären zuteilgeworden, so, wie ich später die Dankbarkeit des Wolfs bekam. Wenn man die Tiere besser verstehen lernt, verwundert einen ihre feine Empathie nicht mehr. Der Wolf hatte das etwas früher begriffen als ich und versuchte zu kämpfen. Erst achtzehn Jahre später erzählte ich einer guten Bekannten davon.

In der zehnten Klasse habe ich ernsthaft Leichtathletik betrieben. Damals lag das Jahres-Trainingsvolumen eines Mittelgewichtlers[7] um die 3500 bis 4000 Kilometer,

---

7  Damals nannte man Entfernungen zwischen 400 und 3000 Metern »Mitteldistanzen«.

wobei man in der Winterzeit, während der »langsamen« Monate, 600 bis 800 Kilometer Crosslauf-Training oder Skilanglauf ableisten musste. Natürlich waren sämtliche Hügel am Ort längst in allen Himmelsrichtungen abgelaufen.

Im Dezember, ich machte gerade Jagd auf einen Schwarm von Schneemoorhühnern, scheuchte ich einen riesigen weißen Wolf[8] auf. Im einen Gewehrlauf hatte ich immer einen »Zakan« – eine Patrone – mit einer Kugel aus gehärtetem Stahl und Stabilisatoren versehen, was damals verboten war und die man zum Demolieren von Hindernissen verwendete. Auf ihrer Flugbahn macht die Patrone eine Art »Jaulgeräusch«, daher habe ich sie *Zakan* (»Jaulen«) genannt. Nachdem ich mein Gewehr mit einer zweiten solchen Patrone bestückt hatte, folgte ich den Spuren des Wolfs, dessen Größe mich sehr beeindruckte. Ich erklomm den Hügel und erblickte den Wolf unerwartet weit weg schon am Hang des nächsten Hügels. Das Tier rannte aus Leibeskräften, wobei es immer wieder ins Stolpern geriet und in den frischen Pulverschnee fiel.

In diesem Moment konnte ich auch den inneren Zustand des Wolfs verstehen, wie er um sein Leben kämpfte und die schreckliche Empfindung, die er dabei hatte – ich

---

8  Im Heimatmuseum von Magadan steht die Skulptur eines Wolfs aus der Kolyma, der 120 Kilogramm wog. »Mein« Wolf war ein wahres »Ungeheuer« und etwa anderthalb Mal so groß.

verglich sie mit meinem Gefühl, dem Gefühl eines jungen Idioten, der in dem Tier eine lohnende, prestigeträchtige Zielscheibe sah. Im selben Augenblick verstand auch der Wolf. Er verharrte und wandte sich nach mir um. Die Distanz zwischen uns war zu groß, als dass wir einander hätten in die Augen sehen können, doch der Wolf gab mir etwas, und ich nahm es an. Ich kehrte um und rutschte langsam den Hügel herunter, die Dankbarkeit des Wolfs in mir.

Sogar jetzt ist es noch schwer, sie zu beschreiben. Anfangs konnte ich sie überhaupt nicht in Worte fassen. Mit den Jahren sammelten sich dann Teile von Beschreibungen an. Ich stieß immer ganz überraschend darauf – in Gesprächen, in Filmen und in Büchern. Zum Beispiel bei Wassilij Schukschin, der den inneren Zustand des Wolfs beschreibt, auf den ein Mensch, der den Zustand des Wolfs begriffen hat, Jagd macht: »… er hat mir keine Angst eingejagt und drohte mir auch nicht, er wollte einfach nur seine Beute einholen.« Mit der Zeit lernte ich, mich auf der Jagd so zu verhalten, und danach in der Armee und in anderen sozialen Bezügen. Dieses mein Wissen nutze ich aber nur in Ausnahmesituationen; die Menschen verspüren sofort etwas Fremdes, Unerklärliches. Um es hier noch einmal zu betonen: Ich kann die Dankbarkeit des Wolfs nur dann beschreiben, wenn ich zufällig ein Bruchstück einer solchen Schilderung in einem fremden Text »erkenne«. Mittlerweile haben sich viele solcher Fragmente angesammelt. Meine derzeit jüngste »Trouvaille« stammt von einem alten Eskimo namens Eiwyjak, der sagt, der Wolf, der im Sommer vom Felsen ins Wasser stürzte, könne sich in einen Orca-Wal verwandelt haben.

Selbstverständlich habe ich die Dankbarkeit des Wolfs schnell vergessen und erinnerte mich erst nach vielen Jahren wieder daran, und das nur sporadisch. Auch trifft es die Bezeichnung »Dankbarkeit« nicht ganz genau, doch kenne ich keine bessere Alternative. Dankbarkeit kommt diesem Gefühl am nächsten. Der Wolf teilte sich mit mir das Beste, was er hatte, ich nahm es an und muss damit leben. Ich kann nicht sagen, ob das gut oder schlecht ist. Manchmal hilft es mir sehr, und etwaige negative Aspekte bemerke ich wahrscheinlich gar nicht. Begriffe wie »Lebensmüdigkeit«, »Langeweile«, »Schwermut« und so kenne ich überhaupt nur daher, als Wissender.

Im folgenden Sommer war ich wieder einmal bei meiner Freundesclique – inzwischen sind sie Profi-Wilderer geworden. Nicht alle wissen, dass frischer Lachskaviar im Dunkeln leuchtet. Das Fass selbst leuchtet nicht, aber die Stellen an den Wänden, wo etwas Kaviar drangekommen ist. Nachdem mir das aufgefallen war, habe ich mir nachts einen schlechten Scherz erlaubt – schaut man auf die Werte dieser Clique, dann allerdings sehr erfolgreich –

mit meinem Kumpel, meinem Towarisch, wie man im Kommunismus Kollegen und Freunde nannte. Es waren noch nicht alle schlafen gegangen, und in der Hütte lief ein langweiliges Gespräch ab, als der *Chan* (so sein Spitzname) in den Hof hinausgelaufen kam. Ich hatte mir nur die Arme bis zu den Ellenbogen und das ganze Gesicht mit dem »Leuchtmaterial« eingeschmiert und sah dementsprechend furchteinflößend aus. Als der Chan in die Hütte zurückwollte, packte ich ihn, fasste ihm an den Hals und stieß einen Schrei aus. Überrascht ging er zu Boden und brüllte: »Mama!« Unsere Towarischi lachten Tränen, der Chan selbst auch. Ich lachte mit, aber das war bloß Schau. Ich sah die Towarischi in der Dunkelheit an und begriff plötzlich, dass ich sie mit dem prüfenden Blick des Wolfs musterte, der sich auf der Kuppe des anderen Hügels befindet. Ich war ihnen für ihre »Ausbildung« in Kühnheit, Zynismus und Härte dankbar, spürte aber zugleich, dass sich unsere Wege von diesem Moment an für viele, viele Jahre trennen würden.

Nachdem wir alle unseren Wehrdienst abgeleistet hatten, sind unsere Wege getrennt verlaufen. Die bunte, abenteuerreiche Lebensspur meiner Freunde verlief über Berge, durch Meere und weite Länder, brachte sie zum Krebsfang, zum Kaviar oder an Gold, in die Gefängnisse der Kolyma und auf die äquatorialen Inseln; meine eigene wahrscheinlich mehr von geistigen Abenteuern und

Konflikten erfüllte Lebensbahn führte mich durch Groß-
städte, zur Beschäftigung mit der Physik, Psychologie
und auf die Wissenssuche, in Universitäten und Klöster.
Rund dreißig Jahre später, als die Dankbarkeit des Wolfs
ein Ende nimmt, kreuzen sich unsere Flugbahnen plötzlich in seltsamer Weise, verbinden sich gar wieder: bei
Anadyr, Wladiwostok, Magadan, Chabarowsk und Južno-
Sachalinsk.

## 1997
## Das Gelächter des Raben

**06.11.1997**

Der Schamane sagt, ich solle darauf achten, keine Spuren
im Schnee zu hinterlassen. Und außerdem solle ich immer verschiedene Wege nehmen, um zu seiner Hütte zu
gelangen. Auch er selbst befolgt diese Regeln, wenn er
fortgeht oder jemanden besucht. Dabei setzt mich vor allem seine Fähigkeit, im unberührten Winterschnee keine
Spuren zu verursachen, jedes Mal wieder in Erstaunen.

Wenn ich selbst mit dem Schamanen unterwegs bin oder ihn näher kommen sehe, sehe ich auch die Spuren seiner Ski. Will der Schamane jedoch beim Kommen und Gehen unbemerkt bleiben, findet man auch keine Spuren im Schnee. Anfangs amüsierten ihn meine Fragen nach diesem Phänomen, dann wurden sie ihm lästig, und er sagte, er fliege alleine oder »nehme einen noch kürzeren Weg«. Jetzt, da ich weiß, ich würde keine weiteren Antworten mehr erhalten, habe ich zu fragen aufgehört.

Im Winter ist die Wahrscheinlichkeit, dass jemand durch den Schnee hierherlaufen würde, sehr gering. Die Jäger entfernen sich nicht so weit von den Dörfern, Touristen gab es in dieser Gegend noch nie, die Ortsbewohner würden es zur Not auch schaffen hierherzukommen, ohne Spuren zu hinterlassen. Nach Meinung des Schamanen gibt es aber viele Wesen, die diese Spuren als albern betrachten oder sich darüber aufregen. »Eines Tages werden sie dich belehren oder dich veräppeln«, verkündete er.

In der Morgendämmerung verließ ich die Hütte des Schamanen mit dem Schlitten, um Feuerholz zu holen, und folgte dabei meiner Skispur vom Vortag. Nach etwa einer Stunde, es wurde gerade hell, kehrte ich um, und wie ich erschrocken feststellte, verliefen parallel zu meiner Spur die Spuren eines Wesens, das vier riesige Krallen besitzen und sehr groß sein musste: Sein Schritt umspannte zwei bis drei Meter, und die Krallen konnten nicht kürzer sein als vier bis fünf Zentimeter. Als ich die Spuren betrachtete, wurde mir klar, dass das Wesen mich am Abend verfolgt hatte, wobei es sich ab und zu mit einem großen Sprung von meiner Spur entfernt hatte und nach etwa fünfzig bis hundert Metern zurückgekommen war. An einer Stelle war das Wesen in den Schnee gestürzt und hatte dabei eine etliche Meter lange, aber flache Spur hinterlassen. Das Muster verriet mir, dass das unbekannte Wesen einen irgendwie runden Körper haben musste und nicht weniger als acht kurze, krallenbewehrte Klauen. Mir war wirklich unerklärlich, wie ein derart riesenhaftes Geschöpf es schaffte, keinerlei tiefe Spuren zu verursachen – denn wären die furchterregenden Spuren seiner Klauen nicht gewesen, hätte man die anderen, schwachen Abdrücke kaum wahrgenommen. Ich hatte früher einmal von einem solchen Wesen gelesen, das solche Spuren verursachte. Es hieß Jack the Ripper und war Anfang des 20. Jahrhunderts in England aufgetaucht. Sein Erscheinen kostete damals viele Menschen das Leben. Dennoch habe ich das gesammelte Holz nicht fortgeworfen, aber den Rest des Weges bis zur Hütte schneller als gewöhnlich hinter mich gebracht. Ich ließ meinen Schlitten draußen stehen und stürzte in die Hütte, die Äste noch in den Händen, und überhäufte den Schamanen sofort mit Fragen:

Gibt es hier Jumping Jack? Jack the Ripper?

Wer soll das sein?

Ich hab da mal was gelesen über ein geheimnisvolles Wesen in England, das lange, krallenartige Spuren im Schnee hinterlassen soll. Die Form dieser Spuren ähnelt der meiner gestrigen Skispur.

Hast du Angst bekommen? *(Der Schamane lacht.)*

Gib doch zu, dass die Krallen furchteinflößend sind, und die Spur ist durchgezogen – ohne Vertiefung. Sehr seltsam!

Ich war in England. Während meiner Zeit bei der Marine im Norden Russlands hat mir keiner was über einen Jack the Ripper erzählt. Und diese Spuren hat der Rabe gemacht. *(Lacht.)*

Wie das?

Der Rabe fliegt neben der Skispur her und berührt dabei mit den Flügeln die Schneeoberfläche. Harte Federn hinterlassen solche Spuren.

Hat er das mit Absicht getan?

Ich denke, er wollte dir Angst einjagen. *(Lacht.)* Die lückenlose Skispur sieht in seinen Augen ulkig aus.

Woher weißt du das?

Ich bin selbst ein Rabe.

Heißt das, du bist wie ein Rabe?

Nein. Ganz einfach – ich bin der Rabe.

Das heißt, du bist dem Raben ähnlich?

Ich wiederhole es für die besonders Gescheiten: Ich selbst bin der Rabe. Und hör auf, mir dämliche Fragen zu stellen. Du würdest die Antworten nicht verstehen.

Gut. Kann mich der Rabe noch irgendwo erschrecken?

Das Muster, das du da gerade fotografierst, um es dann später mit dem aztekischen vergleichen zu können, stammt übrigens auch von dem Raben.

Woher weißt du das?

Vor vielen Jahren habe auch ich solche Muster studiert. – Und mit demselben Ziel.

Wie kriegen die Raben solche Muster hin?

Sie spielen und albern herum. Zum Beispiel rutschen sie die steilen Felsen auf dem Bauch hinunter. Oder sie fliegen auf und lassen sich wieder zu Boden fallen, wohin immer sie wollen. Damit imitieren sie das Gekrieche und Gekrabbel anderer Wesen. Dann schwingen sie sich in die Lüfte und genießen den Anblick von oben. Natürlich ist so eine Skispur für sie viel interessanter und komischer. Dieses Muster würden sie selbst nie zustandebringen.

Aber wozu das Ganze?

Raben haben eine ziemlich lange Lebensspanne und müssen sich Unterhaltung verschaffen, damit sie nicht lebens-müde werden.

Was machen sie noch?

An jenem Ort, von dem du dachtest, Jack the Ripper hätte sich dort gewälzt *(lacht)*, hat der Rabe einfach ein Schneebad genommen.

Und was weiter?

Der Rabe, der dir Angst eingejagt hat, ist älter als ich. Bei Gelegenheit erzähle ich dir mehr über ihn, *ich weiß aber nicht alles von ihm.*


## 07.11.1997

Der Schamane verbringt viele Stunden im Sitzen auf seiner selbstgefertigten, sogenannten Sessel-Bank und blickt dabei auf das zugefrorene Meer. Diese Bank ist einer der wenigen Plätze außerhalb seiner Hütte, wo er auch schläft. Dieser Vorgang vollzieht sich in ungewöhnlicher Weise: Der Schamane legt sich schlagartig hin und schläft ebenso abrupt ein. Nach etwa fünfzehn bis zwanzig Minuten erwacht er, ist sofort vollkommen munter und sitzt mit einem Ruck wieder aufrecht. Ich habe dieses interessante Schauspiel selbst drei Mal innerhalb von fünf Stunden beobachten können.

Wenn der Schamane auf seiner Bank sitzt, kann ich mich zu ihm gesellen und ein Gespräch beginnen, doch gerade während dieser Stunden sind die Pausen zwischen meinen Fragen und den Antworten des Schamanen besonders lang. Der Schamane sagt, er beobachte »die Wellen des Eises«, während es für mich immer nur eine scheinbar endlose, völlig ebene weiße Fläche bildet. Der Schamane meint, das ganze Leben der Bäume, des Eises, der Menschen, der Wolken bestehe aus Wellen, und manchmal reden wir darüber.

Das Leben ist also eine Welle?

Siehst du, wie sich die Wellen auf dem Meer auftürmen und dann wieder in sich zusammenfallen?

Ja.

Die Berge – das sind auch Wellen, nur eben sehr, sehr langsame. Kannst du das verstehen?

Vielleicht kann ich das.

Derjenige, der sieht, dass die Berge Wellen sind, sieht auch, dass die Völker ebenfalls Wellen sind. Im Augenblick ist die Welle des einen Volkes am Aufsteigen, eines anderen am Abfallen.

Wovon hängt der Aufstieg ab?

Von der Stärke mancher Menschen.

Woran erkennt man starke Menschen?

Der starke Mensch überwindet neue Hindernisse mit ruhiger Gelassenheit, unabhängig davon, ob sie vorhersehbar waren oder nicht. Anders ausgedrückt: Die Umstände zerstören seine Welle nicht.

## 08.11.1997

Der Schamane führt sehr selten Gespräche mit Geistern, da er sehr selten darauf vorbereitet ist.

Ohne Vorbereitung darf man die Geister aber nicht ansprechen; ein unvorbereiteter Mensch verärgert sie. Vorbereitung heißt für den Schamanen: absolute Klarheit des Bewusstseins und völlige Freiheit von Hektik[9]. Um das zu erreichen, räuchert er seine Hütte mit einem Gemisch aus Wacholder und anderen Kräutern, die zu dem jeweiligen Geist passen, tanzt sehr rhythmisch und singt mit tiefer Stimme ein Lied, das genau zu dem Zeitpunkt und der jeweiligen Situation des Geistes passt. Wobei er sich das nicht aussuchen kann, er hat keine Wahl. Wie sich das Gespräch mit dem Geist abspielt und worauf es abzielt, hat mir der Schamane nie geschildert oder erklärt. Als ich ihn danach fragte, begründete er seine Ablehnung mit dem Fehlen der dafür notwendigen Fachausdrücke in meiner Sprache. Nach Überzeugung des Schamanen kann sich dieses Vokabular nur parallel zu den Praktiken herausbilden. Manchmal befrage ich ihn jedoch in seiner Eigenschaft als »Geister-Experte«:

---

9 Meiner Meinung nach ist das Bewusstsein des Schamanen immer äußerst klar, und ich kann ihn mir nicht besorgt oder gar hektisch vorstellen.

Warum helfen die Geister mal und mal nicht?

Die Geister können nur unter bestimmten Bedingungen helfen.

Was sind das für Bedingungen?

Die Geister würden dir in keiner Sache helfen, die du selbst erledigen könntest. Wenn du aber dem Ende deiner Möglichkeiten nahegekommen bist und an den Grenzen deiner Möglichkeiten handelst – dann werden dir die Geister helfen.

## 08.11.1997

Als ich mit dem Schamanen über das Wirken der Geister und die Kommunikation mit ihnen sprach und ihm Fragen dazu stellte, antwortete er, meine Sprache hindere mich daran zu verstehen, was ein »Geist« eigentlich ist. Als ich dem Schamanen von der Hypothese der linguistischen Relativität und dem Determinismus[10] erzählte, meinte er, meine Sprache selbst stelle die Grenzen der Hypothese auf. Seiner Meinung nach sollte man sie anders formulieren und sie »Hypothese der Relativitätspraktiken« nennen. Weil der Mensch überhaupt nicht über das sprechen kann, was er selbst praktiziert.

---

10 Hypothese von E. Sephir und B. Uorf.

Warum kann mich meine Sprache begrenzen?

Die Worte deiner Sprache bezeichnen Gegenstände und Handlungen, aber die Welt besteht nicht aus Gegenständen und Handlungen.

Woraus besteht sie dann?

Aus dem, was du über sie denkst.

Ich frage nach der Realität.

Du kannst nur darüber nachdenken, was du machst, und das ist deine einzige Realität.

Und wie kann ich über eine andere Realität nachdenken?

Du siehst eine fliegende Möwe und sagst: »Die Möwe fliegt.« Das ist deine Realität. Ein Urtschuktsche sagt nur ein Wort – es bedeutet: »Der Geist des Ufers erscheint in einer Möwe, und ich kann dieses Zeichen verstehen.« Er macht es, der Verstand – das ist ein Teil seiner Praxis und seine Realität.

Gibt es eine einheitliche Realität für alle?

Nur auf der Basis miteinander harmonierender Praktiken.


**08.11.1997**

Jeden Sommer lese ich in den Magadaner Zeitungen wieder von den Opfern der Bären, dazu die Beschreibungen vieler Vorsichtsmaßnahmen und Verhaltensregeln. Der

Schamane hat keine Angst vor den Bären, er sieht sie als harmlos an, weil er auf sehr gutem Fuß mit ihnen steht. Er sagt aber auch, ich solle mich nach den Verhaltensregeln richten und vorsichtig sein, weil die Bären mir weniger nahestünden. Er spricht sehr ungerne über die Bären und hat deshalb überhaupt nur ein einziges Mal auf meine Fragen geantwortet.

Ist es wahr, dass der Bär dem Menschen ähnlich sieht, wenn man ihm das Fell abzieht?
Der Brustkorb des Bären ist gerade, sein Bauch hat die quadratische Form eines Waschbretts, und er besitzt den Bizeps eines Athleten. Nicht von ungefähr heißt er auch »Waldmensch«.
Hast du schon mal einen Bären getötet?
Was sagst du da! Ich selbst bin der Bär.
Das heißt – du bist wie ein Bär?
*(An dieser Stelle verzieht der Schamane das Gesicht und antwortet nicht mehr.)*


**29.12.1997**

Die Haut an meinen Händen, Füßen und im Gesicht verfärbte sich rot und begann sich abzuschälen. Ich bat den Schamanen um irgendeine Heilsalbe, doch er zeigte mir stattdessen eine Reihe verschiedener statischer und dynamischer Übungen. Die Übung genannt »Der Rabe« – mit beiden Beinen zugleich über den Schnee springen und dabei mit den Händen wedeln – erschien mir besonders bescheuert, und nachdem ich mitbekam, wie köstlich der Schamane sich über meine Sprünge amüsierte, verlangte ich eine Erklärung von ihm.

Was bringt dich darauf, dass meine Haut sich durch diese Übung bessern würde?

Du hast einfach eine Kälteallergie. Die sibirischen Mamas nennen das »frösteln«.

Wahrscheinlich verlangen die sibirischen Mamas von ihren Kindern aber nicht, dass sie so herumhüpfen, oder?

Das kommt, weil das Blut in den Kapillaren nicht richtig zirkuliert. Damit das vorbeigeht, muss man entweder in der Wärme gewohnt haben oder das Blut richtiggehend durch die Gefäße »jagen«. Die Mamas wärmen ihre Kinder, aber du bist ein Mann. Also spring weiter!

## Meine erste Begegnung
## mit dem Schamanen

Nach dem Erscheinen des Buchs *Die Dankbarkeit des Wolfs* wurde ich oft gefragt: »Wie hast du ihn denn eigentlich kennengelernt?«

Zu Beginn meiner Dialoge mit dem Schamanen, im Spätherbst, machte ich mir noch keine Notizen über unsere Gespräche, deswegen rekonstruiere ich die Antwort aus dem Gedächtnis. Das genaue Datum weiß ich allerdings wirklich nicht mehr.

Nachdem ich die Arbeiten an Bau und Ausstattung meines Häuschens beendet hatte, nahm ich mir vor, als Erstes die Gegend darum herum in einem Radius von etwa fünf bis sechs Stunden Fußweg zu erkunden. Das heißt, ich wollte jeweils noch am selben Tag wieder zurück sein. Am nördlichen Meeresufer, es lag etwa zwei Stunden Fußmarsch von meiner Behausung entfernt, entdeckte ich nicht zum ersten Mal Spuren im Schnee und auf dem Eis: Spuren eines Menschen, der sich ständig dort bewegt hat. (Das tun alle Krabbenfischer. Man muss die Fangnetze kontrollieren, bevor der Köder aufgefressen ist und die Krabben stiften gehen.) Es war beinahe, als wüsste ich irgendwoher, dass es sich diesmal um die Spuren des Schamanen handelte. Im Vorübergehen hatte ich die Spuren in Schnee und Eis fast unwillkürlich wahrgenommen, und auf dem Rückweg war es genauso. Ich wurde nicht eingeladen und ging auch nicht von mir aus zu der Hütte. Natürlich muss der Schamane auch meine Spuren gesehen haben, kam mich seinerseits aber auch nicht besuchen.

An einem sonnigen Tag sah ich keine frischen Spuren. Es hatte schon seit Tagen nicht mehr geschneit, weshalb man im Schnee die alten Spuren noch ausmachen konnte. So etwas ist ungewöhnlich.

Eines der ungeschriebenen Solidaritäts-Gesetze der Kolyma lautet: Selbst wenn dir der Grund zur Besorgnis sehr gering erscheint, sieh unbedingt nach deinem Nachbarn! Er kann krank geworden sein, sich ein Bein verstaucht haben und was weiß ich noch alles, und kann sonst von nirgendwo Hilfe erwarten. Ich folgte den alten Spuren und ging hinauf zu der Erdhütte, klopfte an und betrat den Raum. In der Hütte war es warm und sauber. Der Schamane lag angezogen auf dem Bett und hielt die Hände über den Kopf.

Grüß dich, Nachbar.
Grüß dich.
Ich fand keine frischen Spuren heute. Wollte schauen, ob
  jemand krank geworden ist.

Ach so, danke. Nein, alles in Ordnung. Heute ist nur einfach so ein Tag.

Was für ein Tag?

Nicht arbeiten.

Alles klar.

Willst du einen Tee?

Nö, danke. Ich geh dann wieder.

Als ich mich ein Stück weit von der Hütte entfernt hatte, wurde mir jedoch klar, dass ich mich mit diesem Menschen unterhalten wollte. Und dieser Wunsch entsprang nicht etwa einem allgemeinen Bedürfnis nach Unterhaltung, was natürlich ist, wenn man in einer menschenleeren Umgebung lebt. Meinem Empfinden nach war es dem Schamanen egal, ob ich auf einen Tee dabliebe oder nicht. Er war über mein Gehen nicht traurig, würde aber in einem Gespräch auch nicht angespannt sein. Ich kenne andere Eremiten, die sich nach ein paar Monaten Einsamkeit entweder ganz vor den Menschen verstecken oder dermaßen anhänglich werden, dass man sich kaum wieder loseisen kann. Die spürbare Unabhängigkeit des Schamanen schien mir außergewöhnlich und machte mich neugierig.

Hallo, ich hab mich entschieden, doch zurückzukommen. Gib mir von deinem Tee!

## 1997, 2000
## Die Ewelnen

**16.07.**

Am Anfang ging mir das Stillschweigen des Schamanen
auf den Wecker. Manchmal dauerte es ewig, bis ich eine
Antwort auf meine Frage erhielt. Auch war ich mir nicht
immer sicher, ob er meine Frage überhaupt gehört und
verstanden hatte. Manchmal fand ich es einfach nur un-
höflich von ihm, während ich ein andermal den Eindruck hatte, dass er Konversation verachtete.

Warum schweigst du so lange auf meine Fragen?
*(Eine Pause von etwa fünf bis sechs Minuten.)* Man sollte
    nachdenken, bevor man eine Frage beantwortet.
Hat dich das Einsiedlerleben schwerfällig gemacht?
*(Plötzlich antwortete mir der Schamane in einem sehr
    schnellen Tempo, wobei er manche Wörter und Silben
    vermischte oder verschluckte.)* Natürlich hätt ich dir
    auch manche Wörter, die mir auf der Zunge liegen,
    einfach so »an den Kopf werfen« können, damit ich
    mir danach die Frage stellen könnte: »Was habe ich da
    eigentlich gerade gesagt?« Oder andersherum: »Schau
    mal an, das habe ich aber raffiniert ausgedrückt!« *(Der*

*Schamane fiel wieder in ein normales Gesprächstempo zurück.)* Aber in so einem Fall würde ich meine Äußerungen eher als »Wort-Durchfall« bezeichnen. *(Lacht.)*

Wie triffst du die Entscheidung zu antworten?

Da treffe ich keine Entscheidung, die Frage soll erst mal »verdaut werden«. Und die Antwort soll »kommen«. Es kann auch geschehen, dass ich die Frage kurz vergesse. Eine einfache Frage braucht nur ein paar Minuten, aber um eine Entscheidung zu treffen, benötigt man richtige Zeichen.

Was für Zeichen?

Die Ewelnen zum Beispiel sehen viele Varianten für die richtige Entscheidung in ihren Träumen. Viele, die in Magadan leben, »lesen« die Zufälle, auch wenn sie sich dessen gar nicht bewusst sind.

Wie kann man diese Zeichen sehen?

Zuerst musst du sehen lernen.

Wie hast du es denn gelernt?

Ich habe sehr viele Jahre dazu gebraucht, und da war auch niemand, *demgegenüber ich hätte cool sein müssen.* Ich musste also keine Erklärungsversuche mit Worten unternehmen.

Aber ich unterrichte.

Dann hast du es schwer. Deine Arbeit verlangt dir viele Erklärungen ab. Nun erblickst du immer öfter Erklärungsbedarf statt Realität.

Was soll ich machen?

Lern das von den Ewelnen, schau es dir von ihnen ab. Beobachte sie mal dabei, wie sie etwas unternehmen. Ihre Welt ist nicht sonderlich komfortabel eingerichtet – also müssen sie etwas unternehmen. Dazu brauchst du keine Erklärungen, sondern Realität.

## 17.07.

Am Nachmittag erschienen zwei junge Ewelnen. Sie kamen zur Hütte des Schamanen und waren auch schon vorher dort gewesen. Nachdem wir uns alle per Handschlag begrüßt hatten, sprachen sie kurz und in langsamem Tempo mit dem Schamanen – in einer Mischung aus Russisch und Ewenisch. Das verstehe ich zwar ganz gut, aber sprechen kann ich es nur unter Schwierigkeiten, da manche unserer Laute im Ewenischen völlig anders klingen[11].

---

11 Zum Beispiel, im Wort *tegele* (»weit«) soll der Laut »g« guttural ausgesprochen werden, wie im Ukrainischen, und in *girkar* (»laufen«) – exakt wie im Russischen. Noch komplizierter wird es mit Lauten wie »n«, »d« und »o«, die meiner Meinung nach in drei unterschiedlichen Aussprachevarianten vorkommen. Es gibt auch Laute ohne Analogien in unserer Sprache, aber gerade damit tut man sich leichter.

Als ich die Szenen beobachtete, wurde ich auf die sehr sorgfältig gefertigte Gewehrhülle und die Scheide des Dolchs am Karabiner des einen aufmerksam. Eine sehr feine Arbeit. Bestimmt waren auf Dolchgriff und Gewehrkolben sehr interessante Darstellungen eingraviert.

Die Ewelnen sind ein ausgesprochen höfliches Volk. Nachdem sie die Einladung zum Hereinkommen abgelehnt hatten, fragten sie mich, wo sie Feuer machen dürften. Während einer der beiden Holz sammeln ging[12], fragte der andere mich, ob ich bereit sei, meine Teevorräte gegen einen großen und sehr glatten Alexandrit-Kristall einzutauschen. Ich hatte nur noch drei Päckchen Tee übrig und schenkte ihnen zwei davon. Für diese »Aktion« musste ich eigens mit dem Schamanen Rücksprache halten, damit die beiden nicht etwa mit weiteren Gegengeschenken ankämen.

Da die Ewelnen einen ausgeprägten Sinn fürs Geschäftliche haben, wollte der eine Ewelne dann auch gleich einen Deal mit mir machen, wonach ich ihnen Tee und andere, wie er es nannte, »leichte Produkte« mitbringen sollte. Meine Absage nahm er mit großer Selbstverständlichkeit hin, ich sagte ihm, ich wolle nur ungerne eine solche Verantwortung auf mich nehmen. In der Stadt

---

12 Die Ewelnen sägen nur selten Holz in der Nähe einer fremden Hütte. Sie legen und schlichten das Feuerholz überaus sorgsam auf – ihr Feuer scheint nicht durch den Wald.

hätte kaum jemand Verständnis für eine derartige Reaktion gezeigt. Als dieser Ewelne dann auch zum Holzholen
loslief, nutzte ich die Gelegenheit und fragte den Schamanen ein bisschen nach den beiden aus.

Ist jemand krank geworden?
Nein, sie sind gekommen, um mit mir zu reden.
Wird es lange dauern?
Sie gehen morgen früh wieder. Das Gespräch wird in der
    Nacht stattfinden.
Darf ich fragen, was anliegt?
Ein Stern ist verschwunden. Er hat vermutlich die sechste
    Größe.
Wo ist er verschwunden?
Am Himmel. Heute wird die erste Nachthälfte hell
    sein.
Bedeutet das eine Katastrophe?
Vermutlich. Vor vielen Jahren.
Habe ich diesen Stern gesehen?
*Das glaube ich nicht.* Du kannst nicht so gut sehen wie die
    Einheimischen.
Zählen sie immer die Sterne?
Sie können gar nicht zählen.
???
Wir beide können zählen, deswegen wäre uns nichts auf-
    gefallen. Sie aber nehmen den Himmel als Bild, als

Ganzes wahr und haben bemerkt, dass das Bild sich verändert hat.

Warum sind sie zu dir gekommen?

Sie wollen wissen, was das für ein Zeichen ist.

Ist es denn ein Zeichen?

Natürlich.

Darf ich mehr darüber erfahren?

Erst muss ich die Nacht abwarten, damit ich diesen Teil des Himmels sehen kann.

Hat dieser Himmelsteil eine besondere Bedeutung?

Jede Hälfte bewohnt ein anderer Geist.

Hast du Astronomie in der Schule gelernt?

Nicht nur in der Schule. Die Astronomie hilft dir nicht, das Wetter vorauszuwissen, aber das Wissen, das du von den Geistern erworben hast, hilft dir, das kommende Wetter zu erfahren.

Hast du selber keine Veränderungen bemerkt?

Ich schau mir den Himmel oft an, jedoch nicht so häufig wie die Einheimischen.

Sind sie von alleine zu dir gekommen, oder hat sie jemand geschickt?

Von alleine, zu zweit.

**18.07.**

Nach unserer Unterhaltung über die Sterne saßen wir alle noch lange um das Lagerfeuer, das die Ewelnen errichtet hatten. In der Natur erstrahlen die Sterne am Himmel viel heller als in der Stadt, weil nicht der leiseste Schimmer von Elektrizität am Himmel sichtbar wird. Ein regelrechtes Sternenzelt. Mitunter sangen die Ewelnen ein kleines Lied, dessen Melodie unglaublich gut mit den blinkenden Himmelskörpern, dem Knistern des im Feuer brennenden Holzes und dem fernen Meeresrauschen harmonierte. Ich habe mir die Übersetzung dieses Lieds notiert. Ein ewenischer Text kann grundsätzlich nicht wörtlich übersetzt werden, da im Ewenischen manche Wörter einfach aus der Situation heraus »geboren«, danach aber nicht mehr verwendet werden. In der Psychologie nennt man eine solche Sprache »sympraktisch«, situationsgebunden. Folglich wird dieses Lied das nächste Mal, bei einem anderen Lagerfeuer, in einer etwas abgewandelten Variante erklingen.

### Das Lied über das Leben
Als ich jung war,
Öffnete sich der Tag in einer neuen Welt,
Und wenn ich einschlief,
Wollte ich schnell wieder erwachen.

Und jetzt wache ich in derselben Welt auf,
Und die Sterne, die am Morgen erlöschen, tun mir leid.
Obwohl ich noch viele von ihnen haben werde,
Auch wenn es nur noch wenige gibt.

Die letzte kurze Strophe passte nicht mehr zur Länge der Melodie und galt schon als Anfang des nächsten dreistrophigen Fragments. Deshalb war das Ende besonders traurig und dramatisch ausgefallen, es verlangte nach einer Fortsetzung. Die Sorgen der Ewelnen waren genauso traurig und dramatisch, denn sie betrafen das Ende des Lebens und den plötzlichen und unvermeidlichen Tod. Genauso, ohne Angst, aber mit Sorge und Anteilnahme betritt der Ewelnen-Krieger die Welt seiner Vorfahren, wo er den nächsten Zyklus seines unendlich langen Lebens absolvieren wird.

## 18.07.

Die Ewelnen waren mit ihrem Segelboot gekommen. Wir begleiteten sie zum Meeresstrand, um uns von ihnen zu verabschieden. Das Boot war proppenvoll beladen mit Walknochen und -wirbeln. Die Ewelnen ließen uns mehrere Walrippen da, aus denen später Sitzlehnen entstehen sollten. Der eine Ewelne trug eine Regenhaut aus Walrossdarm. Für so ein authentisches Kleidungsstück hätte manches Völkerkundemuseum bestimmt gutes Geld auf den Tisch gelegt. Der Schamane stand am Ufer und sah den beiden nach, bis das Boot von den grauen Wolken und dem dunklem Meer verschluckt wurde.

Wozu brauchen die beiden denn dermaßen viele Knochen?

Sie schnitzen aus den Knochen verschiedene Geräte für ihren eigenen Haushalt und später auch zum Tauschen mit anderen.

Ich dachte, sie würden zum Schnitzen Mammut- oder Walrossbein verwenden.

Mammut- und Walrossbein sind mehr wert, weil sie kleiner und fester sind. Außerdem sind Walrippen poröser. Aber die Figuren ohne winzige Details werden gar nicht so schlecht.

Hast du schon mal geschnitzt?

Drei Jahre lang, als ich noch in Uelen lebte.

Was hat es dann für ein Sinn, aus dem Material zu schnitzen, das schlechte Beschaffenheit hat?

Mammuts und Walrosse gibt es nicht im Überfluss.

Und werden sie die ganze Ladung verarbeiten?

*Das glaube ich nicht.*

Wozu nehmen sie dann so viel mit?

Um es zu haben.

Andere Ewelnen haben sich anders verhalten.

Glaubst du?

Ich habe gelesen, dass sie von Grund auf ökologisch eingestellt waren. Zum Beispiel hat ein Jäger nie eine zweite Robbe geschossen, auch wenn sich ihm die Chance dazu bot.

Das sind *Fantastereien* von Wissenschaftlern, die in ihren Elfenbeintürmen sitzen.

Du glaubst also, sie haben sie doch geschossen?

Nein, haben sie nicht, aber nicht wegen der Ökologie.

Und warum dann nicht?

Wenn ein Jäger eine Robbe erlegt hat, muss er sie eigenhändig mehrere Kilometer weit nach Hause schleppen. Und es gibt Tiere, die bringen bis zu vierhundert Kilo auf die Waage. Da würdest du auch nicht noch eine schießen.

Haben die beiden keine Angst davor, das Ufer aus den Augen zu verlieren?

Sie halten sich geradeaus, am Wind entlang, und werden das Ufer bis zum Abend überhaupt nicht zu Gesicht bekommen.

Besitzen sie einen Kompass?

Nein.

Und wie orientieren sie sich dann?

Sie erinnern sich einfach an den Weg.

Aber sie sehen doch keine Sonne.

Der Orca ist ihr Leittier. Sie erinnern sich selbst.

Wie, sie erinnern sich ohne Orientierungspunkte?

Für den Augenblick werden sie selbst zum Orca.

Wie zur Bestätigung seiner Worte durchschnitt die schwarze, einem Segel vergleichbare Flosse eines Orca-Wals langsam, majestätisch und zugleich gierig die Meeresoberfläche zwischen uns und dem entschwindenden Boot.

**18.07.**

Die Gedanken an die Ewelnen und meine Sorge, sie da draußen alleine mit dem voll beladenen Boot auf dem Meer segeln zu wissen, ließen mir einfach keine Ruhe. Rational beschwichtigte ich mich damit, dass dies für unsere Gäste eine ganz alltägliche Situation war. Ich jedoch hatte so etwas zum allerersten Mal mitbekommen, und in meinen Augen sah es nach einem höchst unsicheren Unternehmen aus. Als ich mich entschieden hatte, dem Schamanen ein paar Stunden Gesellschaft zu leisten, konnte ich meine Neugier nicht mehr bremsen und fragte ihn über unsere Gäste aus.

Wie können die beiden denn alleine mit dem schwer beladenen Boot fertig werden? Da ist die Ruderpinne zu
bedienen und das Segel ...

Sie könnten das Boot auch steuern, selbst wenn sie einen
ganzen Wal dabeihätten.

Haben sie eine Schule besucht?

Nein.

Und was ist mit der Bezirksregierung?

Wahrscheinlich kennt die Regierung sie, aber es unternimmt keiner was. Wenn ich aber daran denke, was du
mir über die momentane Situation erzählt hast – dann
weiß die Regierung nichts von ihnen. Abgesehen davon bleiben sie nie lange an einem Ort.

Das hier ist aber mit Sicherheit kein geschlossener Kreis,
sie sind nicht aneinander und nicht an die Region gebunden. Diese beiden sind kräftiger als ich.

Natürlich ist das kein geschlossener Kreis. Da gibt es Russen, Jakuten und Ewenken, die man früher Tungusen
nannte. Die Burschen gehen in die Siedlungen und
wahrscheinlich auch in die Stadt Magadan. Sie halten ihre Lebensweise für ursprünglicher.

Also sind das echte Ewelnen?

Was ihre Lebensweise betrifft, sind das echte Ewelnen.

Und wovon leben sie?

Das sind Universalisten. Sie haben Rentierherden, betreiben Meeresfischerei, fertigen Pelzwerk.

Wie haben sie die Beziehung zu dir aufgebaut?

Ich selbst habe begonnen, eine Beziehung zu ihnen aufzubauen.

Warum?

Sie sind Einheimische. Die Kommunikation mit ihnen verschafft mir den Zugang zu vielen hiesigen Praktiken.

Und ich hatte eher den Eindruck, dass sie von dir lernen.

Sie verstehen sich auf kollektive Praktiken. Und von mir lernen sie deshalb, weil ich erst mit ihrer Hilfe lerne zu verstehen.


## 18.07.

Nach Begegnungen mit Ewelnen dachte ich oft lange über sie nach. Stets hat mich der starke Kontrast zwischen dem Verhalten der Ewelnen in der Stadt einerseits und in der Natur andererseits verwundert. Ewelnen, die gegangen[13] sind, haben bei mir immer den Eindruck starker, selbstsicherer, sogar sehr selbstsicherer, ruhiger junger Männer hinterlassen. Und so sind sie auch.

---

13 Niemand, der mit dem Meer in Verbindung steht, würde sagen, man »schwimmt« auf dem Meer, vielmehr wird dafür der Ausdruck »gehen« verwendet.

Aus unserem Schulkursus »Die Geschichte des Bezirks Magadan« ist mir noch in Erinnerung, dass die Ewelnen dem Zaren nie den verlangten Tribut gezahlt und fast dreihundert Jahre lang mit Steinspeeren und Knochenbögen gegen die Kosaken gekämpft haben. Gleichzeitig lagen sie auch über Jahrhunderte hinweg mit den zahllosen Jakuten aus dem Westen in Fehde, ebenso mit Eskimos und Indianern aus dem Osten. Für diese kriegerischen Auseinandersetzungen haben sie sich Panzerhemden aus aneinandergehängten Knochenplatten und Speere aus den Walbarten gefertigt. Sie verwendeten nie irgendwelche Munition und hielten wegen ihrer Panzerhemden hundert Jahre lang den Faustkrieg für eine effiziente Vorgehensweise. Gelegentlich findet man auch heute noch Reste von Kosaken-Harpunen, die eine enorme Durchschlagskraft besaßen. Es gelang niemandem, die einheimischen Ewelnen jemals zu besiegen. Erst, als der schlaue Zar befahl, die Kriege zu beenden und stattdessen Jahrmärkte aufzuziehen, konnten die Kosaken sich ungehindert an den Ufern des Pazifiks bewegen.

Diese Ewelnen hier sind die direkten Nachfahren jener mutigen Kämpfer, und kaum jemand hier würde es sich mit ihnen verderben wollen. Gleichzeitig wirken sie in der Stadt unsicher, fast jeder Gauner und Hooligan hält sie für potenzielle Opfer. Sie wollen sich aber mit niemandem anlegen und halten – meiner Meinung nach – viel aus. Wenn aber jemand den Bogen überspannt, wird die Reaktion überspitzt und inadäquat ausfallen. Beispielsweise in Form eines Feuergefechts oder einer Messerstecherei als Antwort auf ein Wort oder einen schon acht Tage zurückliegenden Schlag mit der Hand. Danach ist der Weg in die Stadt eröffnet worden.

Der Schamane hat Ähnlichkeit mit einem Ewelnen und zugleich mit einem modernen Stadtmenschen. Sein Gesicht selbst wirkt verwittert, die Gesichtshaut ist ledrig, von Wind und Wetter dunkelbraun gegerbt. Oder sollte das von Geburt an schon so gewesen sein? Er ist bereits in einem Alter, wo die Gesichtszüge ethnische Charakteristika »verdecken«. Bei unserem ersten Treffen hätte ich ihn auf vierzig bis sechzig Jahre geschätzt.

Was hast du für eine Nationalität?
Keine und auch keinen Namen, bin ein einsamer Pilger[14].
   (Lacht.)
Und wirklich?
Es gab damals keine Geburtsurkunden, jetzt ist es zu spät für Fragen.
Bezeichnen dich die Menschen hier in der Gegend als Schamanen?
*Du kannst mich auch »Topf« nennen.*

---

14 Eines der Erkennungszeichen der Häftlinge.

Warum sind sie so verloren in der Stadt?

Sie sind nicht verloren, sie kommen bloß mit der Zeit nicht klar.

Wie das?

In einer »normalen« Situation handeln sie so, wie sie es von ihrem Gefühl her für richtig halten. In der Stadt können sie aber nicht fühlen, was richtig ist. Das heißt, sie schaffen es nicht, zeitlich die richtige Entscheidung zu treffen.

Sie erwecken oft den Eindruck, als hätten sie Angst.

Das kommt bestimmt schon mal vor. Wobei es ihnen sicher seltener passiert als den Stadt-Ewelnen.

Aber sie geben in den entsprechenden Situationen oft nach, gehorchen.

Damit ist die Sache für sie allerdings noch lange nicht erledigt. Die aus der Stadt haben Glück, weil sie nachdenken und den Fehler öfter bei sich selbst suchen, in ihrer Inkompetenz, statt die anderen wegen ihrer Grausamkeit zu beschuldigen.

Und wenn sie doch jemand aus der Stadt als schuldig ansehen?

Passiert sehr selten.

Und wenn?

Dann jagen sie direkt in der Stadt. Sie können dich anlächeln bei dem Treffen. Du bist aber schon längst ihre Beute.

Das ist ja grausam.

Keine Sorge, dich betrifft das nicht. Du bist nicht aggressiv.

**18.07.**

Das Boot ist eine ausgeklügelte Konstruktion. Wahrscheinlich auch sehr teuer. Es erinnerte mich irgendwie
an einen offenen Flugzeugrumpf. Ein kompliziertes Ge-
rüst aus Holzrippen, mit Walrosshaut bezogen, von etwa
zehn Metern Länge. Befestigungen für Segel und Ruder
mit Verzierungen, irgendwelchen Mustern, die dem Pro-
fil eines Fahrradreifens ähnelten. Sogar die Knochenspit-
ze der Harpune bestand aus mehreren Einzelteilen: Das
Letzte glich einem Bumerang, den man zusammenklap-
pen oder drehen konnte. Der Schamane spazierte um
sein Boot herum und besprach etwas mit den Ewelnen,
wahrscheinlich TTC[15], die Unterredung wirkte fast mili-
tärisch.

Wie geben sie ihr Wissen, ihre Erfahrungen weiter?

In welcher Hinsicht?

---

15 Taktisch-technische Charakteristika (in der Armee gebräuchliches
Kürzel).

Sie können nicht rechnen, besitzen keine Konstruktions-
zeichnungen, keine Pläne. Wie also bauen sie solche
Boote?

Sie nehmen es sich vor, sie zu bauen, sehen sich andere
Boote an und bauen dann ihre.

Das heißt, sie haben nicht einmal einen speziellen Boots-
baumeister dafür.

Das Können ist nicht das Wichtigste, das Wichtigste ist
die Zielsetzung.

Ist das die Besonderheit ihrer Kultur?

Aller Kulturen.

Wir können aber kein Frachtschiff bauen, einfach nur,
weil wir es uns vornehmen.

Was ist Kuzma[16] von Beruf?

Meiner Meinung nach war er früher bei der Artillerie.

Und der Vovchik[17]?*

Radioingenieur.

Und Genka? (Mit vollem Namen Gennadij.)

Verstehe. Unter ihnen befindet sich kein gelernter Boots-
bauer.

Wie haben sie denn ihren eigenen Frachter gebaut?

---

16 Der Schiffskapitän der Wildfischer.
17 Der Vovchik ist über vierzig, sie nennen sich aber trotzdem bei den
alten Cliquen-Namen: Vovchik, Genka, Serjoga, Petrovitsch etc.
* Vovchik ist die Verniedlichung des Namens Vladimir; Anm. d. Über
setzerin.

Ich habe es selbst gesehen. Sie haben die zurückgelasse-
ne Flotte in ihre Bestandteile zerlegt und daraus ihr eigenes Boot zusammengeschweißt – direkt auf dem
Strand.

Ist es gut geworden?

Wahrscheinlich ganz gut und nützlich. Sei nicht so hin-
tersinnig. Das Frachtschiff ist super. Besser als eines
aus der Werft. Früher hat man ihren Frachter als den
»Aussichtslosen« bezeichnet, und jetzt heißt er bei den
Beamten der Küstenwache »der Grenzenlose«[18]. Wegen seiner Wendigkeit und Sturmtauglichkeit! Und –
wie haben sie den Frachter gebaut?

Tatsächlich. Darüber habe ich nicht nachgedacht.

Ich sage dir: Sie hatten ein Ziel und begannen zu handeln.
Der Rest hat sich dann ergeben.

Sind die Ewelnen in der Stadt deswegen so schwach, weil
sie kein Ziel haben?

Ja. Solange sie tauschen, kaufen, halten sie sich wacker.
Erst danach gammeln sie ziellos herum…

---

18 Das habe ich sogar selbst einmal mit angehört, als ich neben dem
Auto des Geschäftsführers des operativen Teils der Inspektion für die
Fischindustrie N.N. Bachtin angehalten habe, um ihn zu begrüßen.
Der im Auto sitzende unbekannte Kapitän der Küstenwache brüllte
wütend in sein Funktelefon: »Wie soll ich sie denn … kriegen, wenn
eine Welle … und sie … mit Vollgas im Nebel, an der Küste auf dem
›Grenzenlosen‹! …«

**18.07.**

Im Heck des Frachters befindet sich ein ziemlich großes, aus Mammut- und Walrossknochen und -stoßzähnen bestehendes Gebilde, das an einen griechischen Buchstaben erinnert. Es ist teuer. Und unpraktisch.

Wofür ist das merkwürdige Teil aus den Stoßzähnen gut?
Ein Talisman.
Verrätst du mir seine Bedeutung?
Für einen Stadtmenschen ist das nur schwer nachvollziehbar. Wenn die Ewelnen in ihrem Schiff unterwegs sind, bilden sie eine Einheit. In heiklen Situationen sind sie ausdauernd und gute Schwimmer, wie die Walrosse, stark und wild wie die Mammuts.
Waren Mammuts wild?
Manchmal.
Woher wissen die Ewelnen das?
Sie wissen es nicht. Sie denken, ein Tier mit so gigantischen Stoßzähnen muss wild gewesen sein.
Dieses Relikt wird sie auf die Dauer teuer zu stehen kommen. Der Talisman ist schwer. Und er stört.
Das ist kein Relikt. Erstens wird er ab und zu als Vorführobjekt eingesetzt, zweitens glaube ich, dass der Talisman ihnen bisher nicht nur einmal das Leben gerettet hat.

Wie das?

Schwimmen und Jagen sind gefährlich. Ihr Glaube an den Talisman hilft ihnen dabei, in schwierigen Situationen ruhig zu bleiben, nicht in Panik zu geraten, vernünftig und entschlossen zu handeln. Du kannst ihn als ein »psychotechnisches Medium« betrachten.

Aber der Talisman selbst tut doch gar nichts.

Die Rituale und die Gedanken haben die besondere Psychoenergie bereits auf ihn übertragen, ihn sozusagen damit »aufgeladen«. Sie aktualisiert sich, wenn sie gebraucht wird.

Reagiert diese Psychoenergie nur auf das Bewusstsein der Ewelnen oder auch auf die jeweiligen situativen Bedingungen?

*Mal so, mal so.*

Wer hat den Talisman gemacht?

Ihr Schamane.

Kennst du ihn?

Ich kenne den ehemaligen und den jetzigen. Aber der ist schon weit weg.

In der Welt der Ahnen?

Mhh, *kann man sagen.*

## 18.07.

Weshalb haben die lebenspraktischen Ewelnen ihre Sachen liegen lassen und sich auf die beschwerliche zweitägige Reise begeben – wegen eines einzigen Treffens mit dem Schamanen? Man könnte es verstehen, wenn sie verschollene Verwandte aufspüren wollen oder einen Kranken zu ihm bringen. Aber der ganze Aufwand wegen des Gesprächs über den Himmel und die Sterne…

Wozu halten die Stämme sich einen Schamanen?

Sie halten ihn sich nicht wirklich. Die Schamanen sind arm, sie jagen selbst, gehen fischen oder hüten Rentiere.

Aber sie werden doch für das *Kamlanije*, ein Hauptbeschwörungsritual im Schamanismus, und die Heilungen bezahlt.

Weil der Schamane in dieser Zeit ja nicht arbeiten kann.

Ersetzt der Schamane dem Stamm einen Arzt?

Das auch. Das ist aber nicht das Wichtigste.

Und was ist dann das Wichtigste?

Stell dir eine Stammesgruppe aus Urtschuktschen, Eskimos oder Ewelnen vor. Etwa dreißig bis vierzig Menschen, die eine ganze Polarnacht, ein ganzes Jahr oder mehrere Jahre lang keine anderen Menschen zu sehen bekommen. Was auch immer geschieht, sie erhalten weder Beistand noch Mitgefühl.

Grausam.

Für dich, ja. Aber sie fühlen sich nicht einsam.

Wie das?

Dank dem Schamanen sind sie mit der gesamten Menschheit verbunden und – noch darüber hinaus – mit den Geistern ihrer Vorfahren … Sie wissen, wohin ihr Weg sie führen wird nach dem physischen Tod, wen sie dort treffen werden, was sie tun werden. Sie glauben ganz fest daran. Nur deswegen überleben sie.

Und, weil sie stark und tapfer sind.

Ohne Sinn dahinter würde Tapferkeit auch nichts nutzen.

Ja. Unter solchen Umständen würde ich auch Kontakt mit dem Schamanen halten.

Natürlich.


## 02.01.2000

Wenn ein Mensch lange ohne Elektrizität ist, blickt er oft zu den Sternen auf. Im Sommer noch weniger, denn der Tag ist lang, und die Nächte sind weiß. Doch im Winter, an den endlosen, dunklen Abenden – da beginnst du hinaufzusehen. Am Meeresufer erinnerte ich mich an meine Kindheit, wie ich damals spät heimkam aus dem Haus der Pioniere, wo ich Schach gespielt hatte, und mich dann hinter der Scheune auf den Schneehaufen legte, um die Sterne zu betrachten.

Die Sterne kamen mir vor wie eine Unzahl verschiedener unkenntlicher Wesen, die uns genau beobachteten.

Laut dem Schamanen wohnen in jedem Teil des Himmels eigene Geister. Manchmal sogar in ein und demselben Sektor, nur auf verschiedenen Etagen. Für den Schamanen wie auch für die Ewelnen symbolisiert ein Geist die Kraft der Natur, die Macht der Psyche, die Verbindung der Sterneneinflüsse und vieles mehr. Und all das ist personalisiert. Der Schamane weiß gut Bescheid im Geister-Himmel, er kennt sie zwar nicht alle, erkennt sie aber anhand der Entwicklungen. Ungefähr so, wie wir die Nationalität eines uns unbekannten Menschen, seine Blicke, seine potenziellen Taten einschätzen…

Könnte ich anhand des Sternenhimmels auch das Wetter vorhersagen?

Dazu solltest du die Astronomie der Ewelnen studieren.

Was ist das?

Bei ihnen ergeben die anderen Sternenverbindungen ein Sternbild.

Funktioniert das nach irgendeinem Prinzip?

Oftmals – nach den Konstellationen der nächsten Sterne.

So heißen sie auch: »Neun Sterne«, »Drei Sterne«.

Das lerne ich leicht.

Nicht so voreilig! Das sind nicht einfach bloß Zahlen, sondern »Einfluss-Gruppen«.

Und die von den Wolken bedeckten – haben die weniger Einfluss?

Das auch. Man muss aber auch die Jahreszeit, den Ort, den Zustand des Meeres und den des Windes berücksichtigen.

Wie in der Astrologie?

Die Ewelnen haben das bewahren können, was den meisten Astrologen verlorenging.

Was?

Früher trug jedes Sternbild den Namen eines eigenen Geistes.

Der Große Bär?

Ja.

Und Orion?

Die Ewelnen benutzen keine ausländischen Namen.

Hättest du eine Übersicht der Sternbilder erstellen können?

Nicht erstellen. Das gibt es schon. Wichtig ist, den richtigen Gruppen den richtigen Namen zu geben.

Warum machst du das dann nicht?

Ich würde die Kolumnen schreiben, sie veröffentlichen und dafür geradestehen. Jemandem etwas beweisen? *Wozu brauche ich das? (Lacht.)*

## Die Lieder der Ewelnen

Im letzten Kapitel kam schon »Das Lied über das Leben« vor. Nun präsentiere ich die Übersetzung zweier weiterer Lieder. Leider bin ich kein professioneller Übersetzer und kann deshalb die Stimmung nicht ganz hundertprozentig »rüberbringen«. Wenn ich mich mit der Übersetzung »gequält« habe, verglich ich die englischen Originalgedichte von William Shakespeare mit den Übersetzungen und begriff, dass selbst sehr berühmte Übersetzer die Stimmung nicht immer 1:1 übertragen können. Weiterer Kommentare zu den Texten bedarf es meiner Ansicht nach nicht.

### Die Welt hinter dem Rücken
Sobald ich mich umdrehe,
Geschieht hinter meinem Rücken etwas Seltsames:
(Alle Gegenstände) wechseln ihre Konturen
Und ihren Charakter,
Sie verändern sich.

Nur die wahren Menschen bleiben Menschen,
Und die anderen verändern sich wie die Dinge.
Egal, wie schnell ich mich umdrehte,
Sie sind immer schneller als ich.

Was geschieht mit der Welt,
Wenn der wahre Mensch sie nicht sieht?
Gibt es Berge, das Meer? Das kann gefährlich werden.
Es ist sehr interessant, das zu erfahren.

### Der andere Berg
Beim russischen (Menschen[19])
Ist der Stein – auch ein Mann.
Und der Fluss – ist eine Frau. (Im Russischen heißt es
»die« Fluss.) Beim Russen ist der Berg – auch eine Frau.
(Der Berg ist im Russischen ebenfalls weiblich.)
Wir klettern mit dem Russen den Berg hinauf.
Erklettern wir denselben Berg?

---

19 Ein »russischer Mensch« (Russe) – das ist im Ewenischen ein Wort.
Der »tschuktschische Mensch« (Tschuktsche) – ist auch ein Wort, nur
etwas abgeändert usw. Adjektive wie »russischer« oder »tschuktschi-
scher« u.a. sind nicht an das Wort »Mensch« gebunden.

# 1977–1979
## Die Armee. Das Problem des Wolfs

Ich rückte beim Militär ein, nachdem man mich in der Fakultät für Physik der MGU aus dem dritten Semester rausgeworfen hatte. Einberufen wurde ich vom Ramenskij, dem Moskauer Kriegskommissariat, und ging mit der Moskauer Gruppe. Mit uns kam auch eine Gruppe aus dem Bezirk der Stadt Tcheljabinsk. Die ganze 120 Mann starke Kompanie lebte in einem Raum ohne Trennwände: Reihen von Stockbetten, Nachttische, immer einer für zwei Männer, ein paar Hocker, Plakate, Tabellen und Pläne an den Wänden. In einer Ecke stand ein Schwarz-Weiß-Fernseher. Seine Sendungen wurden selten verfolgt, und Gedränge davor gab's nur, wenn die (damals!) ersten Aerobicstunden mit Frauen gezeigt wurden.

Es ist unmöglich, in der Kaserne irgendetwas zu verbergen. Wir aßen, schliefen, wuschen uns und arbeiteten gemeinsam … Schon innerhalb der ersten paar Wochen wird absolut klar, wer du bist. Nach zwei Wochen bekam ich den Spitznamen »Wolf« (Magadaner Wolf), und der blieb das ganze erste Jahr lang an mir kleben.

Ich tanzte gewöhnlich nicht aus der Reihe, aber in Konfliktsituationen habe ich mich, wie sich herausstellte, tatsächlich ungewöhnlich benommen. »Kontrollen« und

»Anmachen« begannen gleich am ersten Tag. Alle gesunden jungen Männer halten sich für *cool* und haben das Bedürfnis, dies auch zu demonstrieren. Wenn du dich akklimatisiert hast, gibt es außer direkten Reibereien von Mann zu Mann tausend Kleinigkeiten, auf die keiner vorbereitet ist: heimlicher Austausch des Gürtels, der Fliegermütze, der Stiefel gegen schlechtere, der Konkurrenzkampf um die besseren Betten und Plätze, unkorrektes Verhalten in der Schlange vor den Waschbecken oder um die Benutzung der Bügeleisen – eine schier endlose Liste ... In solchen Situationen verlangst du laut und aggressiv nach deinem Besitz, oder du gibst leise nach. Man sollte jedoch nicht zu oft nachgeben – das ist schlecht für den sozialen Rang, aber ständig emotional-aggressiv sein und den anderen Schimpfworte an den Kopf werfen – wir nannten es »bellen« –, wollte und konnte ich auch nicht.

Manche hielten leise Befehle und Schweigen auf die Fragen für Feigheit und wurden dementsprechend noch frecher. Doch soll man ja bekanntlich auf Verbalinjurien ohnehin nicht reagieren. Ich hörte mir die Schimpfwörter also an, sie ließen mich völlig kalt, und beobachtete die anderen. Wenn ich an den Reaktionen der anderen dann ablesen konnte, dass die Situation unerträglich wurde, schlug ich meinem Gegner ohne Vorankündigung ins Gesicht. Dieses Verhalten erstaunte alle und verschlimmerte das Ganze sogar. Ich muss sagen, dass ich die Notwendigkeit des *verbalen* Schlagabtauschs schnell einsah, nur konnte ich das damals noch nicht, mir fehlte die Beherrschung. Hätte ich sie in jenen Zeiten schon besessen, wäre es zu entschieden weniger Schlägereien gekommen.

Mein neuer Spitzname erinnerte mich an die Dankbarkeit des Wolfs, und so nutzte ich in anderen Konfliktsituationen in der Kaserne die »Laune des Wolfs auf der Jagd«: Ich versuchte den Anführer zu wählen und kam immer näher, während ich ihm dabei in die Augen sah. Wandte er die Augen ab, hatte sich die Situation zu meinen Gunsten entschieden, wenn nicht … In der Hälfte der Fälle haben sich die Gegner sogar sehr aggressiv verhalten. So war es in der Gruppe der Älteren beim Wehrdienst, und deren Erkennungszeichen ist bis heute das schief zusammengewachsene Nasenbein. Solange ich aber bewusst reagierte, keine Angst hatte, war mein Verhalten kalkulierbar und – laut Aussagen meiner Freunde – effektiv.

Mein Unwille, auf verbale Aggressionen zu reagieren, macht mir das Leben immer noch schwer. Aus dem Alter für Prügeleien bin ich allerdings längst heraus, und an der Uni ist dergleichen ohnehin nicht gestattet. Es kommt vor, dass ich mir Aussagen und Anschuldigungen anhören muss, die mir dermaßen überzogen erscheinen, dass ich eine Reaktion darauf gar nicht für erforderlich erachte. Selten, dafür aber jedes Mal von Neuem überraschend, bekomme ich dann von den Anwesenden gesagt: »Du hast dich nicht rechtfertigen wollen und hast deinerseits niemanden der Tat bezichtigt. Das bedeutet, du bist tatsächlich schuld oder aber du hast Angst.« Sofort sehe ich dann vor meinem inneren Auge die Kaserne und die infolge meines Schweigens frech gewordenen Mitsoldaten.

Heute kann ich natürlich auch verbal herausgeben, mache es jedoch selten. Und wenn, wie ein schwieriges, langweiliges, aber notwendiges Ritual.

Für den Wolf stellt das Bellen keinen Angriff dar. Für seine Ohren sind das einfach komische Geräusche, die selbst die Hunde stören, ein unlangweiliges Leben zu führen und dementsprechend zu jagen. Der normale Wolf, der das Bellen vernimmt, verzieht sich leise in sein abwechslungsreiches Revier. Manchmal nerven die Hunde allerdings doch sehr. Dann kehrt der Wolf binnen weniger Tage zurück – die Hunde sind überrascht: Weshalb? – bringen es jedoch nicht mit ihrem Gebell in Verbindung.

# Die Heilpraktiken

**29.01.1998**

Wahrscheinlich hätten meine Notizen für ein ganzes Buch mit dem Titel *Die Rezepte des Schamanen* ausgereicht, nur habe ich seine Rezepte nie ausprobiert.

Die Rezepte des Schamanen sind diesem Buch in ihrer Originalform eingegliedert, d.h., wenn an den Tagen, als wir unsere wichtigen Dialoge geführt haben, auch davon die Rede war.

Wie bereitest du den Waldfrauenfarn[20] zu?

Hab ihn bloß gesalzen.

Wie?

Eine Schicht Waldfrauenfarnblätter, eine Schicht Salz, dann etwas Schweres darauflegen, um Druck zu erzeugen, damit Saft austritt. Eine Woche später gießt du die Flüssigkeit ab, wendest die Blätter und übergießt sie dann wieder mit dem Sud.

---

20 Hier ist die Rede vom australischen oder vom breiten Wurmfarn *(Dryopteris austriaca* oder *Dryopteris dilatata)* nach A.N. Berkutenko/ E.G. Wirek (1995).

\* männl. Vorname, ein Vertrauter des Schamanen; Anm. d. Übersetzerin

Wie viel Salz?

So viel, bis es sich im Wasser nicht mehr auflöst.

## 29.01.1998

Im Lauf der Jahre zeigte sich, dass der Freundeskreis des Schamanen unerwartet groß war. Heute, wo ich selbst bei ihm am Strand lebe, würde ich sogar sagen, der Schamane steht mit allen Menschen seiner Umgebung in Kontakt. Manche von ihnen haben ihn nur ein einziges Mal gesehen, als sie selbst krank waren oder daheim einen Kranken zu pflegen hatten, andere verkehren nur selten mit ihm, dafür aber regelmäßig. Weder diese Menschen noch der Schamane selbst findet an diesem Umgang etwas Außergewöhnliches.

Woher bekommst du überhaupt Salz oder Getreide?

Kuzma* bringt es mir.

Warum macht er das?

Warum bringst du mir Sachen?

Solche, die wir in der Stadt nicht brauchen.

Dafür trägst du sie aber weit hier heraus. Und die Munition, den Schnaps?

Das sind Geschenke.

Warum machst du das?

Weil ich dir wohlgesonnen bin.

Und sie sind mir auch wohlgesonnen. Ich heile sie und
gebe ihnen praktische Ratschläge. Das ist keine Bezah-
lung – das ist unsere Beziehung. Kuzma hält mich für
einen Zauberer.

Gefällt es dir, dass man dich als Schamanen bezeichnet?

*Kannst mich auch Topf nennen – ist mir gleich …*


**09.03.1998**


Wenn man dem Schamanen eines nicht nachsagen kann,
so ist das Sentimentalität. Er hatte kein Problem damit,
sich mit einem Moorschneehuhn zu unterhalten und es
kurze Zeit später als sein Mittagessen willkommen zu heißen. Einmal sagte ich ihm, dass ich die Jagd ohne vorheri-
ges Gespräch bevorzugen würde, daraufhin zuckte der
Schamane die Achseln und erinnerte mich an die Haltung
von Hühnern und Kühen. Auf einmal fiel mein Blick auf
Zweige – sie standen in einem Glas auf seiner Fensterbank.

Zum ersten Mal sehe ich in der Taiga Zweige am Fenster.
Wozu?

Der Winter ist noch lang. Man braucht oft aktive Substanzen.

Wie gewinnst du die aus den Zweigen?

Das ist Erle. Was die Knospen des Zweiges innerhalb von 24 Stunden an Pollen produzieren, reicht später für die Medizin eines Erwachsenen.

Isst du diesen Pollen?

Der hier ist bitter. Und viel zu stark. Im Wald gibt es genug Arzneien und Vitamine. Man kann im Winter Zwergkiefern, Erlen- und Birkenknospen oder Tannenzapfen kauen.

Der Pollen wird bei der Zubereitung von Salben und Mixturen verwendet.

Hast du das aus einem Buch?

In keinem Buch findest du irgendetwas über das ganzjährige Zusammenwirken mit den Pflanzen. Dafür muss man lange genug mit ihnen gelebt haben.


**09.03.1998**


Wahrscheinlich ist der Schamane der einzige »behandelnde Arzt« im Umkreis von Hunderten Kilometern. Er kann sich bei niemandem Rat holen und besitzt keine Bücher über herkömmliche Medizin. Dennoch handelt er immer so, als wisse er genau, was zu tun sei.

Kannst du alle Krankheiten heilen?

Nur solche, die ich selbst überwunden habe.

Man sagt aber, du heilst viele Krankheiten.

Es gibt nicht so viele Krankheiten wie Varianten von Krankheiten.

## 12.12.2002

Für die Kolyma, eine Flusslandschaft in Sibirien, gestalten sich dieser Winter und dieser Herbst sehr ungewöhnlich. Schon über einen Monat haben wir konstante 25 bis 30 Grad minus. Doch der Schnee bleibt aus. Zwar war Anfang Oktober ein wenig Schnee gefallen, jedoch vom Wind verweht worden. Es ist kalt und staubig. Das sind ganz offensichtliche klimatische Anomalien. Das Gras und die Beeren knirschen unter den Schuhsohlen wie Glas. Mancherorts kann man die Spuren des Wolfs, des Bären, von Hasen, Füchsen, Vögeln und Mäusen sich kreuzen sehen. Im Dezember schlafen die Tiere in der Kolyma nicht und bleiben nicht in ihren Höhlen. Hoffentlich erfrieren sie nicht ohne Schnee. Das bereitet mir Sorge.

Nahe der Hütte, die der Schamane früher bewohnt hat, haust gerade ein Wilderer in seiner Hütte. Seine Brigade hat ihm geholfen, sie zu bauen. Sie hat ihm Fisch, Getreide, Salz, drei Kisten Kerzen und ein Fass Diesel dagelassen. Und der Mann hat es tatsächlich fertiggebracht, seine sämtlichen Vorräte innerhalb eines Monats aufzubrauchen. Hat die Luft in seiner Hütte mit den Kerzen erwärmt, weil er sich vor dem Holzhacken drücken wollte. Ich besuche ihn schon das dritte Mal. Meditieren kann er nicht, will es aber auch nicht lernen – hat eine andere Erziehung. Letztendlich führt er Selbstgespräche und quatscht mir ein Ohr ab. In der Stadt machte er einen auf *cool*. Hoffentlich dreht er hier draußen nicht durch.

Ich glaube, er bezieht aus seiner Nahrung zu wenig Fett. An einer Stelle im Gesicht hat er Risse in der Haut, tief wie die Gräben auf einer topografischen Landkarte. Mit mir gemeinsam will er nicht in die Stadt gehen – dafür ist er zu kühn. Ich brachte ihm Speck mit, stark fetthaltige Wurst, Mayonnaise und Öl zum Braten. Aber ich weiß jetzt schon, dass er das alles noch vor dem Winterende vertilgt haben wird. Mit meiner Hilfe wird er den Winter überstehen, bis seine Leute wiederkommen, und niemals wieder so leben wollen.

Der Schamane würde nicht helfen. Der Schamane hat sich mit dem Wilderer unterhalten, während dieser schlief[21].

---

21 Der Schamane hat mir ein bisschen was von der Praktik der Kommunikation im Schlaf beigebracht.

Weshalb soll man ihm nicht helfen?

Sein kulturelles Niveau ist zu niedrig. Er würde schnell zum Schmarotzer werden.

Er lebt falsch. Er hat sich einen Riesenhaufen Meeresfrüchte und einen Berg Seealgen besorgt für den Winter, aber kein Fett.

Er soll keine Hilfe erwarten, er soll kämpfen.

Wenn ich ihm einen Sack gefrorener Hühner bringe, kämpft er dann nicht?

Gerade damit würde er erfrieren.

Warum?

Entweder kämpft er um sein Leben, oder er gibt auf.

Also hindern die Hühner ihn am Überleben?

Man muss Stabilität aus diesem Überlebenskampf ziehen.

Die »Hühner« werden ihm genauso wenig helfen wie die Kerzen und der Diesel. Er ist fast erfroren, weil er sich nicht von Anfang an Holzvorräte zugelegt hatte. Denk doch an die von uns gegangenen Urvölker, die wunderbar alleine zurechtkamen, bis sie »Unterstützung« von der westlichen Zivilisation erhielten.

Der Wilderer gehört doch selbst zur westlichen Zivilisation.

Das ist die Kolyma. Mit halber Kraft könnte er in einer nahrungsreichen Landschaft wie der sibirischen Taiga oder in einem Wald bei Tambow überleben. Hier funktioniert das »mit halber Kraft« nicht. Entweder mobilisiert er alle seine inneren Ressourcen im Kampf ums Überleben, oder er verreckt.

Du bist aber hart. Soll man ihm denn gar nicht helfen?

Im Gegenteil … Ich will, dass er eine Chance hat. Du darfst ihm Sachen bringen, aber nur wenig und nicht vorhersehbar – damit er sich nicht darauf einstellen und darauf verlassen kann. Er soll nur auf sich selbst vertrauen können.

**09.03.1999**

Der Schamane hat nicht die Absicht, irgendetwas zu verschweigen, dennoch spricht er langsam mit mir und wählt seine Worte sorgfältig. Das erinnert mich an jene Vorlesungen, in denen ich meinen Studenten ein Konzept schlüssig erklären musste, ohne dass sie in der dazugehörigen Terminologie bewandert gewesen wären. Ich weiß genau, dass die Mängel an praktischen Erfahrungen vielen Erklärungen im Wege stehen – selbst wenn man die Sprache beherrscht. Wie kann ich beispielsweise einem Siebenjährigen erklären, was »Liebe« ist? Du sprichst Worte, die dann auch nur Worte bleiben.

Warum trinkst du keinen Tee?

Ich trinke, wann ich will.

Vor mir hast du noch nie getrunken.
Ich trinke kochendes Wasser und die Essenzen.
Woher weißt du über die Pflanzen Bescheid?
Aus den Büchern, aus dem Leben.
Und wie kommst du auf neue Essenzen?
Durch mein Gefühl. Manchmal träume ich auch davon,
    und danach weiß ich, wie es sein muss.
Und wie bereitest du die Essenzen für die Kranken?
Sie haben die Krankheiten, die ich schon hatte, also weiß
    ich, was gebraucht wird.


## 10.03.1999

Während ich den Schamanen bei seinen verschiedenen
Heilpraktiken und -prozeduren beobachtete, richtete ich
meine Aufmerksamkeit auch auf seine eigene Verfassung,
in der Annahme, er beeinflusse die Kranken in irgendeiner Weise. Zwar fand ich an seinem Äußeren nichts Ungewöhnliches, doch habe ich ihn Dutzende Male nach einer Behandlung sehr in sich gekehrt und sogar traurig
erlebt.

Was beschäftigt dich nach so einer Behandlung?
Es beschäftigt mich nicht, es erinnert mich.
Woran?

Wie es war, seinerzeit, als ich mit den Heilbehandlungen angefangen habe.

Würdest du mir davon erzählen?

Hab eines Tages eine Bekannte aus meiner Jugend wiedergetroffen. Irgendwann war sie dann zu schön – und ich zu schüchtern. Also hab ich mich ihr nicht genähert. Bei dieser Begegnung war sie vierzig, sah schlecht aus und war schwer krank. In der Nacht erwachte ich, erinnerte mich an sie, und plötzlich begriff ich, wie ich über Entfernungen hinweg heilen kann.

Hast du sie geheilt?

Ich hab ihr Erleichterung verschafft.

Wusstest du, wo sie in diesem Moment war?

Das spielt keine Rolle.

Wozu bringt man dann die Kranken zu dir?

Das ist auch gar nicht unbedingt nötig – es geht auch so. Jemand kann die Beschwerden schildern oder sie mir zeigen. Aber es ist viel besser und sicherer, wenn ich es mit eigenen Augen sehen kann.

Warum hast du plötzlich begriffen, wie du sie heilen kannst?

Wir haben uns sehr herzlich unterhalten. Die Erinnerung war auch sehr »herzlich«, also wollte ich ihr sehr helfen.

## 09.05.1999

Der Schamane hat mir aus seinen Beständen ein Paar Kilogramm roten Kaviar für meine Verwandten angeboten. Früher hatte er nie über seinen Haushalt gesprochen, und ich glaubte, es müsste sehr schwierig sein, unter Bedingungen wie den seinen zu überleben. Diese Annahme hat mich dazu bewegt, übrige Lebensmittel von daheim mitzuherbringen, um mich dann während meines Aufenthalts beim Schamanen weniger von seinen Vorräten bedienen zu müssen. Heute weiß ich, wie falsch alle meine Vermutungen waren. Das schiere Gegenteil ist der Fall, denn der Schamane denkt, er lebe im Wohlstand und ich hätte Schwierigkeiten, in der Stadt über die Runden zu kommen.

In der Stadt ist es einfacher. Behalt den Kaviar lieber für dich.

Bald kriege ich neuen. Wäre gut, wenn ihr den hier bis zum Juli verbrauchen würdet. In der Stadt ist das Überleben schwieriger.

Hast du so viel Kaviar da?

Ich lagere und salze den Kaviar in einem Fass[22] (russ. *Putina*) aus Holz. Wenn man jeden Tag ungefähr 150

---

22 Ein Standardholzfass mit 50 Litern Kaviar ist schwerer als Wasser.

Gramm von dem Kaviar äße, würde er für ein ganzes Jahr reichen. Aber kein Mensch kann so viel davon essen.

Was bereitest du sonst noch für den Winter zu?

Ein Fass Pilze, ein Paar Fässer Lachs, ein Fass mit verschiedenen Fischarten, zwei bis drei Gläser Krabben, ein Glas Preiselbeeren, ein Glas Mehlbeeren, Moorbeeren, etwas Waldfrauenfarn, Meeresalgen, Tannenzapfen, Krähenbeeren, die rote Wurzel, wilde Zwiebeln … Schau doch mal im Gefrierfach nach.

Jetzt verstehe ich, weshalb du keine Vitamine haben wolltest. Ich dachte damals, du seiest heikel … Von wegen der Chemie …

Was die Vitamine betrifft – wir haben hier bessere.

Du hast hier kiloweise wertvolle Lebensmittel! Wozu bringt dir dann Kuzma noch Kartoffeln und Getreide? Wozu waren wir jagen?

Getreide, Kartoffeln – das sind Kohlenhydrate. Auf der Jagd sind wir doch eher selten, das hier ist der Alltag.

Das heißt, in Wahrheit brauchst du die Lebensmittel, die ich dir mitbringe, gar nicht?

Abwechslung macht mir Freude. Die Orangen, Zitronen, Tomaten, Kiwis – die finde ich köstlich. Und die Konserven und die eingelegten Sachen … Hmmm …

Wie schnell sind deine Vorräte denn aufgebraucht, ich meine innerhalb eines Jahres?

Wenn man einen 15-Stunden-Tag zugrunde legt, würden sie für etwa zehn bis zwölf Tage reichen.

Zehn bis zwölf Tage »ernähren« einen ein ganzes Jahr?

Sag ich doch, in der Stadt zu überleben, ist schwer. Schade, dass du die Vorräte geringschätzt.

Nun, ich sollte das jetzt wohl überdenken. Warum machst du das so?

In der Stadt bist du dazu gezwungen, für dich und deine Verwandten irgendwas zu kaufen, was man zum Leben gar nicht braucht: modische Anziehsachen, technische Geräte, Möbel, alkoholische Getränke, Geschenke … Man kann ja gar nicht alles aufzählen. Hier bist du frei von diesen Sachen.

So unwichtig sind diese Sachen gar nicht. Man pflegt Beziehungen, zeigt ein gewisses Niveau, gewinnt letztendlich auch Prestige dadurch.

Im Moment ist es also besser für dich, in der Stadt zu leben und die Praktiken zu üben.


**09.05.1999**

Die von der Sonne beschienenen Böschungen der Steilhänge erwärmen sich tagsüber schon ganz gut, man kann auch schon Flecken sehen, wo Eis und Schnee völlig abgetaut sind. Die Stellen sind trocken, weil das Wasser schnell von den steilen Felsen abfließt. Da steht das hohe, noch herbstgelbe Gras und viele Sträucher, an denen schon Preiselbeeren hängen. Ich war dermaßen in die Preiselbeeren vertieft, dass ich erschrocken hochfuhr, als der Schamane mir plötzlich eine Frage stellte:

Was hast du seinerzeit über den »harten Kampf ums Überleben« noch gesagt?

Ich meinte, dass man unter derart schweren Bedingungen ums Überleben kämpfen müsse.

Du solltest eines wissen: Sobald du anfängst zu kämpfen, ist das der erste Schritt Richtung Tod.

Nicht kämpfen heißt doch – sofort erfrieren?

Nicht kämpfen und nicht erfrieren. Einfach im Einklang mit der Außenwelt leben.

Wie?

Du solltest nie gegen die Natur handeln. Denk gar nicht erst dran. Die Natur wird dich immer besiegen.

Wenn man seine Kräfte nicht einsetzt, kommt man nicht weit.

Doch. Versuch dich auf das zu konzentrieren, was wichtig ist. Und bleib »im Fluss«, mit dem Tag, der Stunde, dem Augenblick.

Und wie geht das?

Fang an, versuch es zu spüren – und du wirst es verstehen.

## 16.06.1998

Dort, wo ich den Schamanen bei der Unterhaltung mit den Kranken beobachtet hatte, war mir aufgefallen, wie stark seine Beziehung zu Ebbe und Flut, zu den Phasen von Mond und Sonne, zu Wind, Steinen, Pflanzen, Tieren und Fischen ausgeprägt war. Da der Schamane bei seinen Praktiken und Ritualen irgendwelche lokalen Energien und Wesenheiten einsetzt, kam ich auf den Gedanken, die Fähigkeiten des Schamanen seien nicht universell, sondern sozusagen »ortsgebunden«.

Könntest du zum Beispiel einen Ukrainer heilen?
Nicht sofort. Man müsste erst mal dort gelebt haben, versuchen die Luft einzuatmen, das Wasser zu kosten, die Rhythmen zu erspüren.
Aber ein Arzt sollte an jedem Ort heilen können.
Ich habe in der Stadt Chabarowsk gelernt und war dort Bezirksleiter. Die Medizin ist in einem Krisenzustand.
Was meinst du damit?
Heute ist ein Arzt kein Heiler mehr.
Bist du ein Heiler?
Ich mische mich nicht ein, warte ab, ob man mich fragt. Und ich heile nicht die Krankheit, sondern die Beziehung des betreffenden Menschen zu seiner Umwelt.
Kann jeder heilen, wenn er es lernen würde?

Nein, der Kranke soll dem Heiler vertrauen.

Könnte etwas, außer der Reputation des Heilers, das Vertrauen des Kranken beeinflussen?

Die Reputation ist von geringerer Bedeutung. Das Wichtigste – ist die Stärke der Handlungen.

Was ist das?

Der Heiler muss sich bei allem, was er tut, seiner Sache ganz sicher sein.

Und wie bekommt der Kranke das mit?

Die einfachen Leute hier aus der Gegend haben einen ausgeprägten Instinkt für Authentizität. Sie spüren sofort, wenn ein Heiler sich seiner Sache nicht sicher ist, und wollen dann nichts von ihm wissen. Du könntest es auch spüren.

Mir wurde gesagt, dass du tanzt und das Tamburin schlägst …

Ja, sogar sehr oft. Das Tamburin müsste wohl in Zukunft zur ärztlichen Ausrüstung gehören.

Wieso?

Die Mehrheit der Krankheiten entsteht, weil der Mensch in der Disharmonie seiner Umwelt lebt.

Und wie kann das Tamburin Harmonie erzeugen?

In deinem Profijargon hieße das wohl: »*Einstellung der dynamischen Stereotypen*«.

**29.07.1999**

Souverän und gelassen bereitet der Schamane seine Rezepturen zur Heilung verschiedener Krankheiten zu. Die »Grundstoffe« hat er sich alle selbst beschafft: Mineralien, frische Pflanzen und Kräuter, Insekten sowie andere im Meer und auf der Erde lebende Wesen. Er kennt Hunderte, vielleicht sogar Tausende Mixturen, und alle unterscheiden sich voneinander.

Woher weißt du, ob ein bestimmter Stoff, eine Pflanze oder ein Lebewesen sich zum Heilen eignet?

Alles ist Medizin – oder Gift, abhängig von der Dosis.

Richtig, zum Beispiel Wodka.

In kleinen Dosen, angefangen mit einzelnen Tropfen und so … kann man mit Wodka viel heilen. In großen Dosen … na ja, das weißt du selbst.

Woher weißt du, wie man mit Erle oder Zwergkiefer heilen kann?

Sie haben es mir gesagt.

Mir nicht.

Dein Bewusstsein ist viel zu hektisch. In diesem Zustand könntest du die Pflanze weder fragen noch ihre Antwort verstehen.

Wie kann ich dann überhaupt anfangen, mit den Pflanzen zu sprechen?

Die Birke kann ihre Energie mit dir teilen, und Erle oder
  Espe können dir einen Teil deiner negativen Energie
  abnehmen. Aber du darfst dabei nicht übertreiben,
  denn sie können dir auch die Energie, die du noch
  brauchst, abziehen.

Kannst du so etwas fühlen?

Selbst eine Katze fühlt es – deshalb frisst sie im Krank-
  heitsfall dasjenige Gras, was ihr hilft. Und ein achtsa-
  mer Mensch ...

Aber warum verwendest du immer wieder andere Pflanzen?

Weil es grundsätzlich nie genug von einer bestimmten
  Art gibt. Aber gleich dürfen sie nicht sein.

Warum?

Dieser Mensch ist doch wirklich köstlich! Schließlich
  heile ich doch verschiedene Menschen, an verschiedenen Tagen, zu unterschiedlichen Zeiten, bei unter-
  schiedlichem Wetter, Mondphasen, Tiden ...

**20.07.1999**

Die zerklüftete Strandlinie und die Kuppen darauf bilden
zahllose kleine Wasserbassins, und an jedem davon fließen kleine Bäche herab. Der Schamane geht mit seiner
Tasse und dem Kessel von Bächlein zu Bächlein und tes-

tet das Wasser auf Geschmack und Farbe. Ich selbst habe auch probiert. Das Wasser unterscheidet sich geschmacklich tatsächlich ein bisschen, aber das kann man nicht sofort feststellen, wenn man direkt aus der Stadt kommt, erst am dritten oder vierten Tag nach der Ankunft. Laut dem Schamanen verändert sich der Wasser- und Salzhaushalt im menschlichen Körper innerhalb dieser drei oder vier Tage. Diese Erfahrung habe ich schon in umgekehrter Richtung gemacht: In den ersten drei Tagen in der Stadt merkst du, wie stark das Wasser mit Chlor angereichert ist und dass es durch verrostete Rohre geflossen ist. Danach fällt es dir irgendwann nicht mehr auf.

Hat man sich an die sauberen Bäche gewöhnt und konzentriert sich darauf, dann merkt man, dass das Wasser des einen Bächleins etwas bitter ist, das des nächsten ein wenig in die Zunge »beißt« und das des dritten unheimlich lecker schmeckt. Dafür sind die verschiedenen Bedingungen verantwortlich, unter denen das Eis und die Bäche stehen. Beispielsweise die Einflüsse der Sonne, des Mondes und der Sterne. Ganz oben auf dem Plateau gibt es noch den mineralienreichen Moortorf, aus dem sich das Gletscherwasser herausfiltern lässt.

Das Wasser, was so »lecker« schmeckt, verwenden wir für die Fischsuppe (russ. *Uha*) oder für Tee, andere Wassersorten benutzt der Schamane für seine Rezepturen.

Welche Rolle spielt das Wasser in der Medizin?
Wasser ist mit Menschen und Pflanzen kompatibel. Beispielsweise verwende ich, wenn möglich, für meine Mixturen das Wasser, in dem die Pflanze auch gewachsen ist.

Was bringt das?
Auf diese Weise gibt die Pflanze mehr von ihrer Eigenschaft ab. So, als würde man Blut hineingießen – dein eigenes Blut bekommt dir ja auch besser als das eines fremden Spenders.

Klingt einleuchtend. Warum macht die heutige Medizin keinen Gebrauch von dieser Methode?
Das passiert durchaus, aber eben nur manchmal. Ich habe kranken Menschen auch schon verschiedene Mineralien verschreiben lassen.

Und was ist mit den Pflanzen in den Apotheken?
Wer hat diese Pflanzen wann und wo gesammelt? Höchstwahrscheinlich haben sie dabei leiden müssen.

Ja, aber ein Städter kann doch gar nicht richtig sammeln.
Dann bevorzuge ich vorher tiefgefrorene und wieder aufgetaute Pflanzen. Sie haben etwas Ähnlichkeit mit den Frühlingspflanzen.

Wie schafft man es, dass die Pflanzen keine Qual verspüren, wenn man sie sammelt und trocknet?

Man spricht bestimmte Worte und Sätze.

Bring mir das bei.

Ohne die langjährige Erfahrung damit würdest du das alles schnell wieder vergessen haben. Für den Anfang kannst du sie um Verzeihung bitten, versprich ihnen, dass du sie nicht alle abschneidest, und sag auch, wozu du sie benötigst. Ganz wichtig: Du musst unbedingt einige Pflanzen stehen lassen, damit sie weiterwachsen können. Und du musst dein Versprechen halten.

Welche Auswirkung wird das Halten meines Versprechens auf mich haben?

Andernfalls werden dich die Pflanzen, die Berge, das Meer und alle anderen »verklagen«. *(Dabei lächelte der Schamane, doch sein Lächeln galt nur dem juristischen Terminus.)*

# Das Tamburin

**17.07.1997**

Als ich den Schamanen wissenschaftlich auf den neuesten Stand brachte und ihn in die neuesten Methoden der Zerstörung von Packeishügeln und -feldern zur Verhinderung der Bildung von Kondenswasser und über das Verschieben von Regenwolken mithilfe von Meteorraketen einweihte, lachte er herzlich. »Die Barbarei zeigt sich in der Unachtsamkeit der Welt gegenüber und in Missverständnissen. Manchmal soll sie durch Energie kompensiert werden«, äußerte er, nachdem er aufgehört hatte zu lachen. »Das ist nicht gut, denn es zerstört das Gleichgewicht in der Natur.«

Wie können die Schamanen das Wetter von den Sternen ablesen?

Nicht nur von den Sternen. Das Tamburin[23] ist viel komplizierter, als viele denken. Es symbolisiert das Firmament. Hast du gewisse Teile des Tamburins aktiviert, dann hast du auch die Sonne, den Mond und die Sterne über dir aktiviert. Und in gewisser Weise aktivieren sie

---

23 Dieses Tamburin hat natürlich einen Namen.

ihrerseits das Tamburin. Man muss mit seinem Tamburin leben, um das spüren zu können.

Und wie wird es aktiviert?

Die Laute des Tamburins wirken auf die Energieströme in dieser Welt wie ein Rollbild, wie ein Symbol, eine Skizze.

Das heißt, es ist nicht egal, auf welche Stelle man es schlägt?

Es spielt noch viel mehr eine Rolle, »womit«, »wann« und »in welchem Zustand«.

Das steht aber nirgendwo drauf auf dem Tamburin.

Natürlich nicht. Du findest dort keine Bedienungsanleitung. *(Lacht.)* Aber der Schamane sieht den Himmel als ein Bild, und dieses Bild sieht er auf dem Tamburin.

Verwendet man es auch bei Heilungsritualen?

Natürlich.

Heutzutage schlagen die Stadtmenschen einfach willkürlich auf die Tamburine drauf. Ist das schädlich – für sie und ihre Umgebung?

Selten. Ein Tamburin aus einer fremden Gegend zu schlagen bewirkt an sich überhaupt nichts, denn es ist immer mit dem Himmelszelt seines Herstellungsorts verbunden. Außerdem soll der Spieler besonders gut zu dem jeweiligen Instrument passen. Dazu kommt, dass die Städter öfter gar nicht das Tamburin selbst schlagen, sondern nur auf seinen Rand.

## 19.07.2005

»Irgendwie bist du sehr zappelig, gar nicht mehr du selbst«, sagte der Schamane. – Etwa eine halbe Stunde Fußweg Richtung Sabijaka[24] ist die Uferböschung abgerutscht und hat ein Mammutskelett teilweise freigelegt.

Nach rund einer Stunde war ich zurück und brachte ein langes, dünnes Stück bräunlich gefärbten Mammutstoßzahn mit. Es maß etwas weniger als einen halben Meter. Hätte der Schamane mich nicht vorher aufgeklärt – ich hätte es für einen normalen Stock gehalten.

»Ich versteh das nicht, warum die ganze Lauferei und Schlepperei wegen der drei bis vier Kilo? Lass das Trumm doch liegen, irgendwer wird es schon aufheben.«

Am Rand der Böschung bereitete der Schamane alles für ein Lagerfeuer vor, einen Platz von etwa einem Meter Länge und 30 Zentimetern Breite.

Wozu das Ganze?
Wir müssen dich doch heilen.
Ich bin aber völlig gesund.
Du bist zu zappelig, das hab ich dir doch gesagt.
Und wie wirst du mich heilen?
Geh erst ins Wasser, um die Stadtprobleme abzuspülen.

---

24 Ein Fluss.

Manchmal messe ich die Wassertemperatur. Nie, nicht einmal im Sommer, erreicht sie mehr als acht Grad. Normalerweise ist sie noch niedriger. Derart kaltes Wasser hilft dir wirklich, deine Probleme zu vergessen, wenn du da reingehst. Obwohl – nach dem ausgedehnten Spaziergang wollte ich sowieso schwimmen gehen. Das Schwimmen im Sommer: 25 bis 30 Schwimmstöße ab dem Strand, 22 bis 26 zurück. Komisch, zurück geht es immer leichter und schneller.

Und was jetzt?
Lauf zehn Mal über das Feuer.
Wozu?
Es schadet nicht.
Nein, es ist sogar wärmer geworden.
Also, dann mach weiter!


## 19.07.2005

Zunächst sollte man in süd-nördlicher Richtung übers Feuer laufen. Anschließend muss man im Uhrzeigersinn gehen und noch mal gehen. Dabei muss man sehr höflich zu dem Feuer sein und darf keine Angst davor haben. Und man soll andauernd mit dem Feuer sprechen … Den genauen Wortlaut habe ich vergessen. Der Schamane sagt, es komme bei dem Text nicht auf die Reihenfolge der Aussagen an, sondern, dass der Sinn klar und aufrichtig wiedergegeben wird. Der Vers ging ungefähr so:

> Verbrenne, friss die Krankheiten und
> den Kummer auf, die brennen.
> Verjag die, die nicht brennen.
> Gemeinsam bilden wir eine Einheit.

Das erinnert mich an Filme in meiner Kindheit, in denen es um Rituale verschiedener Stämme ging, nur dass sie keine Idole (Götzen- oder Götterbilder) verwendeten.

Nach dem Bad im eiskalten Meerwasser und dem Feuerlauf hatte ich mich tatsächlich beruhigt. Bei meiner Rückkehr in die Stadt hatte sich ein Teil der Probleme, die mich beschäftigten, bereits von alleine gelöst, den Rest konnte ich zügig und ohne große Anstrengung bewältigen.

Selbstverständlich wollte ich beim Schamanen Genaueres darüber in Erfahrung bringen.

Was hat mir das Feuerlaufen gebracht?
Das Wasser und das Feuer.
Was »Das Wasser und das Feuer«?

Und was »Kurs«[25]? *(Wir lachen beide.)* Du hast bei dir etwas gereinigt, das wir hier Aura nennen.

Wie gereinigt?

Kaltes Wasser schwemmt die Feldparasiten aus. Die anderen, die keine Angst vor dem Wasser haben, die werden vom Feuer weggebrannt. Und ein Teil des Geredes
und der »Wünsche« fliegt auch mit dem Feuer weg.

Kann ich das auch bei der »Dorfhexe« lernen?

Das wissen alle.

Wäre es dazu nicht besser, man liefe über glühende Kohlen, wie bei manchen Ritualen?

Darauf musst du dich sehr gut vorbereiten, ansonsten
verbrennst du dir die Füße.

## 03.01.1999

Unter der Türschwelle der Hütte des Schamanen hatte ich
an der Treppe ein tiefes, schräg verlaufendes Loch hin-
durchgebohrt, ähnlich wie eine kleine Höhle. Morgens

---

25 Der Schamane antwortete mir mit den Worten aus einer Anekdote,
die ich ihm selbst erzählt hatte: »Pjetka und Wassilij Iwanowitsch im
Flugzeug.
Pjetka, Kurs?
Neunzig.
Was »neunzig«?
Und was »Kurs«?

verstopfte ich das Loch mit einem langen, zapfenförmigen Stein, den ich Spund nannte. Vor dem Schlafengehen zog ich ihn wieder heraus. Diese »Einrichtung« diente unserer Sicherheit. Es sind einfach schon zu viele Menschen an Kohlendioxid erstickt. Würde der Ofen etwa in der Nacht anfangen zu qualmen, würde der größte Teil des hochgiftigen Gases durch das Loch aus der Hütte nach draußen gezogen. Obwohl es jetzt allmählich etwas zu kalt wurde, um auf dem Boden zu schlafen.

Der Schamane schmunzelte und ließ das Loch in meiner Abwesenheit zu. Ich jedoch schlief seitdem wesentlich ruhiger. Eines Abends – der Schamane war irgendwo unterwegs – wollte ich mich schon hinhauen, legte vorher aber noch etwas Holz nach und zog den Spund aus seiner Öffnung. Ich war schon kurz vor dem Einschlafen, als das Tamburin an der Wand plötzlich zu dröhnen begann. Ich setzte mich auf und betrachtete das Instrument.

Die Töne waren klar und schnörkellos. Ich hatte das Gefühl, das Tamburin wollte mir etwas mitteilen. Machte ich etwas falsch? Oder war etwas mit dem Schamanen? Sollte er am nächsten Morgen noch nicht zurück sein, würde ich ihn suchen gehen.

Ich war besorgt und konnte nicht schlafen. Also setzte ich mich wieder hin und schrieb das Konzept für meinen Aufsatz, las. Währenddessen tönte das Tamburin ununterbrochen weiter. Ich fing an, den Aufsatz laut vorzulesen. Die Texte waren nicht wichtig, wichtig waren ihr Sinn und ihre Stimmung. Das Tamburin wurde etwas leiser, als hörte es mir zu. Doch sowie ich mit dem Vorlesen der Mantras aufhörte, wurde es wieder lauter. Irgendwann gewöhnte ich mich daran und beschäftigte mich weiter mit meinem Aufsatz.

In der Morgendämmerung kam der Schamane endlich zurück. Ohne irgendeine Frage an mich und ohne sich auszuziehen, ging er zum Tamburin und nahm es von der Wand. Das Dröhnen endete. Etwa eine Viertelstunde lang schlug der Schamane leise das Tamburin und hörte ihm dabei aufmerksam zu. Danach hängte er es wieder an die Wand. Das Tamburin war verstummt.

Was war das?

Der Geist des Feuers teilte etwas mit.

Nicht der Geist des Wassers?

Sei nicht albern. Nicht alle Geister besitzen Humor.

Ich wollte niemanden beleidigen.

Das ist keine Beleidigung, eher ein Ausdruck der Beziehung.

Beziehung zwischen wem? Welche Beziehung?

Was hast du davor gemacht?

Eine seeeeehr wichtige Beschäftigung – ich war schlafen gegangen.

Hattest du den Spund herausgezogen?

Ja.

Es war Spott und eine große Ehre für dich.

Spott wegen meiner Angst zu ersticken?

Ja.

Und wo soll da die Ehre sein?

Sie fangen an, mit dir zu kommunizieren.

Was soll ich jetzt tun?

Wie mit dem Eis. Benimm dich ganz normal. Aber sei jetzt genauer und vorsichtiger mit dem Feuer. Auch in deinen Gedanken.

## Die Krabbenfischer

Krabben fangen – »krabbeln« (wörtlich übersetzt und von den Krabben – nicht etwa vom »Krabbeln«! – abgeleitet). Man weiß nicht, wer dieses Verbum aufgebracht hat. Allem Anschein nach die Krabbenfischer selbst. Nicht bewusst, als Wortschöpfung, sondern nur als Bezeichnung für ihre Arbeit. Es waren auch keine Fischereiunternehmer, die Tonnen von Krabben fangen, sondern die Einzelgänger von der Küste.

Ihre Arbeit ist nicht leicht. Die Fischer müssen ihre Reusen eigenhändig bauen und instand halten. Sie setzen sie an Ort und Stelle aus, später fahren sie mit ihren Booten wieder hinaus und kontrollieren sie, entnehmen den Fang, erneuern die Köder. Den Köderfisch müssen sie auch erst noch fangen. Dann kochen sie die frischen Krabben im Kessel über einem Holzfeuer, pulen sie und konservieren das Krabbenfleisch. Danach schleppen sie ihre Ware in 30 bis 60 Kilo schweren Rucksäcken 10 bis 30 Kilometer weit in die Stadt und verkaufen sie an die Händler. Dann füllen sie ihre Rucksäcke mit frischen Lebensmitteln, neuen Gläsern, Deckeln, Tauen, Kleidung, Werkzeug, Kerzen und anderen nützlichen Dingen. Und dann geht's zurück aufs Boot. Dabei wird jedes Kleidungsstück schnell zum dreckstarrenden, salzigen, nach Schweiß und Rauch stinkenden »Lumpen«, starkes Schuhwerk mit dickem Sohlenprofil zur »Schrecken«.

Sonne, Meer, Wind, der Ruß und die Hütten haben ihre Gesichter gegerbt und schwarz gefärbt. Zu so einer unrasierten Visage passt das Wort »krabbeln« sehr gut, phonosemantisch ähnelt dieses Wort dem »Dieb«*. Diese semantische Nähe führt auch dazu, dass keiner von ihnen eine Lizenz besitzt; und davon hören wollen sie auch nichts. Der Name selbst gefällt den Krabbenfischern, und manchmal unterschreiben sie sogar damit. So beeinflusst (s)ein Name den Menschen und ihre Bezeichnung die Gruppe.

Jeder Krabbenfischer trägt ein großes Messer bei sich, das braucht er an der Küste, manche haben auch einen Stutzen oder eine andere Stichwaffe – für den Fall der Begegnung mit einem Bären. Zu den Passanten sind die »Krabbler« höflich und nett, junge Frauen sollten ihnen allerdings besser aus dem Weg gehen.

Einer der Krabbenfischer errichtet unterhalb der Felsen ein Schutzdach und stellt ein Bett mit Metallrahmen und -rost auf. Das ganze »Ensemble« stammt vom ehemaligen Militärstützpunkt. Solche Betten werden schon längst nicht mehr hergestellt. Wenn die Nachbarn in die Stadt gehen, verzieht er sich manchmal in die Hütte und heizt ein. Damit er mal ein paar Nächte im Warmen schlafen kann. Selbst baut er sich aber keine Hütte. Wenn es ihm draußen zu kalt wird, geht der Krabbenfischer in die Stadt, und sein Bett verrostet – mitsamt der Stange für das Schutzdach.

Im Näherkommen las ich auf dem großen Feldstein ein Gedicht, das der Krabbenfischer mit einem Stück Kohle dort draufgeschrieben hat:

Nun schreibe ich mit meiner jungen Hand,
Damit man irgendwann im Alter,
Sich an dieses bunte und amüsante Leben
Erinnern kann.

Ich versuchte mir vorzustellen, wie er gerade dabei ist, das Gedicht aufzuschreiben, völlig verblödet von seiner Einsamkeit, und spürte einen Anflug von Schwermut. Hatte er sein einsames Leben unter freiem Himmel wirklich für so bunt und amüsant gehalten? Oder wird es erst mit der Rückkehr in die Stadt so bunt und amüsant?

Der »Krabbolung« ist ein autoritär auftretender Krabbenfischer, seinem Aussehen und Verhalten nach könnte er ein gewöhnlicher, aus Skandinavien stammender Leinwandheld sein. Allerdings kein moderner Räuber, sondern einer aus dem Mittelalter. Schließlich ist er ein »Krabbler« und kein verhätschelter Europäer.

Der Spitzname ist so ungewöhnlich, dass er mich sehr zu interessieren begann. Als der »Krabbolung« das erste Mal erschien, nannte man ihn »mondsüchtig«, denn er hatte die Angewohnheit, in den nächtlichen Mond hinaufzustarren. Doch die Konturen seines Gesichts, sein Verhalten, die Bewegungen, Geschicklichkeit und Kühnheit passten nicht zu einem Mondsüchtigen, und so wurde kurze Zeit später der Name »Krabbolung« geboren. Wie immer weiß kein Mensch, woher er stammte. Irgendwann war der Name da, und man nannte den Mann einfach so. Sie erzählen auch, dass der Krabbolung anfangs wenig mit einem Skandinavier gemeinsam hatte. Anscheinend sagte ihm der Name zu, und mit der Zeit passte sich ihm auch seine Gestalt an. Nicht absichtsvoll, einfach als Wendung seines Lebens. Und jetzt soll noch mal jemand behaupten, Worte hätten keinerlei magische Wirkung.

Der Krabbolung liest viel. Bei Kerzenschein. Er verschlingt buchstäblich alles, was er in die Finger bekommt: Bekannte geben ihm von ihrem Bestand ab, Bibliotheken mustern Bücher aus, oder er findet welche auf verlassenen Schiffen … In seiner Hütte liegen Kinderbücher der fünfziger Jahre, aus dem »Utcpedgiz« Verlag (was für ein unkommerziell wirkender Name!); moderne Fantasy- und Science-Fiction-Stories, Krimis, Gratis-Broschüren verschiedener Sekten; Frauenromane … Die ausgewählte Bibliothek ist nicht groß, und alles andere wird nach dem Lesen verheizt.

Krabbenfischer sprechen nicht gerne über sich. Erzählungen sind zwar wertvoll, doch sind das Erzählungen von Abenteuern, von lustigen und merkwürdigen Ereignissen, aus einem anderen Leben. Das heißt, nicht von den Schicksalen und Lebenswegen der Menschen, die man kennt. Hier wissen sowieso alle, dass das Volk kunterbunt gemischt ist – beispielsweise gibt es welche, die sich nicht in das »normale« Sozialleben einordnen konnten, oder auch solche, die sich vor der Vollstreckung bereits ergangener Urteile oder drohenden Verurteilungen verstecken. Einer ist wegen seiner Schulden weggegangen, ein anderer, weil er seiner Frau überdrüssig geworden war. Wieder einer war von der Gesellschaft enttäuscht; und ein anderer glaubte, in seiner gegenwärtigen Entwicklungsphase täte ihm Einsamkeit gut. Woher du kommst und wohin du gehst – alles deine Sache.

Das Dasein der Krabbenfischer ist karg. Sie leben von der Hand in den Mund. Arbeit und Ausrüstung entsprechen dem Standard des 19. Jahrhunderts. An den Krabben verdienen nur die Großhändler, vor allem, wenn sie sie direkt von Bord zu Bord an Ausländer verkaufen. Manchmal sogar bis in japanische Häfen. Bei den einzelnen Krabbenfischern reicht es gerade mal so zum Leben – für ein paar Reusen und Netze. Das Sprichwort »Aus dem Meer nur Unglück« stammt von ihnen.

Gewöhnlich stirbt ein Krabbenfischer allein – im Winter in seiner Hütte. Nach ein paar Tagen, Wochen oder Monaten finden die Nachbarn dann den Leichnam und beerdigen ihn am Strand, wo sie ein namenloses Kreuz darüber errichten.

# Diese Zivilisation ist fehlerhaft

**01.01.2005**

Das neue Eis klebt am Rand des alten, deshalb hat das Meerwasser neben der Uferkante unter null Grad[26]. Ich liege auf der schmalen Kante und blicke in das klare Wasser hinunter. Auf einer dicken Schaumstoffmatte wie meiner kann man es so schon eine Weile aushalten.

Die grauen Steine, die jahrhundertelang von den Wellen umspielt und abgeschliffen wurden, erwecken den Eindruck, als besäßen sie kein Leben. Je nach ihrer Größe erinnern sie an Wale oder Walrosse wie auch an auf dem Meeresboden liegende Robben.

Ich beobachte einen kleinen Schwarm Krebse und sehr kleine Garnelen. Sie sind emsig und aktiv. Es scheint, als wäre das Wasser irgendwie dickflüssig und sie sprängen darin umher, indem sie sich vom Eis abstoßen. Nur springen sie nicht hoch, sondern nach unten oder seitwärts. Ich begreife, dass sich das Leben der Garnelen in der kältesten Schicht des Wassers abspielt. Nachdem ich mit meiner Nikon einige Aufnahmen gemacht und ein kurzes

---

26 Salzwasser gefriert bei Temperaturen unter null Grad. Im Ochotskischen Meer hat fast die gesamte oberste Wasser-/Eisschicht im Winter Minustemperatur.

Video gedreht habe, mache ich mich befriedigt auf den Rückweg zum Schamanen.

Damit werde ich den Biologen beweisen, dass Warmblüter auch bei Temperaturen unter null Grad überleben können.

Es wird dasselbe passieren wie damals mit deiner »Schneespinne«.

Damals haben sie mir nicht geglaubt. Diesmal habe ich aber die Fotos und das Video als Beweismaterial.

Manche haben dir geglaubt. Und viele wissen vom Plankton und den Krebsen, die am Rand des Eises leben. Aber an der herrschenden Meinung würde das nichts ändern.

Ja, vermutlich hast du Recht… Warum ignorieren Wissenschaftler eigentlich so häufig offensichtliche Fakten?

Gerade Wissenschaftler sind kleinmütiger als der Rest der Bevölkerung. Höflich formuliert heißt das heute »politisch korrekt«. Nicht die Wahrheit ist wichtig, sondern anderen gegenüber höflich zu sein und ihren Urteilen beizupflichten. Gegen den Strom zu schwimmen und die landläufige Ansicht zu leugnen gehört nicht zum guten Ton.

Woher kommt dieses Phänomen?

Das System kämpft um sein Überleben, deshalb duldet es keine Widersprüche.

Welches System?

Die westliche Demokratie.

Du sagst, die Wahrheit *droht* ihr? Die Demokratie gründet auf der Wahrheit.

Sie gründet keineswegs auf der Wahrheit, sondern auf den Märkten. Und die Wahrheit ist, dass sie diese Märkte nicht beherrschen kann.

Und was ist schlecht daran?

Ist dir aufgefallen, dass sich das Klima verändert hat?

Ja.

Wenn man die Märkte nicht beherrschen kann, kann man auch die Entsorgung von Müll in die Atmosphäre nicht verhindern. Damit würde der Westen alles Leben vernichten.

Das bedeutet, um zu überleben, braucht der Mensch ein anderes System?

*Der Schamane ignorierte meine offensichtlich rhetorische Frage und machte sich am Ofen zu schaffen.*

Vielleicht schaffen es Menschen doch noch, sich über die Grenzen der Produktion zu einigen?

Vielleicht. Nur wird das weder innerhalb der kapitalistischen Marktwirtschaft noch in der Demokratie geschehen.

## 07.11.1998

Manchmal benutzt der Schamane außergewöhnliche Gegenstände. Beispielsweise einen viereckigen Holzteller, eine Nadel aus Mammut-Elfenbein, einen Bogen mit einer Sehne aus Walborsten oder Pfeilspitzen aus Obsidian.

Einmal hat er in meinem Beisein etwas geschaffen: Er brach ein verblüffend genau passendes Stück Eis ab und fertigte daraus ein Messer, mit dem er dann eine selbst erdachte Figur – ein Tier mit Fischschwanz – aus Schnee, Erde und Zweigen modellierte. Diese Figur erstach er dann später mit dem selbst gefertigten Messer. Der Schamane behauptete, dieses Ungeziefer verfolge ihn bei Ebbe am Uferrand und er wolle es bestrafen, aber nicht töten. Damals war ich noch skeptisch, was seine Erzählungen über diese von ihm sogenannten Feldtiere betraf. Doch innerhalb der wenigen Stunden, wo wir uns über die Figur nähergekommen waren, schwand meine Skepsis allmählich. Draußen war es winterlich und still. In der Zeit unserer Abwesenheit hatte die Figur sich nach vorne gebeugt, und das Messer war zur Hälfte aus ihr herausgeglitten. Der Schamane zog es ganz heraus und zerbrach es. Direkt danach zerstörte er die Figur.

Auf mein Nachfragen antwortete er, er gehe gelegentlich dorthin, wo in früherer Zeit eine »Menschen-Haltestelle«, ein alter Lagerplatz, bestanden habe, und nehme von dort verschiedene Gegenstände mit. Ihren Zweck bestimmt er übrigens direkt an Ort und Stelle. Er kennt tausend solcher Plätze und ist ein Meister der alten Handwerkskünste[27]. Jeder Archäologe würde ziemlich »alt« aussehen neben ihm ...

Und wo finde ich solche »Menschen-Haltestellen«?
Sie sind überall, wo es Wasser, Jagdreviere und Weiden gibt. Wo hätten denn die Menschen deiner Meinung nach mehrere Jahre lang leben sollen? – Mit der Zeit erspürst du sie einfach. (Die »Haltestellen«.)
Gibt es irgendwelche materielle Spuren? Sozusagen »Lebenszeichen«?
Mit Sicherheit in den Höhlen oder an den Uferstellen, die sich zum Leben dort eigneten. Mitunter entdecke ich an dem einen oder anderen Hügel Vertiefungen, wo dann die Reste eines Walskeletts zu sehen sind.
Wie alt sind sie?
Zwei- bis dreitausend Jahre ...
Nicht noch älter?
Nach der Eiszeit haben die Menschen sich an Orten niedergelassen, die vor dem kalten Nordwest-Wind ge-

---

27 Das aus Ton und Sand gefertigte Geschirr besitzt einen viel schöneren Klang als das Importporzellan.

schützt waren. An den Stränden eines Laichflusses, in der Nähe der Stellen, wo die Rentiere ihn durchqueren, oder an den höhergelegenen Ufern, damit Hochwasser und Sturm sie nicht erreichten. Das sind die Fluss- oder Meeresterrassen.

So viele Merkmale. Vermutlich gibt es nur wenige solche Plätze?

Man sieht sie nicht oft. Wenn man aber einen Ort mit solchen Kennzeichen findet, kann man davon ausgehen, dass in der Frühzeit dort einmal Menschen gelebt haben.

Und wie lange ist das her?

Fünf- bis siebentausend Jahre.

Oder noch länger?

Nach dem Verständnis des Menschen haben hier immer Menschen gewohnt. Das heißt, seit es Menschen gibt, haben sich hier auch Menschen angesiedelt.

Und warum wird das heute bezweifelt?

Früher brauchten die Menschen weder Kohle noch Öl oder andere Brennstoffe. Heute geben sie den größten Teil ihres Einkommens dafür hin und frieren trotzdem immer noch.

Was kann man denn da machen?

Diese Zivilisation ist insofern fehlerhaft, als sie es versucht, überall dieselben Bedingungen zu schaffen. Mit diesem Konzept muss man verlieren, weil sie den permanenten Energiezufluss von außen erfordert. Bald werden die Barbaren lernen, unter den gegebenen Bedingungen zu überleben.

Wer sind diese Barbaren?

Die Barbaren – das sind Menschen mit einem dermaßen niedrigen kulturellen Niveau, dass sie ohne zusätzliche Hilfsmittel gar nicht in der Lage wären, auch nur vierundzwanzig Stunden in der Tundra zu überleben[28].

Ist das das wichtigste Merkmal der Grausamkeit?

Das wichtigste Merkmal der Grausamkeit ist, nicht über die wesentlichen Dinge nachzudenken und sich nicht darauf vorzubereiten.

Worüber nicht nachzudenken zum Beispiel?

Beispielsweise über den Tod. *(Seinerzeit, im Jahr 1998, hatte ich es sehr eilig, von diesem Thema abzulenken, und das wurde mir erst bei der Bearbeitung meiner Notizen wieder bewusst.)*

Gab es hier auch entwickelte Zivilisationen?

Ja.

Weshalb existieren dann keine Spuren davon?

---

28 Den folgenden Satz eines jungen Ewelnen kann ich nicht unerwähnt lassen: Als wir uns über die Preise für alles Mögliche unterhielten, sagte er: »Nun, in der Tundra kann man natürlich nicht am Hunger sterben.«

Sie liegen auf dem Meeresgrund und auf manchen Inseln im Norden. Man wird sie bald finden.

Was sind das denn für Spuren?

Auf dem Meeresgrund, in aller Tiefe, kann man jetzt nur Überreste verschiedener Bauten finden wie Flughäfen, Tunnels, Kanäle. Und bald wird man auch den Rest aufspüren.

Wie bald wird das sein?

Noch während deiner Generation.


**07.01.1999**

Der Schamane sagt, die Ewelnen besäßen mehr Kultur als wir. Ich versuchte, diesbezüglich etwas eingehendere Erklärungen von ihm zu erhalten.

Unsere Zivilisation hat dieselben Epochen durchlaufen wie die ihre, nur etwas früher. Warum also hältst du größere Stücke auf die Kultur der Ewelnen?

*(Der Schamane lächelte, nachdem ich das Beispiel mit den Ewelnen gebracht hatte.)* Sie entwickelten sich unter schwierigeren Bedingungen, sie haben eine stärkere gemeinschaftliche Motivation.

Die Russen haben auch länger in den Kommunen gewohnt als die anderen. Was hat es ihnen gebracht?

Die Russen hatten auch eine stärkere Motivation als die Menschen aus dem Westen. Jedoch durchlaufen die Russen gerade eine kritische Phase, sie sind an einem Wendepunkt angelangt. *(Und wieder lächelte der Schamane.)*

Was für ein Wendepunkt?

Es geht um die Freiheit der Persönlichkeit.

Das ist doch progressiv.

Bis zu einer gewissen Grenze. Noch aber teilt ein Individuum seine Interessen mit anderen.


## 07.01.1999

Die Logik des Schamanen erschien mir ungeheuer präzise. Dagegen konnte man nichts vorbringen. Noch schlimmer war die Tatsache, dass ihn das Wort »jedoch« mehr zu beschäftigen schien als die Leichtigkeit, mit der er meine Fragen beantwortete, und der Inhalt des Dialogs. Ich schnappte mir meine dicke Schaumstoffmatte und legte mich damit auf die Bank des Schamanen, um die Wellen des Eises zu beobachten. Der Wasserzufluss hob und zerbrach die langen Eisplatten, aus einem der Risse krabbelte eine fette Robbe heraus. Eine halbe Stunde lang habe ich das selbstgenügsame Tier beobachtet, das gar nichts von den Interessen seiner Art wusste und sich trotzdem daran hielt. Der Gedanke über das schwache Wort in den Überlegungen mit dem Schamanen kam zusammen mit der Kälte, die endgültig unter meiner Jacke hindurchdrang.

Der Mensch ist nicht nur ein biologisches Geschöpf.

Wenn »*eine völlig freie Persönlichkeit*« nicht mehr für die Gesellschaft lebt, zerstört das die Gesellschaft.

Und wie äußert sich das?

Zum Beispiel durch die technogene Katastrophe.

Ich sehe da keine Verbindung.

Damit man ein komplexes und maßstäbliches technisches System unter Kontrolle hat, zum Beispiel ein Flugzeug oder ein Energiekraftwerk, muss man sich selbst dabei vollkommen neutralisieren. Über das System muss man den anderen dienen. Ein moderner Mensch, dessen Persönlichkeit auf die »Aktualisierung« ausgerichtet ist, kann das nicht. Ihm fehlen die Wertschätzung, die Disziplin, die Selbstverleugnung.

Und das führt zur Katastrophe?

Eine »*unabhängige*« Persönlichkeit entfernt sich immer weiter von der Welt, sie wehrt sich gegen die Konfrontation und bestätigt sich dadurch selbst. Und die Welt setzt sich durch, manchmal sogar mit aller Härte.

Ein Mensch lebt aber nicht für die abstrakte Gesellschaft, sondern für seine Familie, für seine Verwandten und Freunde.

Wenn ein Organ aufhört, für den Gesamtorganismus zu leben, und nur noch für sich selbst existiert, wird der Organismus schnell zugrunde gehen.

Wenn man aber klug für sich existiert und die eigene Persönlichkeit mit denen der anderen zusammenwirkt, dann geschieht das auf Gegenseitigkeit – man erweist jemandem einen Gefallen, tauscht Waren und Informationen aus.

Darin besteht die andere Gefahr. Was ihr »Persönlichkeit« nennt, das ist total auf die Beziehungen zu anderen Menschen fixiert.

Was ist schlecht darin?

Der Mensch muss sich an den Beziehungen zu anderen Menschen, aber auch an der Beziehung mit dem Geist orientieren. Ohne Menschen, die sich an den Beziehungen zwischen den Geistern ausrichten.

Bei uns kämpfen viele Menschen nicht nur für sich selbst und ihnen nahestehende Menschen, sondern ganz allgemein für die Menschenrechte.

Solche Menschen tragen ein wenig dazu bei, die Lage zu stabilisieren. Doch die meisten davon wollen sich auf diese Weise als anständige Menschen präsentieren, auch wenn ihnen das selbst überhaupt nicht bewusst ist.

Das bringt doch nichts. Wozu sollte das gut sein?

Von Kindesbeinen an hat man ihnen eingeredet, dass es gut und richtig ist, die Interessen der ganzen Menschheit zu vertreten. Somit beweisen sie sich selbst und allen anderen, dass sie gute Menschen sind. Obwohl die meisten von ihnen durchaus aufrichtig sind, folgen nur die wenigsten ihrem Geist.

**22.02.2006**

In den letzten Jahren haben sich in der weiteren Umgebung von Magadan viele Tierarten wie Rebhühner, Hasen, Füchse, Bären und andere wieder stärker vermehrt. Mir erscheint das leicht erklärlich: In meinem Bekanntenkreis geht nur ein einziger Mann wenigstens ab und zu auf die Jagd. In der Generation davor war es fast jeder Zweite.

Als ich diese Vermutungen dem Schamanen gegenüber äußerte, lachte er nur.

Die Urvölker haben jahrtausendelang gejagt und erlegten viel mehr Tiere als die Sonntagsjäger. Und trotzdem wurde das Wild nicht weniger.
In der Tat. Warum?
Die modernen Jäger töten auf barbarische Weise, die einheimischen auf zivilisierte.
Worin besteht der Unterschied?
Die Einheimischen töteten nur aus Notwendigkeit. Sie haben alle Rituale und Vorschriften befolgt. Wenn sie

das jeweilige Tier aufbrachen und zerteilten, achteten sie darauf, *wie* sie das taten. Um die Seele des Tieres nicht zu kränken und damit sie wieder in derselben Umgebung inkarnieren kann.

Wie kränken denn die heutigen Jäger die Seelen ihrer Beutetiere?

Die Tiere, denen klar war, dass sie getötet wurden, um das Überleben einer Familie zu sichern, die waren nicht traurig. Schließlich denkt ein solcher Jäger über seine Kinder und das Leben nach.

Und die anderen?

Viele moderne Jäger töten als Sport, zur Unterhaltung – das ist schon eine enorme Beleidigung der Tiere. Die Jäger entschuldigen sich nicht, befolgen die Regeln nicht, gehen schlecht mit den toten Körpern um. Die Seele des Tieres kann sich danach nicht mehr neu inkarnieren, unter Umständen zieht sie sogar an einen anderen Ort oder gar in eine andere Welt, weil sie gekränkt wurde. Und sie kann die Seelen der anderen Tiere mitnehmen. In Magadan erholt sie sich wieder – und in einer anderen Umgebung ...?

Das ist wirklich barbarisch. Wie gut, dass die gekränkten Tiere sich nicht rächen.

Die einheimischen Geister rächen sich.

Wie?

Sie erkennen den Täter – er trägt ein besonderes Zeichen für die Art, wie er das Tier getötet hat. Dieses Zeichen ist in fast allen Welten bekannt. Natürlich begegnet der Täter bis an sein Lebensende jeder Menge Feindseligkeiten. Sein Leben verläuft deshalb auch weniger gut und dauert weniger lange.

Aber viele Sonntagsjäger haben davon nicht mal die leiseste Ahnung!

Es geht hier nicht um die Ahnung, sondern um die Beziehung. Wenn der Jäger seine Tat ehrlich bereut, wird er von dem Zeichen befreit, aber die deswegen schlecht verbrachten Jahre kann ihm keiner zurückholen.

Aber der Mensch wusste das alles doch nicht, ihn trifft keine Schuld. Sondern seine Erziehung, das System!

*(Der Schamane wurde ernst, blickte mich mit gerunzelter Stirn skeptisch an, dann hob er den Kopf. An dieser Stelle gab er wieder den Guru.)* Jeder wird in ein System hineingeboren, er kommt nicht einfach so zur Welt, aber jeder Mensch hat die Möglichkeit, sich zu entwickeln. *(Hier lächelte der Schamane.)* Und du langweile mich nicht mehr mit Fragen, auf die du in tausenden Büchern Antworten findest. Lerne es, deine Fragen rechtzeitig zu unterbrechen.

# 1986
## Das Waisenhaus.
## Die Dankbarkeit des Wolfs

Im zweiten Jahr meiner Aspirantenzeit hatte ich für den Sommer eine Stelle als Erzieher in einem Waisenhaus bei Moskau angenommen. Der Direktor war so begeistert darüber, dass er mir noch zusätzlich eine Teilzeittätigkeit als Verwalter und pädagogischer Leiter anbot. Ich hatte mich dort nicht aus Langeweile beworben, sondern weil ich das Geld brauchte.

Nach zwei Wochen ist der Direktor mit den jüngsten Kindern in den Süden des Landes gereist, während die älteren Kinder beziehungsweise. Heranwachsenden im Waisenhaus blieben. Nun war ich der Chef – »gebot« über zwei Putzfrauen, einen Koch und einen Erzieher, der trank, und einen anderen namens Isotych, dem alles »sonst wo vorbeiging«. Die ältesten Kids, sie kamen in die zehnte Klasse, waren zu 24: zwölf junge Burschen und zwölf junge Mädchen. Der ganze Tag verging über der Organisation von essen – baden – waschen – putzen. Die Lebensmittel kamen immer mit Verspätung an, die Kühlschränke schalteten sich aus, die Sanitärtechnik ging kaputt, die Jungs tranken, rauchten und machten die Mädchen an. Die Mädels gingen am späten Abend spazieren, und man schickte ausgerechnet die jungen Burschen auf die Suche nach ihnen. Isotych machte nur direkt um sich herum Ordnung, die Putzfrauen hielten sich aus allem raus, und auf den Koch musste man ein wachsames Auge haben. Erst gegen Ende meines ersten Monats dort konnte ich überhaupt damit anfangen, über die pädagogischen Probleme nachzudenken. Ich wurde traurig.

Nicht einer der Älteren dort – weder Mädchen noch Jungen – konnte waschen, kochen oder Lebensmittel einkaufen gehen. Der Staat finanziert und organisiert ihr Leben. Ich sah mir die Berichte über sie vom ganzen letzten Jahr an – sie machen Reisespesen (überhaupt gehen sie verschwenderisch mit Geld um), sind komplett unselbständig und stehen alleine, haben keine Verwandten. Wenn das so weitergeht, werden die jungen Frauen durch die Betten wandern, die Burschen entweder von der Armee gerettet oder in Suma-Gefängnissen landen. Mein »Kollege« Isotych akzeptierte meine Änderungsvorschläge, war richtiggehend begeistert – und … stürzte in den Alkohol ab.

Die Mädels und Jungs hörten mir zu, waren einverstanden, aber schon am zweiten oder dritten Tag fingen sie an, sich zu beschweren. Mit dem Einkaufen gab es keine Probleme. Aber Waschen (zu kochen brauchten sie nicht), Duschen und Toiletten putzen – das war alles unter ihrer Würde und stellte eine Vergewaltigung ihrer Persönlichkeit dar. Also sah ich mich gezwungen, die militärischen Methoden meines Sergeanten anzuwenden. Weibliche Wesen halten es nicht lange in dreckigen Kleidern aus und müssen ihre Unterwäsche wechseln – also fingen sie an zu waschen. Aber die Jungs – null Chance. Einige wurden allerdings von den Mädchen verwöhnt – sie wuschen ihnen die Klamotten und erledigten bei Bedarf auch Näharbeiten für sie.

Ein paar Mal waren sie jedoch alle zu den verschiedenen Diensten eingeteilt gewesen. Mit den entsprechenden Schwierigkeiten und Konflikten. Sofort lernten sie, die Waschbecken nicht überlaufen zu lassen und, sorry, ins Klo zu treffen. Beim Einkaufen kannten sie die Preise, und das Wichtigste – sie bekamen allmählich so etwas wie eine Orientierung. Anfangs haben sie die Socken noch mit der ganzen Seifenlauge drin auf die Leine gehängt – sie wussten nicht, dass man sie vorher ausspülen muss. Jetzt hatten sie alle eine gewisse Übung darin, alleine zurechtzukommen. Als ich das alles zeigte und die Geschichten dazu erzählte, umarmte mich der Geschäftsführer, ein harter Mann (anders behältst du in diesem Haushalt nicht die Oberhand!), und klopfte mir auf den Rücken. Einige Erzieherinnen hatten Tränen in den Augen – sie wussten meine Arbeit zu schätzen. Ich selbst sah es auch so, dass ich den Kindern während der Sommermonate viel geben konnte – allerdings mit der »Sergeant-Methode«. Auf andere Art und Weise funktionierte es einfach nicht, dazu hatte ich auch weder Zeit noch Kraft. Viele Kinder mochten mich nicht, weil ich sie oft zu etwas zwang.

Als ich September mit meiner Reisetasche zum Schnellzug ging, sagte ich zu mir: »Dreh dich nicht um!« Aber ich tat es doch: Die Ältesten-Gruppe winkte mir mit Besen, Socken und Klodeckeln nach. Ich begriff, dass ich diese Erfahrung nie vergessen würde. Ich ging in den Wald, setzte mich hin und wollte anfangen zu heulen. Ich konnte aber nicht.

Ich erinnerte mich an den Wolf. Warum kann ich nicht heulen? Sofort hatte ich die Antwort – der Wolf ist auf niemanden böse. Die Gefühlsaufwallung war vorüber, der Verstand kehrte zurück – achje, achje, sie haben es nicht verstanden, wussten es nicht zu schätzen. Pfui, Kuckuck! Das heißt, ich habe das Ganze (nur) veranstaltet, um Dankbarkeit zu ernten? Ich schämte mich vor mir selbst. Dann streckte ich mich auf dem Waldboden aus, legte meine Hände unter den Hinterkopf, lachte und schlief ein – obwohl ich weiß, dass es im Wald nicht ungefährlich ist, denn hier gibt es beispielsweise Otter und verschiedene Zecken. Ich kam in Moskau an und hatte nur noch herzliche Gefühle für die Kinder. Ich brachte mehr als 1000 Rubel[29] mit, denn ich hatte im Sommer

---

29 Damals verdiente ein Ingenieur zwischen 140 bis 160 Rubel im Monat.

nicht eine Kopeke ausgegeben, hatte gar keine Zeit dazu gehabt. Und das nächste Jahr meines Aspirantendaseins nahm seinen Lauf.

Heute erziehen sie ihre eigenen Kinder, vielleicht verändert das ihre Erinnerung an mich.

## Der Rhythmus. Das lange Leben.

**04.01.1998**

Wenn man im Winter im Wald ein Lagerfeuer macht, schmilzt der Schnee ringsumher, das Feuer brennt herunter, und das Schmelzwasser läuft hinein. Je größer dein Feuer, umso größer auch die »Überflutung«. Es wäre sinnvoller, für beide – das Feuer und den Menschen – ein Erdloch auszuheben. In diesem Fall schaufelt man bedächtig und verschwendet einen Haufen Zeit dabei. Wenn der Frost einen aber bereits »beißt« und »in die Enge treibt«, etwa so, als hätte man die Finger in einen Schraubstock gespannt, da gräbt man dann ganz fieberhaft und schlichtet blitzschnell das Feuerholz auf, das Ganze schon an der

Panikgrenze. Manchmal stößt man dabei sogar einem unbekannte, seltsame Winsellaute aus. Wenn es aber endlich warm wird, wird man ruhig, wie ein gemütliches Faultier, und sieht seine ganze Umgebung mit völlig anderen Augen an. Während ich Äste nachlegte, wurde ich auf die Tätigkeit des Schamanen aufmerksam – er »deckte den Tisch«: Dazu nahm er aus seiner Tasche ein Ei, das bei vierzig Grad minus schon zur Eiskugel erstarrt war, und schnitt es, beinahe ohne hinzusehen, mit einem Messer in zwei gleiche Teile. Ich setzte mich hin und versuchte, mit meinem schweren Messer ein paar Eier zu zerteilen, danach machte ich mich mit dem Messer des Schamanen über die restlichen drei Eier her. Es gelang mir nicht einmal, auch nur ein einziges Ei gerade und »krümellos« zu zerteilen. Da langten meine Gedanken bei der besonderen Routine des Schamanen an.

Hast du schon oft Eier auf diese Weise geschnitten?
Kann mich nicht erinnern. Und so oft kriege ich auch keine.
Und wie hast du gelernt, sie dermaßen exakt zu zerteilen?
Ich habe es nicht gelernt. *Dass einem so was in den Sinn kommt.*
Aber wie teilst du die?
Schau mal. *(Diesmal schlug der Schamane mit meinem Messer auf das Ei, und zwar nicht quer, sondern längs, und das Ei teilte sich präzise in der Mitte.)*

Was ist das Geheimnis?

Unsere Handlungen sind unterschiedlich.

Worin besteht der Unterschied?

Wenn ich handle, handle ich absolut. Und du – du handelst »in Teilen«.

In Teilen?

Zum Beispiel ist sich ein Teil von dir nicht sicher, ob du es überhaupt schaffst, der andere Teil denkt, dass auch die aufgeschnittenen Eier bei der Kälte nicht schlecht werden können, der dritte Teil ist eher in Magadan *und beschäftigt sich mit dem Problem deiner eigenen Eier.*

Aber meine Handlungen können komplexer sein als deine – denn deine sind situationsbedingt.

Deine Handlungen können verschwommener sein. So schlägst du dir beispielsweise hektisch auf die Finger, statt genau auf das Ei zu zielen. So eine Unklarheit macht einen Menschen hilflos und alt.

Was muss ich tun, um so klar handeln zu können wie du?

Das spielt keine Rolle. Du kannst die Eier schneiden. Wichtig ist bloß eines: Wenn du Eier schneidest, dann schneidest du Eier und jagst keine Raben.

Gilt das für alle Handlungen?

Total, sie müssen nur optimal ausgeführt werden.

Aber wie?

Fang doch erst mal an. Die richtigen Handlungen richten sich von alleine.

Wie, sie richten sich?
Physisch und psychisch.


**04.01.1998**

Heißt optimal genau, tadellos, gründlich oder etwas anderes?
Alles zusammen.
Das heißt, es spielt keine so große Rolle, wenn es nicht
ganz genau oder nicht ganz gründlich ist?
Wenn es dein Ziel wäre, etwas maximal gründlich zu ma-
chen, dann würdest du die Angelegenheit niemals be-
enden können.
Ich weiß: »Eine Renovierung kann man nicht beenden,
man kann sie nur stoppen.«
Es liegt viel Weisheit in Sprichwörtern.
Was könnte man zum Beispiel bei Renovierungsarbeiten
optimal nennen?
Möglichst viel und möglichst gut machen, auf der Basis
deiner Ressourcen.
Insgesamt – hinsichtlich Zeit, Energie, Geld, Können und
Fleiß?
Ja.

## 04.01.1998

Ich setzte das neuerworbene Wissen sofort in die Praxis um. Beim Essen und dem Herrichten des Rucksacks handelte ich überlegt und gleichmäßig, aber nicht langsam. Das gefiel mir. Ich empfand ein Gefühl von Stabilität und Zuverlässigkeit. Dann versuchte ich, mich in derselben Weise über den Schnee zu bewegen. Das gelang mir weniger gut, weil man ein Loch oder die Kiefernäste unter dem Schnee nicht vorhersehen kann und man nie weiß, ob man sich auf der Schneedecke halten kann oder bis zum Bauchnabel einbricht. Da stockt einem dann der Atem, und man verliert seinen Rhythmus. Trägt man dabei auch noch schwere Winterkleidung, hat den Rucksack und das Gewehr dabei, dann wird man bärenmäßig tapsig. Man strampelt und zappelt im Schnee herum, versucht, ohne Hilfe wieder herauszukommen. Wieder draußen, stürzt man wieder ein, diesmal gleich bis zum Hals, und dabei erwischen einen auch noch Äste oder Wurzeln. Oder man trifft auf einen Stein.

Beim nächsten Wechsel erholte ich mich ein wenig, folgte weiter den Spuren des Schamanen und beobachtete ihn. Der Schamane stürzte auch ein und kippte zur Seite. Seltener als ich, aber immerhin. Wobei er nach seinen Stürzen aufstand und weiterging, in einer Weise, die mir

irgendwie als »gerade und geschickt« erschien. Ich hatte
den Eindruck, er würde gar nicht müde.

Wie hältst du deinen Atemrhythmus, wenn er ständig un-
    terbrochen wird?
Ich gehe einfach im Rhythmus des Schrittes der Winter
    durch den Wald.
Was ist das für einer?
Du bist einen primitiven Rhythmus auf einem harten,
    sichtbaren Boden gewöhnt und versuchst, diesen
    Rhythmus auch hier einzuhalten, wo er doch unbrauch-
    bar ist. Kein Wunder, dass du sofort außer Atem gerätst.
Brauche ich einen schwereren Rhythmus?
Etwas schwerer und länger.
Wie kann ich ihn finden?
Man muss dazu etwas lernen.
Gibt es dafür eine allgemeine Methode?
Hast du in deiner Kindheit vierstrophige Lieder gesungen?
Ja. Was tut das zur Sache?
Erinnere dich daran, wie du später angefangen hast, et-
    was schwerere Musik zu hören, zum Beispiel Jazz.
Ich glaube, ich verstehe. Wie fange ich am besten damit
    an?
Lass deinen Körper los, er soll sich unter diesen Bedin-
    gungen möglichst leicht und bequem bewegen kön-
    nen.

Aber so falle ich hinter dir zurück.

Das macht nichts, ich werde ein wenig auf dich warten.


## 04.01.1998

An diesem Tag gelang es mir ein paarmal, im Winterwald den Rhythmus zu finden. Meine Schnelligkeit ist zwar nur um etwa zehn bis zwanzig Prozent gestiegen, dafür hatte ich aber eine Riesenausdauer und konnte mich stundenlang bewegen, ohne außer Atem zu geraten!

Das hat mich begeistert und nachdenklich gestimmt. Wie viele Menschen sind in der Tundra, in Eis oder Sand gestorben, einfach deshalb, weil sie nichts von der Existenz schwerer Rhythmen wussten und dementsprechend auch nicht danach gesucht haben!

Und bei allen anderen Dingen, muss man da auch den optimalen Rhythmus finden?

Jemand, der solche Fragen stellen kann, kennt auch schon den größten Teil der »Antwort«.

Und in den Beziehungen zwischen den Menschen?

*Lass mich in Ruh. Die Diskussion hinterher ist sinnlos.*

## 08.03.1998

Manchmal weigert der Schamane sich, über an sich völlig harmlose Dinge zu sprechen, zum Beispiel über Hauspflanzen. Andere Themen hingegen, denen andere Menschen weit eher ausweichen würden, bespricht er in aller Seelenruhe und ausführlich.

Hast du schon mal ans Heiraten gedacht?

Das würdest du nicht verstehen.

Meine Kinder und Enkelkinder sind erwachsen und meine Freundinnen … schon tot. Aber es gibt im Leben bestimmte Entwicklungsabschnitte, die Frauen und Männer nicht alleine durchlaufen können.

Es existiert eine ganze Vorlesungsreihe, in der von den Vorteilen einer Partnerschaft ohne Partner die Rede ist.

Warum wurde dann deiner Meinung nach auf dieser Erde *ungefähr dieselbe Anzahl Frauen und Männer* erschaffen?

Ich weiß nicht. Weshalb?

Alte Mythen behaupten, ein Mann und eine Frau seien nur die beiden Hälften eines vollständigen Menschen.

Hältst du das für wahr?

Wahr ist, dass viele Frauen und Männer, die Paare sind, nicht als separate Menschen gelten, sondern als Teile des Paarsystems.

Wie das?

So wie ein Säugling kein unabhängiges Wesen ist, sondern in einem System mit seiner Mutter lebt.

Wie ergibt sich so ein System – »Mann – Frau«?

Im Lauf der Jahre, aus Tausenden von Gewohnheiten. Mal angenommen, sie vergisst regelmäßig, die Tür zu schließen – also gewöhnt er sich daran, das zu kontrollieren; er wiederum kann auf dem Markt nicht geschickt verhandeln – also lernt sie es …

Muss man unbedingt in diesem Bezugssystem gesteckt haben?

Wer noch nie Teil eines Systems war, kann nicht vollkommen und nicht allein sein.

Warum?

Es weiß einfach nicht, wie er sich entwickeln soll, um vollständig und vollkommen zu sein.

Aber du selbst lebst alleine?

In den Städten lebe ich wie ein Städter und in den Erdhütten – wie ein Eremit. Das wirst du verstehen, wenn du sechzig bist, falls du gesund und stark bleibst.

Werde ich gesund und stark?

*Das bezweifle ich.*

Was muss ich tun, um gesund zu sein?

Als Erstes: Mach nichts, was überflüssig ist!

## 09.03.1998

Ich wusste immer schon, dass der Schamane alt ist, habe aber nie gewagt, ihn darauf anzureden. Ich dachte, er würde diese Unterhaltung nicht führen wollen. Nach unserem Gespräch vom Vortag war mir klar, dass der Schamane kein Geheimnis daraus machte.

Und als Zweites?
Man braucht Lebensenergie.
Woher nimmt man die?
Gegenseitige große Liebe.
Elena Garro?
Wer ist das?
Eine mexikanische Schriftstellerin[30]. Sie schrieb, Liebe und Zeit seien dasselbe. Der russische Schriftsteller Sergei Lazarev[31] *(Karma-Diagnostik)* hat das danach auch behauptet.
*Die Schriftsteller ...* Ich spreche hier aber vom Lebensmut.
Das bedeutet, alle, die nicht gegenseitig geliebt haben, werden nicht lange leben?

---

30 Die Übersetzung im Jahr 1982 (in dem Buch *Das Buch der Sandkörner*).
31 Sergei N. Lazarev, *Karma-Diagnostik,* Band 6, *Die Stufen zum Göttlichen*. Karma-Verlag.

Wenn sie nie auf Gegenseitigkeit beruhende Liebe erlebt haben, besitzen sie auch nicht den Mut, um die »Woge ihres Lebens« herbeizurufen.

Würde diese Art von Mut denn dafür ausreichen?

Es würde dafür reichen, das Gefühl der Liebe kennenzulernen.

Kann man die Liebe denn allen Menschen empfehlen?

Die Liebe kann man nicht empfehlen. Viele rennen instinktiv vor ihr weg, weil sie Angst haben, die Liebe könnte sie verletzen oder gar umbringen.

Würde das bedeuten, dass es den Mut schon vor der Liebe gab?

Du hast doch zwanzig Jahre lang studiert, hast dein halbes Leben in Moskau verbracht. *Bist du in diese kalte Hütte gekommen, um dich bei mir über die Liebe kundig zu machen? (Lacht.)*

*Warum sollte ich denn sonst zu dir kommen? (Wir lachen beide.)*

Das ist wie mit der Wissenschaft und ihren Möglichkeiten. Jeder besitzt die Veranlagung, um sich mutig und spielerisch zu verhalten. Sie kann sich aber nur in der Liebe entwickeln. Das muss man wissen.

Wer zeigt uns, wie wir die »Welle des Lebens« herbeirufen können?

Der Mensch selbst.

Wo soll ich anfangen?

Erreiche etwas im Leben und lass es dann sein.

Soll ich mit der Asozialität anfangen?

Asozial sind solche Menschen, die nie geliebt haben und nichts erreichen können. Wie mutig sind die, die fortlaufen?

Muss man Karriere machen, um sich Anerkennung zu verschaffen?

Nicht unbedingt. Aber man muss wissen, dass man nicht von der Gesellschaft wegrennen soll.

Danach ist das doch quasi unmöglich, »es sein zu lassen«.

Es ist noch schwerer, als du denkst. Man sollte auch sich selbst sein lassen, sich verabschieden, nachdem man Erfolge erzielt hat.

Wie kann man da leben, wenn man »sich von sich selbst verabschiedet hat«?

Du sollst dich nicht von dir selbst verabschieden, du sollst dein »Ich«, das vom Erfolg »aufgeblasen« wurde, verabschieden. Nur dann bist du du selbst.

Gibt es keinen anderen Weg?

Wenn du dein anderes »Ich« nicht verabschiedest, wirst du ausschließlich im Sozialen hängenbleiben. Und dann wirst du die sozialen Spielregeln immer über dein eigenes Leben stellen.

## 09.03.1998

Am Nachmittag hat der Schamane den Sturm[32] »verjagt«,
damit ich erst hinunter zur Straße und dann zurück in die
Stadt laufen konnte, bevor der Unterricht an der Universität wieder begann. Er ist mit seinem Tamburin um die
Erdhütte herumgegangen, im Rhythmus des Schnee-
sturms und stieß – Ton in Ton mit seinem Gewirbel –
winselnde Laute aus. Bisweilen konnte ich die Stimme
des Schamanen gar nicht mehr vom Jaulen des Schnee-
sturms unterscheiden. Manchmal klang die Stimme des
Schamanen tiefer oder höher, aber die Tonlage war immer der Tonlage des Sturms angepasst. Dann zeichnete
der Schamane einen Strahl nach Osten in den Schnee. Als
er endlich mit der Einstellung des Wetters für den nächsten Tag fertig war, setzte ich meine Fragen fort:

Genügt das für ein langes Leben?
Nein.
Gibt es noch viele Bedingungen?
Man muss nach dem Herzen leben.
Und noch?
Man muss sein Leben selbst erschaffen.

---

32 In diesem Winter schneite es bereits seit 91 Tagen – seit Anfang Oktober!

Verstehe ich nicht.

Fang damit an, dass du in dein Leben etwas Schöpferisches hineinbringst.

Gedichte, Bilder, Tanz, die Wissenschaften?

Man kann auch damit beginnen.


**09.03.1998**


Als ich von einem langen Leben sprach, fing ich an, den Schamanen über die Anwendung von Honig, Mumijo (ein Naturstoff, dient seit Jahrtausenden als Heilmittel) und anderen Mitteln zu befragen. Er sagte, er finde hier draußen gelegentlich etwas Mumijo, aber es gebe hier doch ziemlich wenig davon. Und was Honig betreffe: Die Bienen in der Flusslandschaft der Kolyma bereiten dermaßen wenig Honig, dass jedes weitere Sammeln sein Ende überhaupt bedeuten würde – denn die Bienen würden vor Hunger sterben.

Das Gespräch über den Honig und den Mumijo interessierte mich an sich gar nicht sonderlich, doch seine Entwicklung hat sich später als grundsätzlich wichtig erwiesen.


Ich glaube jedoch, dass dir etwas fehlt in deiner Nahrung.

Der Organismus kann fast alle wichtigen Substanzen selbst herstellen. Man muss ihn nur dazu herausfordern können.

Wie?

Über drei Arten von Aktivitäten: emotionale, physische und solche der Willensstärke.

Ich habe bei dir keinen Grund für die emotionale Aktivität gesehen.

Du fühlst ja auch anders als ich. Und ich werde nicht für immer hier leben. Man braucht verschiedene Eindrücke und das mehrmals, damit der Organismus lernt, richtig zu funktionieren.

Wenn ein Mensch genug verschiedenartige Aktivitäten ausübt, wird er dann gesund?

Er würde kaum altern.

Warum?

Nach deinem fünfzigsten Lebensjahr wirst du verstehen, dass ein junger Mensch immer in Form ist, ein alter Mensch dagegen sich gewissermaßen jeden Morgen für das Leben »sammelt«. Die richtige Menge und Mischung von Aktivitäten helfen dir, dich in Form zu halten.

Fünfzig – ist das die normale Lebensmitte?

Die Mitte erreicht ein moderner Mensch mit vierzig. Aber du hast gelernt, dich im Winter in der Tundra zu bewegen. Diese Erfahrung würde einem Stadtmenschen entweder alles nehmen oder ihm zehn Lebensjahre dazugeben.

Woher weißt du das?

Ich wurde älter und älter, und wenn ich die neuen Praktiken nicht erlernt hätte, gäbe es mich schon lange nicht mehr.

Wie hast du dein Älterwerden erfahren?

Ich lebte in der Stadt und führte Buch über alles, was zum letzten Mal geschah.

Was meinst du damit?

Zum Beispiel mein letztes Fußballspiel – meine Jahre erlauben es mir nicht mehr zu spielen. Die letzte Jagd – mein Alter gestattet kein Jagen mehr. Das letzte Glas Schnaps – meine Gesundheit erlaubt mir keinen Alkohol mehr. Die letzte Frau – ich darf mich nicht mehr anstrengen. So wartet ein moderner Mensch auf seine letzte Stunde.

Wie konntest du damit brechen?

Ich hatte Glück.


Muss man dazu denn unbedingt alles verlieren?

*Nicht so eilig, mit den Jahren kommt alles von allein.*

Mit welchen Praktiken hast du begonnen?

Ich fing an, zu meinem Leben schöpferisch zu sein.

Und warum sterben denn so viele Menschen dabei?

Am Beginn aller wirklich neuen Praktiken steht eine Krise.

Ist das notwendig?

Ich geb dir ein Beispiel: Ein Kind kann wunderbar krabbeln: schnell, zielgerichtet, ungefährdet. Sobald es jedoch aufsteht und die ersten Schrittchen macht: langsam, unkontrolliert, wackelig, fällt es um und tut sich weh.

Ich verstehe. Das, was du über das Schöpferische gesagt hast, ist die richtige emotionale Aktivität.

Ja, aber ich sprach nicht nur von *etwas Schöpferischem*. Die Schöpferkraft als solche hilft dir, deine Ideen zu verstehen.


## 03.01.2000

Die Analyse meiner Notizen machte mich auf einen bestimmten Aspekt aufmerksam, darin geht es um die Harmonie zwischen dem Menschen und seiner Umwelt, der Natur. Der Schamane erwähnte es nicht nur ein Mal, als er mir den Sinn des Tamburin-Rituals erklärte. Oder über die Ordnungen sprach, über unbekannte Tiere und über den Charakter des Menschen und seine Handlungen. Dank dieser Erzählungen war ich imstande, auf das dahinterstehende Konzept zu schließen, und merkte mir die Fragen.

Hat der Rhythmus des Menschen irgendeine Grenze?

Eher die Kombination oder der Grundbestandteil des Rhythmusspektrums, wie ein Grundbestandteil des Farbspektrums.

Wodurch kommt das zustande?

Durch den Körper.

Und das Gehirn, die Gefühle?

Stell dir einen Mechanismus, einen Apparat vor, der sich fünf Mal pro Sekunde bewegen kann. Er darf nicht mehr als fünf Befehle pro Sekunde erhalten. Erhält er jedoch zehn, wird er einfach nur zittern.

Haben andere Tiere einen anderen Rhythmus?

Sie haben andere Körper.

Kann man den normalen menschlichen Rhythmus irgendwie beschleunigen?

Wenn du keine spezielle Erfahrung damit hast, würde dich das vernichten.

Und ihn verlangsamen?

Kann man, aber an einem ungefährlichen Ort. Sonst könnte dich beispielsweise ein Auto überfahren, oder du rutschst unter eine Eisplatte.

Und Menschen, die meditieren, verlangsamen die ihren Rhythmus?

Ich kenne nur wenige, die das tun. Aber es scheint so. Sie sind sich dessen aber nicht bewusst, sie folgen einer anderen Denkweise.

Und die Zeit?

Du bist schon auf dem richtigen Weg mit deinem Gefühl.

Ja, deine Zeit wird sich auch verlangsamen.

Kann man die Zeit anhalten?

Im Prinzip ist das möglich. Damit könntest du womöglich jahrhundertelang neben dem Buddha, der Sphinx oder *irgendeiner anderen Gestalt* sitzen bleiben. Und würdest unter eine Eisplatte geraten oder der Flut zum Opfer fallen.

Bring mir bei, mich zu verlangsamen.

Hast schon deinen fünfzigsten erreicht und suchst immer noch nach einem Lehrer.

Eine kleine Übung werde ich dir aber heute zugänglich machen.

## 02.01.2000

Bis jetzt hat der Schamane mir noch nichts gezeigt. Nach dem Gespräch vom Morgen hatte ich sowieso nicht damit gerechnet. Doch ich musste ihn fragen:

Du hast mir letzthin von der Beschleunigung erzählt. Beherrschst du selbst das auch?

Ja, habe ich schon praktiziert.

Zeigst du es mir?

Schau.

*(Der Schamane verschwand, und im selben Augenblick klopfte er mir auf die Schulter.)*

Das habe ich nicht erwartet. Ich habe gar nichts bemerkt.

So muss es auch sein. *(Der Schamane lachte.)* Wenn du dich nicht innerhalb deines Rhythmusspektrums befindest, kannst du auch gar nichts mitbekommen. Manchmal bemerkst du nur ein verschwommenes Flimmern in der Luft.

Du hättest Box- oder Karate-Champion werden können.

Willst du zum Kindergarten-Champion werden?

Das ist schwierig zu vergleichen. Bring's mir bei.

Nein. Dein Körper ist nicht robust genug.

Bring mir bei, meinen Körper vorzubereiten.

Morgen zeige ich dir eine kleine Übung.


**03.01.2000**


Die Übung, die mir der Schamane zeigte, bestand in einer Abfolge langsamer und monotoner Bewegungen, statt schneller und jäher. Schon nach einer halben Stunde wurde ich müde. Physisch und psychisch – die Monotonie hatte mich geschafft.

Wie oft muss ich diese Übung ausführen?

Für die Stärkung deines Körpers wäre es gut, wenn du das zwei bis drei Tage am Stück schaffen würdest, ohne Pause.

Ohne Schlaf?

Ohne Pause.

Ein Mensch kann aber nicht dermaßen viel arbeiten und dabei kaum schlafen.

Du sollst diese Bewegungen nicht zur Arbeit machen, sondern darin leben, dich darin ausdrücken. Wenn dir das gelingt, brauchst du keinen Schlaf mehr. Nur Schmerzen könnten dich stoppen. Aber das nächste Mal würdest du dann schon länger durchhalten.

Und wie vermittelt uns das Ganze Kraft oder Geschwindigkeit?

Das ist noch zu früh für dich. Du musst dir erst den Bewegungsrhythmus aneignen.

Was bringt das?

Der alte Tschuktsche hat einen Elch damals ohne Pfeile, nur mit dem Messer getötet. Er ist ihm einfach hinterhergerannt, bis der Elch umgefallen ist. Ein Mensch ist nicht stärker als ein Elch und besitzt weniger Ausdauer. Er kann nur eines: besser im Rhythmus sein.

Wie lange musste er dem Elch denn nachlaufen?

Das spielt keine Rolle. Wichtig war sein Zustand, er ähnelte einer Trance; und diesen Zustand kannst du nur mithilfe der Bewegung verstehen.

Und ohne Trance?

Würdest du dir deine Beine entweder verstauchen oder brechen.

Konnten sie das alle?

Jeder junge Jäger mit gesunden Beinen.

Existiert dazu irgendein Ritual, eine Praktik?

Wie bei allen Völkern der Welt. Der Jäger hat um Verzeihung gebeten, denn er wusste ja, dass sein Schicksal ihn auch irgendwann einholen würde, und gab dem Tier den tödlichen Fangstoß.

Eine letzte Frage: Wie kannst du dich nun selbst beschleunigen?

Ich beschleunige mich überhaupt nicht. Ich verlangsame die Welt für mich. Momentan kannst du das nur im Schlaf.

## 09.05.1998

Im Jahr 1998 suchte ich nach Mitteln und Wegen, um das Thema »langes Leben« anschneiden zu können. Doch häufig endeten unsere Gespräche ganz abrupt, wenn ich versuchte, Anlässe zu »konstruieren«. Danach konnte ich lange keine weiteren Fragen stellen.

Hast du die Serie »Gorez« (»Der Bergbewohner«) gesehen?

Nein. Warum fragst du?

Der Hauptdarsteller dort ist unsterblich. Er lebt mit Frauen und begeht Heldentaten.

*Das sind die Träume eines Teenagers.* Wenn jemand wirklich lange leben würde, würde er sich an so einem »Zirkus« nicht beteiligen.


## 09.05.1998

Etwas erfolgreicher war ich mit meinen direkten Fragen, aber mit der Zeit witterte der Schamane mein Interesse und amüsierte sich gewohnheitsmäßig darüber oder lachte einfach über meine Fragen.


Wie lange hast du vor zu leben?

Ich bin bereit, heute zu sterben.

Aber wenn du doch noch nicht stirbst, wie lange willst du dann noch leben?

Das hängt nicht nur von mir ab. *(Lacht.)*

Und so viel, wie das von dir abhängt?

Wie jeder Yogi und jeder, der Yoga praktiziert.

Das verstehe ich nicht.

So lange, wie ich in diesem Körper bleiben muss. *(Lacht.)*

Ich kann kein Yoga. Wie lange würdest du bleiben wollen?

Die Jahre vergehen und vergehen, und sie sind einander so ähnlich, dass ich gar nicht weiß, wie alt ich bin.

Du könntest aber nachrechnen.

Mein Verstand weiß, wie viele es sind, meinem Gefühl nach sind es aber erst fünf bis sieben.


## 19.07.1998

Der Bezug des Schamanen auf das Yoga eröffnete mir die Möglichkeit, mehrere Fragen zu stellen, das Gespräch verlief aber irgendwie in gereizter Stimmung, blieb zweideutig und inhaltsleer. Erst wollte ich den Dialog aus dem Buch herausnehmen, weil er mir bedeutungslos erschien, doch mittlerweile verstehe ich, dass er durchaus eine Bedeutung besitzt. (Wobei mir diese Bedeutung irgendwie unangenehm ist.)

Du sagtest, du seist ein Yogi.

Auf meine Art bin ich ein Yogi.

Wie das?

Wie in den russischen Märchen »Baba Yoga«* und »Der Koschtschei bessmertnij«, »Kashchey der Todeslose«. Beides Bösewichte. *(Lacht.)*

Meine Studenten könnten dir noch ein paar Versionen von »Baba Yaga« liefern.

Welche?

Es gibt zum Beispiel eine Version, dass es eine Stammesgruppe namens »Yaga« gegeben hat oder dass das Wort »Yaga« in einem der altslawischen Dialekte »Krieg« bedeutete.

Sieh mal an – ein Jahrhundert lang leben – ein Jahrhundert lang lernen. Meine Version ist ein Witz, und ich rede mehr von dem Koschtschei.

Glaubst du, es gab reale Prototypen?

Natürlich. Menschen hatten Angst vor ihnen, wie vor allem, was ihnen unverständlich war.

Sind sie von den *Guten und Tüchtigen* getötet worden? (Zwei in den russischen Sagen stets wiederkehrende jugendliche Helden.)

Möglicherweise, *irgendwelche Betrüger* aus den Zeiten.

Warum hat der Koschtschei das zugelassen?

Wir wissen nicht genau, ob er das getan hat.

Und die bösen Taten, die Entführung der Wasilissa? (Einer schönen jungen Frau in einem russischen Märchen, die Koschtschei entführen wollte.)

*Das bezweifle ich.* Sie hätten das alles auch ohne Streit organisieren können.

Waren sie ineinander verliebt?

Möchtest du, dass das Märchen schön wird? Das werden wir nie erfahren.

Du hast keinerlei Ähnlichkeit mit dem Koschtschei, eher mit irgendeinem Kriegsveteranen aus einem Actionfilm.

*Der Prototyp war vermutlich schwach.* Und bei den Polarbergen gewohnt hat er auch nicht. Hast du hier jemals eine magere Robbe, ein mickriges Walross oder einen dünnen Bären gesehen?

Bald werden die Menschen überall leben. Und wohin gehen die Koschtscheis dann?

Wahrscheinlich haben sie schon eine Mimikry hinter sich und leben in den Städten. Andererseits wäre hier Platz genug.

Mit der Zeit würden sie diese Region auch erforschen.

Nicht, bevor sich das Klima nicht verändert hat.

Was bringt dich zu dieser Annahme?

Während deines Studiums, habt ihr da »Das Kapital« von Karl Marx gelesen?

Ja, haben wir. Was hat das damit zu tun?

Du hast vermutlich *schlecht aufgepasst.* Der Rubel, den man hier in die Produktion investieren würde, würde immer weniger Gewinn abwerfen als der Rubel, den man in einer Region mit etwas milderem Klima investieren würde. Beim selben Produktionsvolumen bezahlt man hier deutlich mehr für die Energie, für die

Produktionsstätten und die Löhne der Arbeiter. Aber hier werden sich bald besondere Arbeitsstätten herausbilden.

Höchstens Naturparks. Alles andere *kommt im Verhältnis zum investierten Geld zu teuer.*

Ich weiß nicht, *wie* ich dich das fragen kann. Wo ist deine Liebste?

Sie ist bei mir.


**19.07.2000**


Erst dachte ich, der Gesundheitszustand des Schamanen gehe einzig auf sein Leben unter ökologisch einwandfreien Bedingungen und auf die natürlichen Lebensmittel ohne chemische Zusätze zurück. Folgende Beobachtungen brachten Zweifel mit sich. Zum Beispiel, als wir mit den Wilderern zusammensaßen und tranken, ließ der Schamane keine einzige Runde Schnaps aus und aß dazu von den verdächtigen Konserven[33]. An kalten Tagen schlief er zusammen mit den anderen in einem Lagerraum einer »DES«[34], die auch noch qualmte. Ich konnte dort unten

---

33 In der Truppe gibt es einen Koch, aber wenn der Fischfang gerade auf Hochtouren läuft, arbeitet er mit den anderen zusammen. Und keiner kocht: Man hat weder Kraft noch Lust dazu.

34 DES – Diesel-Elektrostation.

nicht schlafen und zog es vor, oben zu liegen und zu frieren.

Mit diesen Dieselschwaden verunreinigst du deinen Organismus.

Mein Organismus ist selbstreinigend.

Wäre es nicht besser, in einer ökologisch einwandfreien Umgebung zu leben?

In Maßen.

Ökologische Unbedenklichkeit in Maßen?

Der Mensch kann sich nicht ewig von der Welt abwenden. Die Welt würde sowieso zu ihm durchdringen.

Wenn das ökologische Bewusstsein der Menschen sich weiterentwickeln würde …

*Blödsinn.* Wenn man lebensfähig sein will, muss man sich jeglichen Umständen anpassen können.

Und alles darf verschmutzt werden?

Einerseits muss man die Natur beschützen, sich jedoch gleichzeitig mit ihr zusammen auch verändern können. Jede Richtung ist die falsche, wenn man den Weg alleine geht. Man würde verlieren.

## 01.01.1999

Das Schweigen des Schamanen und sein stundenlanges Sitzen gehört zu einer besonderen Praktik. Während so einer Sitzung wedelte ich einmal mit meiner Hand direkt vor den geöffneten Augen des Schamanen herum und stellte fest, dass er nicht mit der Wimper zuckte. Nach der Sitzung sagte der Schamane mir, ich dürfe so etwas nie wieder tun.

Hast du meine Hand vor deinen Augen gesehen?
Alle deine Handlungen.
Warum hast du es nicht unmittelbar gesagt?
Ich war mit einer wichtigen Aufgabe beschäftigt.
Hast du deine Lage immer unter der Kontrolle?
Nein.
Ist das gefährlich?
Beim ersten Mal gelingt das sowieso nicht. Jeder Wald-
   mensch ist schneller als du.

## 02.01.1999

Da der Schamane jede Situation vorher genau kalkuliert, ist die Praktik, die ihn dazu zwingt, dem Zufall zu ver-trauen, von wesentlicher Bedeutung.

Was machst du in dieser Zeit?

Ich bin mit der Idee von mir selbst im Einklang.

Was ist das denn für eine »Idee von dir selbst«?

Von jedem Menschen existiert eine Idee: von Ivanow, Petrow, von dir, von mir. Und dann gibt es die realen Verkörperungen: Ivanow, Petrow, dich und mich …

Ja und?

Je stärker die realen Ivanows und Petrows sich von der Idee ihrer selbst unterscheiden, in desto höherem Maß zerstören sie sich.

Und was hat das mit den Ideen zu tun?

Die Ideen sind unzerstörbar, sie existieren außerhalb von Zeit und Raum.

Wie das?

Nimm zum Beispiel Platons Ideenlehre. Platon selbst ist längst nicht mehr da, aber seine Idee von der Idee als »Einheit über der Vielheit« existiert sehr wohl noch. Wo ist sie? Wann? In dir, in mir, in dem Moskauer Psychologie-Professor, in Platon? Außerhalb von Zeit und Raum.

Die Ideen von den Ivanows und Petrows – sind die auch außerhalb von Zeit und Raum?

Natürlich. Deshalb sind sie ja auch unzerstörbar.

Wird der Mensch selbst auch unzerstörbar, wenn er seiner Idee entspricht?

Das weiß ich nicht. Selbstverständlich behielte aber ein solcher Mensch seine Form länger als ein Normalsterblicher.


## 10.10.2000

Der Schamane saß schon mehrere Tage lang an meinem Computer und war nur dann abgelenkt, wenn er etwas essen oder schlafen wollte. Wir sprachen kaum noch miteinander. Ich konnte den Schamanen verstehen, schließlich war er zum ersten Mal mit einem PC konfrontiert. Also habe ich an meinen Notizen für den Lehrstuhl gearbeitet. Als ich mir die Schuhe zuband, vernahm ich mit Verwunderung seine Stimme.

Steh auf.

Sprichst du mit mir oder mit dem Computer?

Mit dir. *(Der Schamane blieb weiter sitzen, ohne sich umgedreht zu haben, seine Finger trafen langsam auf die Tastatur, und die »Zivilisation – 3« entwickelte sich weiter.)*

In welchem Zusammenhang?

Du hast mich gebeten, dir über Praktiken des langen Lebens zu erzählen, hier ist eine von ihnen: Zieh dir deine Schuhe im Stehen an.

Im Sitzen ist es aber bequemer.

Jetzt setzt du dich ab und zu auf den Hocker, um die Schürsenkel zuzubinden, in einem Jahr würdest du dafür einen speziellen Hocker haben, in zwei Jahren – kommt eine Bank dazu, damit du dich weniger bücken musst. Und wenn du dann erst siebzig bist, wirst du es überhaupt nicht mehr selbstständig können.

Bin einverstanden. *(Ich stand auf und habe mir meine Schuhe weiter im Stehen zugeschnürt.)* Das ist aber keine wirkliche Praktik des langen Lebens.

Genau solche Kleinigkeiten – sind die Praktik für ein langes Leben.

Ist dir noch etwas aufgefallen an meinem Stadtleben?

Ja, du gehst langsam. Allerdings schneller als der Durchschnitt.

Und was noch?

Richtiges Zähneputzen – plus zehn Jahre, Sport/Gymnastik – plus zehn Jahre, ausgewogene Ernährung – noch mal zehn Jahre, und noch mal zehn für richtiges Denken. Das Grundprinzip der Praktiken hast du schon begriffen.

Kann die Gesamtheit dieser Praktiken einem die Jugend zurückgeben?

Nein. Sie können das Leben jedoch wesentlich verlängern.

Und die Verjüngung?

Das sind andere Praktiken. Mitunter sogar solche, die zu den gerade genannten im Widerspruch stehen.

Und was sind das für welche?

Die Praktiken der Organisation der besonderen Formen von Aktivität[35].

## 10.10.2000

Weshalb hast du mir vor einem Jahr noch nichts von diesen Praktiken erzählt, als ich dich danach gefragt habe?

Wie hätte ich dir davon erzählen können, wenn ich noch nicht wusste, wie du in der Stadt lebst?

Aber das mit den Schnürsenkeln oder Ähnliches hättest du mir doch sagen können?

Das wäre kein Wissen gewesen, sondern bloße Information, die du gleich wieder vergessen hättest. Wissen bedeutet, du hast eine Erfahrung gemacht und ein Gefühl entwickelt, das du verstehst und umsetzen kannst. Übrigens messt ihr der Information einen hö-

---

35 Der Schamane erzählte etwas von den Prinzipien der Organisation solcher Praktiken, aber braucht man das? Ist es überhaupt richtig, etwas darüber zu schreiben? Ist es richtig, von diesen Praktiken Gebrauch zu machen?

heren Stellenwert zu als dem Wissen. Das ist ein Fehler.

## 11.10.2000

Der Schamane isst ab und zu Marmelade oder andere Sachen aus der Konditorei, aber niemals Zucker. In der
Stadt versuche ich auch darauf zu verzichten, aber nach
einem langen Aufenthalt in der Kälte finde ich Tee mit
Zucker schon sehr lecker.

Warum isst du keinen Zucker?
Der Organismus muss lernen, für die benötigte Energie
   zu arbeiten. Der Magen genauso. Der Zucker macht
   das Energieschöpfen zu leicht.
Also magst du Tee mit Zucker im Grunde schon?
Ich mochte ihn, aber der Gedanke, dass ich meinen Körper dadurch schwäche, hat mir nicht gefallen. Und danach konnte ich am Geschmack des Tees oder einer
   anderen Flüssigkeit ablesen, ob sie Zucker enthält.
Als du aufgehört hattest, Zucker zu essen, konntest du da
   irgendwelche Veränderungen an dir feststellen?
Als ich nicht mehr an den Zucker gewöhnt war, konnte
   ich ihn für andere nützliche Zwecke einsetzen.
Was meinst du damit?

Für die rasche Zufuhr zusätzlicher Energie.

Können andere das auch?

Nein. Sie sind so schwach, dass für sie Zucker zu einem simplen »normalen« Energielieferanten geworden ist. Kein zusätzlicher.

Kann man denn selbst solche und andere Arten von Lebensmitteln in die für einen wichtigen Substanzen oder Wirkungen verwandeln?

Man kann. Wie ich sehe, hast du diese Praktik bereits verstanden.

## 02.01.–03.01.2000

Bevor ich schlafen ging, vernahm ich draußen in der Dunkelheit deutlich das Geräusch einer Säge. Als ich jedoch genauer hinhörte, war das Geräusch weg. Wer außer uns könnte denn hier draußen sonst noch herumsägen? Hatte ich mir das Geräusch nur eingebildet?

Mitten in der Nacht erwachte ich, weil das Sägen immer stärker und lauter wurde. Eine absurde Situation: Jemand hatte Holz zur Erdhütte gebracht, kommt aber nicht rein, und das bei einer Temperatur von minus dreißig Grad, dafür sägt er heftig und ausdauernd. Der Schamane, der auch von dem lauten Geräusch der Säge wach geworden war, setzte sich vor den Ofen und legte noch etwas Holz nach. Er hatte das Sägen bestimmt auch gehört, es aber ignoriert.

Kennst du jemanden mit solchen Gepflogenheiten?

Was für Gepflogenheiten?

Mitten im Winter und in der Nacht hierherzukommen und anzufangen, Holz zu sägen?

Ach so-oo. *(Der Schamane schmunzelte.)* Das ist ein gemeinsamer Bekannter von uns.

Ja, aber wer?

Das Eis.

Wie jetzt?

Die Flut kommt. Das Wasser schleudert gerade tonnenweise Eis in die Höhe. Die Luft entweicht stoßweise aus der Höhle, richtet die Eisplatten auf und lässt sie dann wieder fallen.

Aber dieser Rhythmus? So, als führte man die Säge mit der Hand?

Eher wie der Puls des Menschen. Was ist daran so ungewöhnlich? Nicht das Meer lebt in unserem Rhythmus, sondern wir im Rhythmus des Meeres.

# 1998, 2005
## Der »Extremator«

**21.07.1998**

Wie ich bereits erwähnt habe, manche Elemente, was das Benehmen des Schamanen betrifft, machten mich aufmerksam. Der Schamane ist kühl berechnend, rational und skrupellos. Manchmal verhält er sich so, dass andere ihn für *plemplem* oder, wie man heute wohl eher sagen würde, für *»ziemlich abgedreht«* erklären würden. Das Reflektieren über einige Ängste hat mir geholfen, sie in ein paar Forschungsprogramme einzubringen. So war das beispielsweise, als der Schamane und ich auf seiner berühmten Schaluppe gesegelt sind. Der nächste Dialog entstand, nachdem wir von der Insel Koni zur Insel Sawjalow hinübergeschwommen waren.

Warum hast du keine Rettungswesten an Bord?
Wozu brauche ich im Ochotskischen Meer Rettungswesten?[36]

---

36 Ein Leser aus Magadan würde die Antwort sofort verstehen, doch den Menschen aus anderen Regionen muss man erklären, dass ein Mensch im kalten Wasser des Ochotskischen Meeres, einem Randmeer des Pazifiks, sogar mitten im Sommer nicht länger als 10 bis 15

Sagen wir, du kannst sie dann als die Chance in dem Kampf betrachten.

»Kämpfen« tue ich lieber prophylaktisch.

Wie das?

Das Wetter und die Wellen vorhersehen, die Schaluppe entsprechend ausstatten …

Bist du schon mal im Wasser gewesen?

Schon ein paarmal.

Wie hast du das überlebt?

Mal haben mich die Wilderer gerettet, mal war ich nicht weit vom Land entfernt – konnte also an den Strand schwimmen, mal habe ich mich auf den Rumpf des umgekippten Bootes hochziehen können und lag da einen ganzen Tag lang.

Nur drei Mal?

Die Stürze von den Eisplatten und Felsen, die zähle ich gar nicht erst dazu, weil man da leicht wieder rauskommt.

Du bist echt durchgeknallt.

Durchgeknallt bist du. Krabbelst einfach so, ohne Not, in ein Loch in einem vereisten Fluss.

Nicht ohne Not. Erst versuche ich mich aufzuwärmen. Was danach kommt – bezeichne ich als die Erfahrung.

---

Minuten überleben kann. Diese Zeit kann beinahe jeder ohne Weste auf dem Wasser aushalten.

Und noch vor dem Sprung überleg ich mir genau, wie ich da wieder rauskomme. Das heißt »Walrossbaden«. (In Russland nennt man Bäder in eiskaltem Wasser so.)

Ein Sturz von den Felsen ist auch nicht gefährlicher als so ein Walrossbad. Alles hängt von der Beziehung zwischen Mensch und Wasser ab.

Natürlich ist es gefährlicher. Die dicken Winterklamotten, die auch noch nass werden und sich vollsaugen … Diese Erfahrung machen die »Walrösser« nicht.

Üb doch ein paarmal, dann hast du die Erfahrung auch.


## 16.01.2005

Im Lauf der Jahre bekam ich mit, dass der Schamane gar nicht vorhat, irgendwo und plötzlich zu sterben. Seine Einstellung zum Leben und zum Tod kann man nicht gleichgültig nennen, eher im Gegenteil, er betrachtet beides mit größerer Ernsthaftigkeit als die meisten Menschen.

Einige der »schrecklichen Tricks« des Schamanen, wie der Transport schwerer Balken und anderer sperriger Gegenstände gegen den Wind auf einer Eisplatte, erscheinen mir heute weniger gefährlich. Die Eisdrift im Frühling zum Beispiel eignet sich nur für die geschlossenen Lagunen, weil es fast unmöglich ist, dass die Platte von dort hinausgeschwemmt wird. Und der dort herrschende Wind hält sie sicher am Ufer fest. Mit einer Stange kann man die Eisdrift unterstützen oder sich auf der Eisplatte ausruhen oder ein Sonnenbad nehmen, vorausgesetzt, man hat seine dicke Schaumstoffmatte dabei. Das Risiko des »verrückten« Abstiegs von den Steilfelsen, die aussahen wie Schneezungen, ist mittlerweile kalkulierbar geworden. Vorausgesetzt, man hatte den Stock dabei, der in der Vorwärtsbewegung Halt gab und zugleich als Bremse diente. Das Ganze wäre ohne Vorbereitung undenkbar.

Ich hatte eine Gegenfrage:
Gehst du auch mal ein Risiko ein?
Das tun alle, zum Beispiel, wenn sie eine Straße überqueren.
Ich rede nicht von Alltagssituationen, sondern von etwas größeren Risiken.
An der Küste alleine zu sein ist immer gefährlich. Wenn du eine Krankheit erwischst – in der Stadt kannst du eine Spritze dagegen bekommen. Hier kann man ohne sterben. Dasselbe gilt für Verletzungen.
Und noch etwas außer dem Lebensrisiko?
Man kann nie alles unter Kontrolle haben. Wobei ich davon mehr besitze als »normale« Menschen.
Wie machst du das?

Ich versuche, eventuelle Hindernisse vorherzusehen, achte darauf, die Geister der Gegend nicht in Unruhe zu versetzen, versuche mit allem im »Fluss« zu sein. Das lässt sich nur schwer in Worte fassen.

Führt das zu einem zusätzlichen Energieverlust?

Wahrscheinlich, wobei ich daran ja gewöhnt bin.

Hat es sich gelohnt?

Kommt darauf an, wie du sterben willst.

Was?!!!

Besser, man sagt »umsteigen« anstatt »sterben«.

Wohin umsteigen?

Ins Zarenreich der Toten, in die Welt deiner Vorfahren, in die jenseitige Welt.

*Kannst es auch Topf nennen.*

Wirklich höflich bist du gerade nicht!

Höflichkeit spiegelt sich nicht in der Absicht und in Worten, sondern in der realen Vorbereitung.

Wie das jetzt?

Wenn es dir beispielsweise egal ist, wie du stirbst, bereitest du dich nicht vor und redest trotzdem viel von Höflichkeit. Die Worte über Höflichkeit sind aber weniger wichtig als die reale Vorbereitung.

Hast du dir vorgenommen, auf eine bestimmte Art und Weise zu sterben?

Ja.

Bringst du dich um?

Übertreib nicht.

Ja, aber nicht wir wählen die Zeit, den Ort und die Art
unseres Todes.

*Mors certa, hora incerta.*[37]

Verstehe, hatte Latein auf der Uni.

Wir dürfen jetzt wählen, wann die Transformation unserer Matrizen beginnen soll.

In diesem Augenblick empfand ich etwas, als würden meine Gedanken ins All hinaufgeschossen und kehrten dann
in die Situation zurück. Wie es scheint, habe ich mich
schon daran gewöhnt, dass der Schamane ein gebildeter
Mensch ist. Die Jahre 2000 bis 2004 hatte er in der Stadt
Jaroslaw verbracht – sie liegt an der Strecke der Transsibi-
rischen Eisenbahn. Ich glaube, diese Phase hat ihn auch
»moderner« gemacht. Und an der Küste, am Lagerfeuer
sitzend, sprach der Schamane klare und deutliche Worte,
bisweilen machte er dazwischen längere Pausen, sodass
seine Gestalt einem alten Weisen ähnelte, und wenn er
modern argumentierte, veränderte sich die ganze Situation für mich, wodurch ich alles anders wahrnahm.

Wie du plötzlich deine Gestalt veränderst – mithilfe dieser Terminologie.

---

37 Lateinisch: *Der Tod ist gewiss, seine Stunde ungewiss.*

Das bin nicht ich. Das ist deine Gestalt, die mir dazu ver-
hilft.

Ich weiß.

Du bringst doch viele in so einen Zustand.

Ich weiß. *(Wir lachen beide.)*

## 1999
## Der »Aerodrom Podskoka«

**22.06.1999**

Der Tag wird mit Sicherheit heiß und sonnig. Irgendwo
über dem Meeresspiegel lösten sich die letzten weißen
Fetzen des Nachtnebels auf. Der Schamane machte an
seiner Schaluppe herum – einem Geschenk der Wilderer,
dafür dass er die ganze Brigade von einer Vergiftung geheilt hatte. Er nahm ständig teilweise radikale Umbauten
an dem Boot vor, befestigte und dichtete die Seitenränder
ab, verstärkte die Mittelrippe zusätzlich, brachte kleine
Seitenflossen an, befestigte ein Tau zum Vertreiben der
Wellen und Anlegen an den Balken, prüfte den Zustand

der Segel, die ihm die Ewelnen genäht hatten. Außerdem enthielt die Schaluppe Ersatzruder, eine Einrichtung zur Erhöhung der Stabilität der Stangen für die *Pih-Pih*-Säcke[38] und eine Menge anderer Konstruktionen. So hatten in der Schaluppe anstatt der ursprünglich vorgesehenen acht Sitze nur noch vier Platz, doch dafür hätte man mit ihr bis ans Ende der Welt segeln können.

Die Berge am weitläufigen Kap der großen Insel waren unglaublich klar zu erkennen. Wüsste man nicht, dass die Entfernung zu ihnen 70 Kilometer beträgt, würde man womöglich beschwören, es wären höchstens 20.

Möchtest du im Meer schwimmen? Kommst du mit?
Wohin?
*(Der Schamane zeigte auf das blaue Kap.)*
Schaffen wir das bis zum Einbruch der Nacht?
Wir werden etwa zehn bis zwölf Stunden brauchen.
Und was, wenn ein Strum losbricht?
Dann würde ich dich nicht mitnehmen.
Und was gibt es dort Besonderes?
Den Aerodrom Podskoka[39].

---

38 *Pih-pih* sind aus der Haut von Meerestieren bestehende Säcke, die mit Luft gefüllt werden, sie dienen als Anprallschutz.

39 Die Organisation der amerikanischen Waffen- und Ausrüstungslieferungen durch das Lend-Lease erforderte ein Netz von Militärflughäfen, wo man die Flugzeuge betanken, Wartungs- und kleinere

Einen echten Lend-Lease-Stützpunkt?
*(Der Schamane warf mir einen bejahenden Blick zu.)*


**23.06.2006**

Ich sah den Glanz von Schiefer und die Überreste eines Balken-Gerüsts. Das Ganze erinnerte mich an einen horizontal angelegten Brunnen. Im Lauf der Zeit hatten die Balken eine gewisse Graufärbung angenommen.

Was ist das?
Zunächst war das ein Schacht zum Schieferabbau, danach diente er als Militärdepot. Man hat den Eingang zugeschüttet, als der Krieg vorbei war. Doch der Strand wurde unterspült.
Was wurde dort gelagert?

---

Reparaturarbeiten durchführen konnte. Solche Flughäfen hießen Bounce Airdrome [aus dem Russischen ins Englische übersetzt. Eine exakte deutsche Bezeichnung dafür gibt es leider nicht. Ich würde sie als Militärflughäfen bezeichnen. Anm. d. Übersetzerin]. Einen Teil der Flughäfen, deren Existenz und Lage geheim waren, hat man nach dem Kriegsende 1945 nicht zerstört.
Dank des Lend-Lease-Acts (»Leih-und-Pacht-Gesetz«) der USA von 1941 erhielt neben anderen Staaten auch die Sowjetunion (ab November 1941) leihweise »kriegswichtiges Material« wie Waffensysteme, Ausrüstungen usw. für ihren Kampf gegen die deutsche Wehrmacht.

Sprengstoff, Treibstoff, Ausrüstung ...

Und jetzt, gibt es da noch etwas?

Gelegentlich nehme ich mir was mit für zu Hause: Metall, Pech, verschiedenes andere. Man kann auch brauchbare Sachen für die Stadt dort finden, es wäre bloß unvernünftig, das Ganze die weite Strecke mitzuschleifen.

Sind noch Waffen oder Munition da?

Früher hat niemand Waffen unbeaufsichtigt liegen lassen.

Ich werde mir irgendwas als Souvenir mitnehmen.

Deine Wohnung in der Stadt ist doch sowieso schon mit allem möglichen Krempel vollgestopft.

Stimmt. Woher weißt du das?

Seit Jahren schleppst du irgendwelche Sachen »zur Erinnerung« für mich an – und ich glaube, das sind die Sachen, die bei dir überflüssig sind.

Ich soll also nichts mitnehmen?

Nimm das mit, was du *brauchst*. Und »*zur Erinnerung*« kannst du was für dein Gedächtnis tun.

Aber ein Gegenstand kann Erinnerungen in dir wecken, kann sie neu »beleben«. Unseren Studenten sagen wir, das jeweilige Objekt sei eine Art »Erinnerungsstütze«.

Diese ganzen Erinnerungen können dein Bewusstsein restlos »vollmüllen« – genau wie der Krempel deine Wohnung vollmüllt.

Menschen brauchen aber Erinnerungen.

Ich rede nicht von dem, was dir von alleine in der Erinnerung geblieben ist, sondern davon, was du dir unnatürlicherweise »eingepflanzt« hast.

Es existieren sogar ganze Kulturen verschiedener Organisationsformen für Erinnerungen: Fotos, Videos, Souvenirs …

Welche »Koffer mit Eindrücken« schleppt dein Bewusstsein mit sich herum? Wohin und wozu?

Wie meinst du das?

Der Mensch braucht ein Gedächtnis für die Zukunft und nicht für die Vergangenheit. Stopf es nicht unnatürlich voll, das kann dich auf deinem Weg in die Zukunft behindern.


**23.06.2006**


Von fern sah das Feld aus, als stünde es ganz voller Blumen, doch das stimmte nur zum Teil: Wenn man hinkam, lagen einem verrostete Metallteile mit runden Öffnungen zu Füßen. Die Metallteile waren im Ganzen unverändert geblieben, so wie sie ein halbes Jahrhundert zuvor dort liegen geblieben waren, Klimawechsel und Feuchtigkeit hatten sie nur an manchen Stellen gekrümmt oder gebogen. Im Laufen sind wir immer mal an die Felsstücke gestoßen, die damals aus dem aufgetauten Erdreich an die Oberfläche gekommen waren.

Der Schnee war schon seit vier Wochen weg, und auf dem Feld wuchs Gras, es blühten Vergissmeinnicht, die für diese Region typischen Hirtentäschel und andere, mir unbekannte rote und gelbe Blumen. Das ganze glich einem Teppich mit üppigem jungem Grün und bunten Tupfen. Der zarte Duft der Blumen, der hellblaue, schon fast fliederfarbene Himmel, ein Halbkreis schwarz-blauer Berge, deren Spitzen schneeig in der Sonne schimmerten, das friedliche Summen der Bienen, das Umherflattern der Schmetterlinge stand in schroffem Kontrast zur Realität der Metallteile, denen noch der Geruch einer entsetzlichen Vergangenheit anhaftete. Das Ganze wirkte auf mich sehr besonders: Der Tag war so wundervoll und tragisch zugleich, jede unnötige Bewegung hätte einen Missklang bedeutet. Ich ließ mich auf einem von der Sonne aufgewärmten Plätzchen nieder und faltete die Hände hinter dem Kopf. Der Schamane sah mich einen Augenblick still an und ging weiter zu den niedrigen Flughafenbauten. Ganz hoch oben, schon in einer anderen Sphäre, sah ich einen großen weißen Vogel einsam vorbeiziehen und »folgte« ihm. Mein Zustand lässt sich weder als »schlafend« noch als »wach« beschreiben. Ich saugte Schönheit und Tragik, Unendlichkeit und Augenblicklichkeit dieser Welt in mich auf. Nach ein paar Stunden verstand ich die Ruhe und Klarheit des Schamanen.

Jetzt habe ich kapiert, was du mit »vollstopfen« gemeint hast. Das mit meinem Gedächtnis, wenn ich versuche, es künstlich mit Erinnerungen zu »befrachten«.

*(Der Schamane nickte.)*

Ich danke dir.

Nichts zu danken. In der Stadt hast du keine Möglichkeit, in diesen Zustand zu gelangen.

Warum?

Viele Menschen in deiner Umgebung werden – ohne es zu wissen und zu wollen – versuchen, dich »wachzurütteln«.

Das ist genauso natürlich, wie einen Stein in ein stehendes Gewässer zu werfen. Die Mehrheit der Städter hat das Bedürfnis, überall Spuren ihrer Existenz zu hinterlassen.

Kann ich das bei mir in der Wohnung praktizieren?

Natürlich. Nur wirst du, um danach deinen alltäglichen Dingen nachgehen zu können, eine enorme Willensstärke brauchen.

Wozu braucht der Mensch überhaupt diese soziale Hektik?

Wo sonst kann der Mensch sich entwickeln, was die Kontrolle über sich betrifft?

Mitunter habe ich den Eindruck, dass gerade die sozialen Kontakte einen daran hindern, weiter zu wachsen und sich weiterzuentwickeln.

Irgendwie behindern sie dein Wachstum, irgendwie hindern sie dich daran »runterzukommen«. Menschen sind instabil, deshalb brauchen sie soziale Kontakte.

## 24.06.2006

Aus den Bleiplatten von Autobatterien gießt der Schamane Schrotkügelchen für sein Gewehr. Technisch geht das ganz einfach: Das flüssige Blei tropft über eine gekrümmte Stahlrinne im freien Fall direkt in ein Wasserbecken. Unterwegs ziehen sich die Tröpfchen zu Kügelchen zusammen, bilden jedoch Gussgrate aus, die wir hinterher entfernen müssen. Dann verändern wir die Biegung der Rinne und die Temperatur – und damit die Körnung der Schrotkügelchen. Dabei stellte sich heraus, dass der Schiefer die Flüssigkeit nicht aufsaugen kann und beim Verbrennen noch größere Hitze entwickelt als Holz.

Man kann kaum eine noch langweiligere Beschäftigung finden. Im Gegensatz zu mir ist der Schamane konzentriert und ruhig, aber gegen eine Unterhaltung hätte er auch nichts.

Du verschwendest den Hauptteil deiner Zeit mit allen möglichen Tätigkeiten, sodass dir nur drei bis vier Stunden für die Beschäftigung mit den lokalen Praktiken bleiben.

Ja, das kommt ungefähr hin.

In der Stadt hättest du mehr Zeit.

Nein, etwa genauso viel. Und dort gibt es keine lokalen Praktiken.

Ödet es dich nicht an, so viele Stunden lang Schrot zu gießen? Mir geht das Getropfe echt auf den Geist.

Ich gieße heute so viel, dass es für das ganze Jahr reicht. Und gegen die Langeweile habe ich den Aerodrom Podskoka.

Gibt es in der Gegend noch mehr solche Flughäfen?

Ich spreche von den »inneren Flughäfen«.

Was ist denn das nun wieder?

Nach längerer Zeit wird einem Menschen eine Beschäftigung langweilig, bevor er damit fertig ist.

Und was hat das mit dem Flughafen zu tun?

Der Mensch ist wie ein Flugzeug. *(Lacht.)* Es fliegt und fliegt, dann muss es aber landen, um sich zu stärken.

Das Flugzeug braucht etwas zu essen? *(Wir lachen beide.)*

Irgendwann hast du keine Lust mehr, dich mit irgendetwas weiter zu befassen, dann lässt du es entweder sein, oder du machst mit Willenskraft weiter.

Klar.

Bedaure, nicht klar, denn du wirfst deine Beschäftigung hin und setzt deine Willensstärke nur unbewusst ein.

Gewöhnlich zwinge ich mich bewusst dazu.

Hast du dich irgendwann einmal selbst vor die Wahl gestellt: »Hinwerfen oder die Willenskraft einsetzen«?

Nein, aber ich habe die Notwendigkeit eingesehen, eine Sache fertigzubringen.

Notwendigkeit lässt einem keine Wahl. Die Wahl trifft man frei-willig. Hast du schon einmal vor so einer Wahl gestanden?

Kann ich nicht genau sagen.

Die Wahl zu haben, ohne Notwendigkeit von seiner Willensstärke Gebrauch zu machen, das bedeutet Aerodrom Podskoka in deinem Fall. Ohne das wird dein »Flieger« nie über den üblichen Radius hinausgelangen.

Zu seiner Weiterentwicklung braucht man also Willensstärke?

Für seine Handlungen. Bei der Entwicklung kann Willensstärke auch schädlich sein.

Wie das?

Wenn ein Mensch sich anstrengt, spannt er sich an, wird härter, sturer.

Für seine Selbstentwicklung muss man sich also entspannen?

Man muss es sich erlauben, sich zu verändern, zu wachsen, zu verstehen. Und dann kann man sich entspannen oder seine Kräfte zusammennehmen – situationsabhängig.

# 1999
## Das Schatzufer

**25.06.1999**

Während ich Fischflossen und Schieferplatten für unser nächtliches Lagerfeuer sammeln war, hat der Schamane irgendein Grünzeug gebraten, das mich an Petersilie erinnerte. Dieses Gras wuchs als Gestrüpp wild auf dem weithin sichtbaren Steilfelsen, weswegen ich mich umso mehr wunderte, dass man das Gras essen konnte.

Normalerweise muss man die genießbaren Gräser doch richtig suchen gehen.
Haben wir ja auch.
Aber von diesem hier wächst viel mehr als von all den anderen Gräsern auf den anderen Felsen.

*(Der Schamane zuckte mit den Schultern.)*

Lecker. Gibt es ein besonderes Rezept für die Zubereitung?

Was kann man denn schon Besonderes anstellen beim Braten? *(Der Schamane lachte.)*

Braten.

Was ist denn das überhaupt für ein Gras?

Die Einheimischen nennen es wilde Petersilie. Der wissenschaftliche Name ist mir nicht geläufig.

Besitzt es auch eine Heilwirkung?

Ungefähr wie Petersilie, nur etwas stärker.

Man darf also nicht zu viel davon essen? *(Ich stockte mit der Gabel vor dem Mund.)*

Man darf. *(Wieder lachte der Schamane.)* Du würdest nur wenig schlafen und viel an die Frauen denken.

Und du?

In den weißen Nächten schlafe ich nicht mehr als zwei, drei Stunden. So wie alle hier.


## 26.06.1999


Um 3:30 Uhr morgens weckte mich der Schrei des Weißwals. Ich hatte das Gefühl, als dröhnte er unmittelbar an meinem Ohr vorbei, aber der riesige Bogen seines Rückens rollte hundert Meter vom Strand entfernt langsam durch die Fluten. Der Schamane war nicht da. Nach dem Stand des Lagerfeuers zu urteilen, hatte er die letzte große Flosse vor etwa einer Stunde nachgelegt. Nachdem ich mich bei dem Gedanken ertappte, dass auch der Rücken des Weißwals eine attraktive Form hat, beschloss ich wach zu bleiben. Und die wilde Petersilie nicht zu missbrauchen …

Es war schon oder noch hell, wie an einem düsteren Tag. An dem Punkt, wo Osten und Westen aneinanderstoßen, färbten sich die Wolken allmählich rosa. Ich legte im Feuer etwas Schiefer nach und spazierte, nachdem ich mich im Bach gewaschen hatte, gemächlich über den Strand aus lauter großen, fast perfekt gerundeten Kieseln.

Die Herbststürme hatten am Strand entlang eine Steindüne aufgetürmt und alles Material, was leichter war als Steine, daraufgehäuft. Überall am Strand erregten dort angespülte Fundstücke meine Aufmerksamkeit: Ich erblickte Schwimmkugeln aus grünem Glas von den Fischernetzen – als Kinder haben wir sie immer gesammelt, bunte Schwimmer aus japanischem Plastik und riesige, vertrauenerweckende einheimische »Balbery«-Vorrichtungen zum Forellenfang aus dem harten Phenoplast-Schaumstoff. Hier hatte schon seit dem halben Jahrhundert niemand mehr irgendetwas auf- oder eingesammelt. In der Umgebung von Magadan gibt es Menschen, die sich mit Strandgut ein bisschen was dazuverdienen. Aber erst jetzt begriff ich, wie das zugeht. Würde man bloß einmal alle ihre Enden wieder zusammenflechten, ergäbe das mehrere tausend Meter Tau. Fischflossen sind auch in verschiedenen Arten vertreten. Und Hölzer: Rotholz, stabile Eiche und edles Nussholz lagen gleich kubikmeterweise dort herum. Der Rumpf irgendeiner Rakete mit den Resten der Wellenanzeiger innen verblich neben einem schwarzen »außerirdischen« Schifffahrtszeichen, aus dem Kabelstücke und Teile der Apparatur heraushingen. Die Wellenanzeiger hatten innen eine Beschichtung aus Platin und Iridium – ihr silbriges Weiß wirkte wie von den kühlen, salzigen Wellen übergossen. Ich zerbrach mir sogar den Kopf darüber, ob es wohl möglich wäre, diesen »kostbaren« Belag irgendwie zu entfernen, als mir jedoch nichts dazu einfiel, trödelte ich weiter. Mehr als die ungewöhnlichen Gläser und Flaschen weckte mein besonderes Interesse ein Glas mit der Überschrift: »Konserviertes Trinkwasser«. Ich konnte sogar ein paar Worte wie »WRPO Dalryba (russischer Fischerei-Dachverband) PO…«, »OST 15 – 24…« und »… im Notfall.« entziffern. Das geöffnete Glas ließ darauf schließen, dass dieser Notfall längst eingetreten war. Gott gebe ihnen seinen Segen.

Ein weißes Plastikfläschchen mit einer Korrekturflüssigkeit für Schreibmaschinentexte. Ich schraubte die Kappe ab – das Zeug schien mir noch völlig in Ordnung.

Von welchem Schiff mögen diese Utensilien stammen? Ich betrachtete die Dinge noch einmal, dann warf ich sie zurück auf den Steinhaufen.

Am Ende meines Abenteuerspaziergangs bog ich am Kap ab und stieß auf einen Kutter, der noch fast vollständig und zu einem Drittel von Sand und Kies bedeckt war. Sein Name war auch noch lesbar: »Felix Cohn«. Mit aller Vorsicht und in der Hoffnung, keinen Toten zu entdecken, habe ich mir den Kutter gründlich angeschaut. Der Motor fehlte – Navigationsgeräte, Elektro- und Funkeinrichtungen auch! Jemand hat den Kutter noch im Meer oder sogar an der Anlegestelle komplett »ausgeweidet«. Warum haben sie ihn aber »weggeworfen«? Oder hatte er sich selbst losgerissen? Nur eines der Millionen Geheimnisse des Meeres …

Als ich die Sonne auf meinen Kopf niederbrennen spürte, sah ich auf die Uhr. Zehn Uhr morgens. Die »Schatzsuche« hatte mich rund sechs Stunden lang beschäftigt, doch mir kam es vor wie ein Augenblick.

Der Schamane lag bäuchlings auf dem Boden seiner Schaluppe und war irgendwas am Werkeln. Unter der Persenning schauten seine nackten Füße heraus und wackelten im Takt der Schläge, die er mit einem Metallgegenstand gegen Metall führte. Ich fragte ihn, ob er Unterstützung brauche, und ging dann Wasser für den Tee aufsetzen.

Bei der dritten Tasse hörte der Schamane endlich mit seinem Krach auf, krabbelte völlig nassgeschwitzt hervor und nahm sich den Sud aus seiner Teekanne.

Was hast du da gemacht?

Lenksäulen für die Steuerung und die Ölwanne. *(Der Schamane war wie immer ruhig und gelassen, machte allerdings den Eindruck, dass er mit dem Resultat seiner Bemühungen ziemlich zufrieden war.)* Und du?

Was du schon alles gesehen hast! Gibt es neben deiner Erdhütte genauso einen Strand?

Sagt ich doch: Das Meer und die Berge geben dir alles. Aber dieser Strand gibt dir noch viel mehr – aufgrund der Strömungsrichtung.

Weshalb ist der Strand dann nicht völlig verschlammt?

Es ist kalt. Und die Stürme haben viel Kraft.

Können sie uns treffen?

Man kann nur zehn Tage im Jahr an diesem Strand herumlaufen. Vielleicht könnte man sich im Winter noch auf dem Eis bewegen. Aber dann liegt eben auch alles andere unter einer Eisschicht.

Das ist doch ein richtiges Schatzufer hier. Schade, dass das alles kaputtgehen wird.

Alle wahrhaften Schätze sollen unangetastet an einem weit entfernten Ufer liegen. Darin besteht ihr Sinn und Schicksal.

**27.06.1999**

Wir sind den ganzen Abend und die ganze Nacht hindurch gesegelt. Tagsüber habe ich dem Schamanen geholfen, Teile der Steuerung des Boots abzumontieren.

Ich blicke zurück auf das weite Kap und kann kaum glauben, dass ich am Vortag noch da drüben gewesen bin. Normalerweise begibt sich der Schamane alleine dorthin. Das würde sich nicht jedermann zutrauen, doch in dem Schamanen glimmt offensichtlich nicht der kleinste Funke Unsicherheit.

Willst du nicht gelegentlich mal die Erfahrung, die Autorität oder die Meinung eines anderen Menschen heranziehen?

Hast du Angst davor, schwermütig zu werden?

Warum?

Weil du mir solche Fragen stellst.

Doch, die Angst ist wohl da, nur nicht sehr ausgeprägt.

Dann werde ich dir auch antworten. Ein kleines Kind braucht seine Eltern, ein Teenager seine Clique, ein Jugendlicher oder junger Mann seine Kumpels, die Familie, die Arbeit, den Staat.

Und ein erwachsener Mann?

Was glaubst du?

Er lehnt sich an den Staat an.

Gewöhnlich lehnt sich der Staat an ein paar starke Männer an, vorausgesetzt, es gibt sie und sie machen das mit.

Das heißt …

Gerade wenn du erwachsen bist, hast du niemanden mehr, an den du dich anlehnen könntest.

Das ist wirklich traurig.

Wenn du dich erst mal daran gewöhnt hast, dann siehst du auch den neuen Horizont vor dir.

Erzählst du mir mehr davon?

Es ist schwierig. Dir fehlt noch die gewisse Erfahrung.


## 27.06.1999

Es ist eine weiße Polarnacht. Das Wasser am Ufer tost, es scheint förmlich Blasen zu kochen – das sind Kapelane[40], eine Fischart. Mit dem Kescher holen wir uns welche heraus. Der Schamane legt aber nur zwei Fässer voll in Salz ein, obwohl wir doch, ohne uns weiter vom Fleck rühren zu müssen, einen ganzen Waggon davon haben könnten. An wie vielen tausend Kilometern Strand »kocht« das Wasser wohl in diesen Nächten?

---

40 Der lokale Ausdruck lautet *Ujek*.

Die Kessel sind voll, und wir setzen uns ans Feuer. In diesen Nächten wollen weder wir noch andere Uferanwohner schlafen. Nach ein paar belanglosen Bemerkungen möchte ich unser Thema vom Tag wiederaufnehmen:

Kann diese neue Perspektive Sehnsucht auslösen?
Es ist viel einfacher: Du kannst deinen eigenen Weg nur dann gehen, wenn du niemanden mehr zum Anlehnen brauchst.
Gehen viele Menschen ihren eigenen Weg?
Nein.
Warum?
Wenn sie es seelisch endlich so weit gebracht haben, sind sie normalerweise körperlich bereits schwach und auf die Hilfe anderer angewiesen, auf Menschen aus ihrer Verwandtschaft oder der Gesellschaft.
Vermutlich sind aber doch viele davon gesund?
Nein. Dafür muss man auf sehr vieles verzichten, und der Mensch kann das erst viel zu spät. Er macht die Pläne für seine Tagesabläufe selbst.
Was für welche?
Solange er gesund ist, glaubt er, seine Kinder und die Enkelkinder bräuchten ihn.
So ist es doch manchmal wirklich.
Selten. Er bietet einfach seine Fürsorge an, und sie kön-

nen das nicht ablehnen. Und sind wirklich dankbar. *(Lacht.)*

Und ein Mensch, der schließlich doch seinen eigenen Weg geht, muss der auf jeden Fall Eremit werden?

Nein. Aber er braucht sein »Schatzufer«.

Eine Metapher?

Natürlich. Jeder Mensch braucht ein »inneres Reich«, in das kein anderer seinen Fuß setzen darf.

Wird dort der ganze »Lebensschrott« abgeladen, so wie ich es gestern am Strand beobachtet habe?

*Anders ist es gar nicht möglich. (Wir lachen beide.)* Dort gibt es aber auch viele Schätze.

Wenn man einen Fremden dort hineinließe, würde er dann alle Schätze aufsammeln?

Das alleine wäre halb so wild, doch er kann dir auch noch Schaden zufügen. Deshalb muss dein Schatzufer für andere vollkommen unerreichbar bleiben.


**28.06.1999**


Nachdem wir den Felsen hinter uns gelassen hatten, trafen sich unsere Blicke mit dem des Bären auf dem Findling in der Flussmitte. Wahrscheinlich hatte das Geräusch der Strömung verhindert, dass er uns hörte. Höchstwahrscheinlich wartete der Bär auf den Buckellachs und langweilte sich offensichtlich. Mit dem Schamanen an meiner Seite fühlte ich mich sicher, doch als der Bär auf uns zulief, hob ich reflexartig mein Gewehr an die Schulter.

Rechts oberhalb von uns ertönte der entsetzliche Schrei einer gewaltigen Ratte, die gerade zwischen den Felsen hervorgekommen und so groß war wie ein Pferd. Ihrer Ansicht nach stellten wir zusammen mit dem Bären eine Bedrohung für ihre Kinderchen dar. Die Laute waren dermaßen wütend, aggressiv und hoffnungslos, dass ich mich vor Schreck wie gelähmt fühlte. Als ich aus den Augenwinkeln zu ihr hinüberschielte, erblickte ich die vor lauter Angst und Wut völlig außer sich geratene Kreatur nur einen halben Meter von mir entfernt, genau an der Stelle, wo der Schamane gerade noch gestanden hatte. Das Ungeheuer ignorierte mich und richtete seine gesamte Aufmerksamkeit auf den flüchtenden Bären. Ich blickte auf die Ratte, konnte die Augen nicht von ihr lassen, dann trat plötzlich Stille ein, und auf dem Platz, wo eben noch die Ratte getobt hatte, erschien wieder der Schamane. Wobei nicht etwa die Ratte zum Schamanen geworden war, vielmehr hatte der Schamane einfach ihren Platz eingenommen.

Ich verspürte, wie mir der Speichel aus den Mundwinkeln und das Kinn hinunterlief, also bewegte ich mühsam meinen Unterkiefer und machte den Mund zu.

Was war das?

Ich war ein bisschen in Sorge um dich und um den Bären, deshalb habe ich ihn verjagt.

Noch ein bisschen mehr davon, und du hättest mich auch verjagt.

*Das bezweifle ich.* Die Schreie waren in Richtung Bärennase gerichtet.

Wie kannst du dich derart verwandeln?

Ich verwandle mich überhaupt nicht.

Ich habe aber ganz unzweifelhaft eine vor Wut rasende Riesenratte vor mir gesehen.

Du hast Angst bekommen, und deine Wahrnehmung lieferte dir das Bild einer Kreatur, die solche Schreie ausstoßen könnte.

Ja, die Laute waren wirklich unmenschlich. Wo hast du das gelernt?

In einer kreativen Gruppe für Jugendliche, das war bei Moskau.

Die Moskauer können solchen Blödsinn machen?

Dass er aus Moskau stammte, glaube ich kaum. Der Junge war gleich alt mit mir, eher etwas jünger. Er sagte, er habe das von australischen Buschleuten gelernt.

Und was hast du ihm dafür beigebracht?

Nichts. Ich habe ihm Geld gegeben.

Machst du oft Gebrauch davon?

Erst zum zweiten Mal.

Und in welcher Situation warst du beim ersten Mal?

Das war Ende der siebziger Jahre, in Lipezk. Dort gibt es
einen Ort namens Steinschlucht. Meine Bekannte und
ich wurden von einer Bande angegriffen.

Warst du Herr der Situation?

Nicht restlos. Die Schlägertruppe ist abgehauen, aber sie
geht mir seit damals auch aus dem Weg.

Ist ja merkwürdig. Weshalb nur? *(Wir lachen beide.)* Ich
hätte etwas Derartiges nie auch nur für möglich gehalten. Ist das Geheimwissen vom Schatzufer?

Nein.

Kannst du mir das beibringen?

Wenn du mich fragen kannst.

Und wie kann ich dich fragen?

Wir sprechen viel miteinander, und du lernst – eine nach
der anderen – neue Praktiken.

# Die Stimme des Eises

**05.11.1999**

»Volodja« rief mich die Stimme meiner ehemaligen Klassenkameradin, in die ich damals bis zur Schmerzgrenze und unter völligem Kontrollverlust verliebt war.

Der Schmerz gehört schon lange der Vergangenheit an, und meine Kontrolle habe ich wieder. Aber die Stimme erklang so plötzlich und so voller Wärme, dass ich zusammenzuckte und mich umdrehte. Die Tropfen meines kochend heißen Tees verbrannten mir fast die Hand, und das half mir, in die Realität zurückzufinden.

Hinter meinem Rücken ragten die Berge mit ihren vereisten Spitzen empor, und vor mir erstreckte sich bis an den Rand des Horizonts das gefrorene Meer. In diesem Augenblick spürte ich die eisige Kälte und empfand plötzlich, wie kristallklar, hart und gleichgültig die Felsen und das Eis waren – ein darauf nicht vorbereiteter Mensch müsste glatt anfangen zu weinen, sich in den Schnee werfen und vor lauter Verzweiflung sterben. An manchen Stellen schaukelten winzige Eisstückchen und Schneeflocken auf den Wellen. Die nächste Welle fing an, die Luft in die Zwischenräume der Eisplatten zu blasen. Diesmal antwortete das Eis sehr langgezogen, gellend und spöttisch. Ich dachte, es triumphierte, weil es mich an der richtigen Stelle »erwischt« hatte. »Du findest das lustig, nicht wahr?«, sagte ich und erwischte diesmal mich selbst dabei, dass ich mit dem Eis sprach, wie der Schamane das mitunter tut. Jetzt war der Moment gekommen, ihn darauf anzusprechen.

Wie sprichst du mit dem Eis?
Ich beantworte seine Fragen und frage nach.
Kennt das Eis dich?
Es kennt sogar dich.
Aber das Eis ist doch nicht jedes Jahr dasselbe!
Nicht ganz. Das Eis selbst vergleicht diesen Wechsel mit der Reinkarnation, nur, dass es sich an seine Vergangenheit erinnern kann. So ist das Eis einerseits neu, andererseits dennoch alt.
Wie kann es sich erinnern?
Seine Kristallstruktur verändert sich unter Wasser nicht.
Was könnte ich es fragen?
Alles. Das Eis würde aber *winseln und Krach machen*, wenn du ihm nicht gefällst.
Wie kann ich ihm denn gefallen?
Das Eis mag Menschen, die ihm selbst ähnlich sind.
Die Energie von Mensch und Eis gleicht einem Wirbelwind, einer Naturgewalt. Versuch das zu spüren. Das Eis ist nicht grausam, dafür aber sehr hart und spöttisch, Sentiments und Lügen kann es nicht ausstehen.

So bin ich doch auch nicht.

Wenn du tagelang allein über das Eis läufst, bist du ruhig und konzentriert. So bist du. Aber am Lagerfeuer, wenn du dich fallen lässt, verspottet dich das Eis.

## 06.11.1999

Gerade sitze ich auf der Bank des Schamanen und versuche, die Wellen des Eises zu sehen. Ich bin mir nicht sicher, ob ich das wirklich kann.

Das Eis antwortet genau wie der Schamane. Nicht sofort, sondern erst ein paar Stunden oder Tage später. Möglicherweise hat es mir geantwortet, als ich fortging, um mich aufzuwärmen, oder während ich schlief. Während der Dialoge mit dem Schamanen hätte ich stundenlang auf der Bank sitzen bleiben müssen. Das ist mir aber zu kalt. Der Schamane sagt, ich friere, weil ich nicht einfach bewegungslos dasitzen kann. Er hat viel weniger Sachen an als ich, hält es aber in der Kälte wesentlich länger aus.

Was könnte ich das Eis denn nun fragen?

Frag es, was du willst. Fang einfach an, Fragen zu stellen.

Irgendwie ist das doch blöd. Ich sitze hier in kilometerweiter Entfernung von anderen Menschen und rede laut mit dem Eis.

Fang doch damit an. Oder tu nichts, dann passiert auch nichts.

Vielleicht bildet man sich die Antwort einfach ein, wenn man das Rauschen lange genug gehört hat.

Manchmal ja. Das Eis mag es nicht, wenn man mit ihm in deiner Sprache spricht. Das Eis gibt seine Antworten in Form von Energie, von Luft, die ein Geräusch erzeugt. Aus diesem Geräusch kannst du die Antwort heraushören, wenn du willst.

Vielleicht gibt uns nicht das Eis die Antworten, sondern wir selbst?

Schau. *(Der Schamane schrie etwas mit gellender Stimme, es klang wie eine riesige Möwe.)*

Das Eis antwortete sofort, mit einer Reihe verschiedener Schreie, die erst näher kamen, um sich dann wieder zu entfernen.

# Eine Stadtnotiz

Mehrere Wochen lang stürmte es dermaßen, dass ich keine Möglichkeit hatte, die Stadt zu verlassen. Mein Organismus, inzwischen an längere Spaziergänge gewöhnt, verlangte nach physischer Beanspruchung. Ich ging in die Sporthalle des ehemaligen Polytechnischen Instituts (jetzt ein Teil der Nord-Internationalen Universität), wo ich noch ein paar Jahre zuvor mit anderen Lehrern Volleyball und Fußball gespielt hatte. Alle, die zu unserer Zeit gespielt haben, spielen immer noch in irgendwelchen Mannschaften. Ich dachte, die zweijährige Pause würde sich negativ bemerkbar machen, und war deshalb umso stärker überrascht, als sich herausstellte, dass ich sogar noch besser spielte als damals: Ich war präziser und taktisch besser geworden. Vielleicht liegt das an der Kommunikation mit dem Schamanen.

Hat deine »Weisheit« mein Spiel beeinflusst?
Nein. Das Eis.
Wie das?
Du bist schon mehrere Kilometer auf den dünnen Eisplatten und Felsen gegangen, nicht ohne Gefahr zu laufen, ins Meer abzurutschen. Dutzende Male warst du dick angezogen, trugst einen schweren Rucksack,

hast das Gleichgewicht bewahrt, hast dich gedreht und
gewendet, an irgendetwas festgehalten, dich wieder-
aufgerichtet ... Dein Körper hat sich an diese Anforde-
rungen gewöhnt. Jetzt bist du wendig und geschickt,
fast wie ein uralter Tschuktsche – ein Jäger, nur ohne
jahrelange Erfahrung.

Also hat das Eis meine Spielfähigkeiten verbessert?

Geschicklichkeit, Genauigkeit, Gleichgewicht, Kraft –
das bildet die Basis. Du bist womöglich auch noch un-
motiviert in dem Saal herumgesprungen?

Ja, ich fand das irgendwie angenehm, auch wenn es dort
insgesamt etwas stickig war.

Und ob. Leicht bekleidet und auf einem soliden, ebenen
Untergrund.

Kann irgendwas außer dem Eis meine »Basis« stärken?

Die vereisten Felsen, die dicken Winterklamotten und
der schwere Rucksack, das sind die besten Trainer für
dich. Nur dein Verstand ist noch besser.


## 07.11.1999


Das Eis lässt Sorgen in mir hochsteigen. Früher bin ich
angstfrei darübergelaufen. Hier trägt es sogar die Panzer-
division. Aber gerade deshalb... Das Eis könnte zornig
werden oder Lust bekommen, einem einen Streich zu

spielen. Oder im Gegenteil – einen zu liebkosen. Der Schamane lacht über meine Ängste.

Kann das Eis machen, was es will?

An manchen Stellen.

Kann es mich ertränken?

Wer bist du schon, dass das Eis sich deinetwegen derart anstrengen sollte?

Dir hat es aber gleich geantwortet.

Ich kann mit ihm in seiner Sprache der Energien reden. Wenn das Eis sich langweilt, antwortet es gleich. Aber es hat sich meinetwegen auch keine weitere Mühe gemacht.

Wie hast du die Sprache des Eises gelernt?

Das ist keine wirkliche Sprache. Es geht um die Energie der Aussprache. Ich hülle den Sinn meiner Worte in die Energie des Geräuschs, das dem Eis verwandt ist, das das Eis versteht.

Wie kann ich nur ein wenig aus dieser Energie heraushören?

Ich fürchte, in deiner augenblicklichen Verfassung trägst du Hindernisse in dir, die das nicht zulassen werden.

Und was sollen das für Hindernisse sein?

Dein Gehirn ist dermaßen undiszipliniert, dass du dich schon ablenken lässt, wenn bloß dein Ohr juckt. Du darfst dich aber nicht von der Kälte ablenken lassen.

Wenn ich mich nicht von der Kälte ablenken ließe, könnte etwas von mir erfrieren.

Wenn du die Kälte wirklich vergisst, dann verschwindet sie.

## 30.12.1999

Der Schamane hat Recht. Das Eis ist wirklich ein guter Coach. Als ich darüber nachdachte, »sah« ich, mit welcher Leichtigkeit ich die vereisten Felsen bereits hochklettere. Und ich erinnerte mich, wie ich vor zwei Jahren diese Stellen voller Angst auf allen vieren »erklomm«, und das Ganze auch noch unter dem Gelächter des Schamanen. Wenn das so ist, dann sollte ich aufmerksam beobachten, wie der Schamane andere Hindernisse überwindet. Alles, was mir noch schwerfällt, schafft der Schamane mit beeindruckender Leichtigkeit. Als Erstes fiel mir auf, dass der Schamane bei jedem neuen Hindernis immer erst zurückschaut.

Warum schaust du erst zurück, wenn eine neue Aufgabe vor dir liegt?

*(Lange Pause. Entweder habe ich mich an die langen Pausen des Schamanen gewöhnt, oder ich hatte das Gefühl, dass der Schamane erst selbst mit sich zurate gehen möchte, bevor er meine Frage beantwortet.)*

Wenn du über das Eis an ein neues Ziel gelangen willst, dann denk dran, wie du wieder zurückkommst, falls du einen anderen Weg wählen solltest.

*(Jetzt bin ich still. Das ist doch klar, nur habe ich das noch nie so in Worte gefasst. Der Schamane, der meine Gedanken »lesen« kann, hat mir geholfen.)*

Sei nicht traurig. Du konntest mir die Frage doch überhaupt nur deshalb stellen, weil du die Antwort darauf beinahe schon wusstest.

Dieses Prinzip, ich meine, was den Rückweg betrifft, das gilt doch nicht nur für das Eis?

Wir sprechen doch auch nicht nur vom Eis. Deshalb reden wir doch miteinander.

## 30.12.1999

Tauwetter! Große Schneeflocken tanzen herab und schmelzen langsam auf der Kleidung oder den Ästen der Bäume. Nach dem langen Laufen sitze ich auf der Bank und beobachte das Eis durch die geschlossenen Augen. Das Zergehen der Schneeflocken auf meinem Gesicht empfinde ich dabei als angenehm. Der Schamane sitzt still neben mir. Als ich meine Augen öffnete, sah ich, wie der Schamane die auf seinen Ärmeln schmelzenden Schneeflocken beobachtete.

Als Kind liebte ich das auch.

Als Kinder haben wir vieles gefühlt, beinahe gewusst, könnte man sagen.

Was wussten wir über Schneeflocken?

Wir fühlten, in diesen Millionen Mustern konnte der Schlüssel zu einem besseren Verständnis der Welt verborgen sein. Das hat uns verzaubert.

Gibt es diesen Schlüssel wirklich?

Die Muster der Schneeflocken, die Eiskristalle und überhaupt alle Kristalle sind genauso beschaffen wie du und ich. Von den Kristallen erfahre ich viel über die Menschen.

Wie meinst du das?

Dein Körper besteht aus denselben Mustern, dein Bewusstsein auch.

Haben wir das vergessen, als wir erwachsen wurden?

Als Erwachsene vertrauen wir unseren Gefühlen nicht mehr so, wie Kinder das tun. Und über den Verstand kann man das nicht herausfinden.

Wie kann ich das rational erfahren?

Schau erst mal zu.


In dieser Stunde spürte ich, dass ich etwas Neues erfahren hatte. Das war keine Einbildung. Von da an betrachtete ich mitunter Menschen wie Kristalle.

# 1999, 2000, 2006
## Hab keine Angst!

**21.06.2000**

Obwohl ich immer Streichhölzer bei mir habe, benutzt der Schamane sie nicht. Wenn er ein Lagerfeuer macht, tut er das auf seine Weisen. Von der ersten Methode hatte ich schon mal gehört. Sie ist eine Modifikation und gilt als traditionell für die nordischen Völker. Der Schamane braucht dafür ein Holzbrettchen mit zwei Vertiefungen darin, zwei Äste, einen »Aufsatz« und eine Bogensehne[41]. Dann spannt er die Sehne über den gebogenen Ast, und den anderen Ast dreht er mehrfach in die Bogensehne ein. Das andere Ende des gebogenen Asts steckt er in die eine mit Zunder gefüllte Vertiefung, hält ihn mit dem Aufsatz darin fest und macht mit dem »Bogen« eine Art rasche Sägebewegungen. Die Schnur geht auf, der eingedrehte Ast dreht sich sehr schnell, reibt kräftig an dem Holzbrett, wird immer heißer, bis er schließlich den Zunder in Brand steckt[42]. Das ist eine mühsame Methode,

---

41 Das dazu benötigte trockene Hartholz findet man nur selten, folglich muss man so einen Stab immer dabeihaben.

42 Ich sah eine Fernsehsendung, wo zwei Menschen versuchten, ohne den »Bogen« Feuer zu machen, indem sie einfach nur an der Schur rumzupften – einfach albern.

und es dauerte eine ganze Weile, bis auch ich sie beherrschte.

Die andere Methode ist eher mystisch. Der Schamane
hält einfach im Abstand von etwa zehn Zentimetern seine
Hand über den Zunder, und dieser entzündet sich. Das
verstehe ich nicht:

Warum machst du dir die ganze Mühe und »sägst« mit
dem Bogen und dem Stock herum, wenn du bloß deine
Hand drüberzuhalten brauchst?

Das sind zwei verschiedene Praktiken, die zwei unterschiedliche Flammen erzeugen.

Wie können Flammen denn unterschiedlich sein?

Lern du erst mal verschiedene Verfahrensweisen.

Bring mir doch das mit der Hand bei.

Lern zuerst andere Methoden und mach die Erfahrung,
dass die Flammen sich unterscheiden. Und ob du wirklich über meine Praxis mit der Hand schreiben willst,
das musst du selbst entscheiden.

Warum?

Es wird dir keiner glauben. Du wirst deinen Text in Miss-
kredit bringen.

Dann muss ich den Text einfach glaubwürdig genug rüberbringen.

Das ist deine Entscheidung. Solche Entscheidungen sind
die besten Übungen.

## 21.06.1999

Der Schamane blickte lange ins Feuer und wandte sich nach mir um, als ich ihm die Frage stellte. Ich öffnete den Mund, um etwas zu sagen, und erstarrte, denn ich sah die Spiegelung des Himmels in seinen Augen. Der Schamane zwinkerte, und sein Blick »kehrte zurück«.

Was hast du mit deinen Augen gemacht?

Das war das Feuer, nicht ich.

Was?

Man könnte sagen, ich habe meine Augen geheilt, oder noch besser – mein Gehirn.

Wie das?

Die Augen sind ein Teil des Gehirns. Die Seele ist wie eine Flamme. Wenn das Gehirn sich auf das Feuer einstellt, dann stellt es sich richtig ein.

Aber Feuer kann auch gefährlich werden.

Ich spreche von Lagerfeuern, von Kerzen und anderen freundlichen Flammen.

Wenn du mit der Hand Feuer schlägst, wie machst du das?

Mit großer Konzentration – die Hand ist dann wie eine Linse für die innere Flamme.

Warum sah ich keinen Blick, sondern die Spiegelung des Himmels in deinen Augen?

Ich habe nicht geschaut. Die innere Flamme hat über meine Augen mit dem Feuer kommuniziert.

Wie kann man das lernen?

Fast jeder Mensch kennt solche Momente in seinem Leben. Erinnere dich daran, und dann erzeuge sie selbst. Praktiziere das erst mal nur in deiner Erinnerung, ohne Feuer.

Warum?

Weil es gefährlich werden kann, wenn du die Kontrolle darüber verlierst. *Dann steckst du womöglich die Nase in die Kerze.*

Was soll ich als Erstes tun?

Es ist schon zu lange her, als ich es zum ersten Mal praktiziert habe. Meine Erinnerungen daran sind schon etwas verblasst. Aber du solltest als Erstes die Flamme zum Stillstand bringen.

Was heißt das?

Erinnerst du dich daran, wie eine Kerze brennt, wenn die Luft stillsteht? Ihre Flamme ist so still wie ein Stein. Streckst du aber die Hand in ihre Richtung aus, dann verbrennst du dich.

Ist das wichtig?

Ohne das gibt es keine Kontrolle.

Aber die Flammen im Lagerfeuer versprühen doch unablässig Funken.

Zu ihrer Zeit sind sie still wie die Berge oder das Eis. Du

bist weiter vom Feuer entfernt, als ich dachte. Die Flamme lebt von ihrer Größe und nicht von den Funken. Erst solltest du die Flamme ganz genau betrachten.

*(Noch am selben Abend »sah« ich, wie die Flamme ihren Körper mit der Spitze voran durch einen sehr schmalen Kanal gleiten lässt. Selbst wenn die Hand weit von der Flamme entfernt ist, »berührt« man den Kanal und spürt die Hitze. Durch denselben Kanal und seine anderen »Mitbewohner« kann die Flamme zu einem anderen Brennort wechseln.)*

## 21.06.2000

Meine Versuche, das Feuer zu studieren, endeten mit brennenden Augen. Ich begriff, dass ich noch mehr über die Flammen in Erfahrung bringen sollte, weil ich das Ganze sonst würde aufgeben müssen.

Weshalb schmerzen meine Augen?
Im welchem Moment bist du in die Flamme »hineingegangen«?
In manchen Situationen war es so, als wäre mein Gehirn in der Flamme gewesen.
Haben deine Augen danach angefangen weh zu tun?

Das weiß ich nicht mehr.

Wenn man diese Methode beherrschen möchte, sollte man sie erst sehr genau studieren. Das Beherrschen dieser Methode kommt einer Verstärkung des Bewusstseins gleich.

Was soll ich tun?

Du bist noch nicht bereit dafür. Setz dich etwas weiter weg und fang mit den glühenden Kohlen an. Und versuch dich allmählich daran zu gewöhnen.

Ich wär dir dankbar für etwas genauere Instruktionen.

Man besitzt niemals völlige Klarheit. Warte nicht darauf, sondern gewöhn dich daran, unter Bedingungen zu handeln, die teilweise unerklärt bleiben.

## Ohne Datum

Einmal forderte der Schamane mich auf, ein kleines Lastschiff zu organisieren, um damit seine Sachen von der Insel abtransportieren zu können. »Ich hab aber kein Lastschiff«, entgegnete ich, empört von der Selbstverständlichkeit und dem kategorischen Ton des Schama-

nen, in dem er dieses Ansinnen an mich richtete. Und auch von seiner absolut weltfremden Vorstellung meines Lebens in der Stadt. Bis jetzt hat noch keiner etwas über einen »neuen Russen« aus dem Lehrerstand gehört.*
»Dann treib eines auf«, gab der Schamane völlig ungerührt zurück. Als ich darüber nachdachte, kam mir der Gedanke, dass der Schamane möglicherweise den Bezug zur Realität verloren hatte und das Leben in der Stadt und die Möglichkeiten der Städter idealisierte. Wo soll ich denn einen Lastkahn herkriegen, und auch noch gegen Lebensmittel statt gegen Bares? Glaubte er etwa, so was schwömme bei mir zu Hause in der Badewanne?

Allerdings hatte mir meine dreijährige Erfahrung in der Kommunikation mit ihm immer wieder bewiesen, dass man dem Schamanen den Realitätssinn keineswegs absprechen kann.

Zu meiner nicht geringen Verwunderung hat mir gleich der erste Kapitän einer kleinen Nussschale sein Boot für vier Tage ausgeliehen. Er tat es gerne und bekam Kaviar und Krabben dafür. Jedenfalls sagte ich seiner Besatzung, sie sollten aufhören, Heilbutt zu braten, und schickte einen Jungen nach einer Flasche Schnaps, um »die Beziehungen zu pflegen«[43]. Als ich achtundvierzig

---

43 Jetzt verstehe ich, weshalb der Kapitän sich den Kopf zerbrach, als er über zusätzliche Verdienstmöglichkeiten nachdachte. Und als ich auftauchte, sah er das als *die* Chance für einen Zusatzverdienst und

Stunden später wieder zurück war und den Lastkahn (ein Gummiboot der Marke LAZ) gerade vertäute, zeigte der Schamane weder Anzeichen von Dankbarkeit noch von Verwunderung. Als würde er sich jeden Tag Boote ausleihen.

Andererseits war das Ganze doch sehr einfach und unkompliziert »vom Stapel gelaufen«. Entweder hatten die Fischer Angst vor dem Schamanen, oder sie waren höflich und hilfsbereit oder einfach nur abergläubisch: Keiner von ihnen kam zur Hütte, obwohl sie doch stundenlang auf der Insel spazieren waren. Als die Fischer wieder auf dem Weg nach Magadan waren, fing ich ein Gespräch mit dem Schamanen darüber an, was mich verwundert hatte.

Hast du früher schon mal ein Lastschiff gemietet?
In den zwanziger Jahren des zwanzigsten Jahrhunderts.
  (*Lacht.*)
Woher weißt du dann, dass es immer noch genauso leicht ist wie damals?
Damals war es schwieriger. Es gab weniger Boote, und sie waren rein geschäftlich unterwegs.

---

Möglichkeit, die Küste kennenzulernen. Man hätte den Preis, den der Schamane kalkuliert hatte, wahrscheinlich sogar noch drücken können.

Du wusstest doch, dass es einfach gehen würde, nicht
wahr?

Natürlich. Die Menschen müssen Geld verdienen.

Warum hast du mich nicht aufgeklärt?

Das ist dein Problem und nicht das der Realität. Erwachsene Männer sehen über solche Schwierigkeiten hinweg.

Worauf kommt es an bei meinem Problem?

Du hast absolut kapiert, was anlag – zum Hafen zu gehen
und einen Handel abzuschließen. Jetzt weißt du, dass
du so etwas kannst. Während du vor fünf Tagen noch
Schwierigkeiten hattest, dich zu entscheiden. Du warst
bereit zu streiten, sauer zu sein – Hauptsache, du konntest dich davor drücken.

Warum?

Eine andere Kommunikationsebene, ungewohnt, furchteinflößend, auch wenn nicht klar war, weshalb.

Die Mehrheit meiner Freunde ist so ähnlich.

Ja, wie die Kinder…


**02.01.2000**


Ich habe mir lange überlegt, ob ich das folgende Kapitel
einfügen soll. Und wenn ja, dann nur im Originalwortlaut.
Später versuchte ich mir Klarheit darüber zu verschaffen,

woher meine Zweifel rührten. Offen gestanden haben meine Zweifel etwas mit Konfliktvermeidung zu tun. Möglichst keine »schlafenden Hunde wecken«. Meine Lehrveranstaltungen in der Stadt bringen mich auf solche Ideen. Zum Beispiel die Vorstellung, mitten in der Nacht per Telefon von einer religiösen Fanatikerin geweckt zu werden, die in den Hörer schreit: »Du erzählst den Studenten von Freud! Das widerspricht dem Lehrplan!« Danach folgen Beleidigungen und Drohungen. Und es hat überhaupt keinen Sinn, ihr erklären zu wollen, dass die Psychologie und ihre Entwicklung ohne Sigmund Freud undenkbar wäre. Das fördert nur neue Ressentiments.

Das Nachdenken darüber brachte mich zu der Erkenntnis, dass ich mittlerweile etwas Angst vor solchen Fanatikern habe. Aber ich darf meine Handlungen nicht von dieser Angst leiten lassen. Also beschloss ich, alles genauso zu beschreiben, wie es auch war. Die höheren Mächte werden schon alles an die richtige Stelle bringen.

Die Kompetenz des Schamanen, seine Fragen nach dem Leben in der Stadt betreffend, hat mich dazu bewogen, ihm einige Fragen bezüglich der dortigen Sozialstruktur zu stellen.

Warum leben die unehrenhaften Menschen heute besser als die ehrlichen?
In welcher Hinsicht »unehrenhaft«?

Ungebildete, grobe Leute ohne Ausbildung, skrupellose Typen, die sich rücksichtslos über andere hinwegsetzen.

Das verstehst du unter unehrenhaft?

Irgendwelche Verbrecher, Gangster, überhaupt Menschen, die sich nicht an die Zehn Gebote halten.

Vielleicht existierten noch mehr Gebote?

Das kam mir noch nie in den Sinn.

Aber jedes Wissen ist dem Denken nahe.

Was meinst du damit?

Wenn man uns Jahrhunderte lang verbietet, über irgendetwas Bestimmtes nachzudenken, beherrscht genau das irgendwann unser Denken.

Wie kann es das? Man darf doch über alles Mögliche nachdenken.

Das scheint nur so. Die Muster der Sprache, des Redens, des Verhaltens, bilden sich schon in der Kindheit aus – ebenso wie unsere Gedankengänge. Und man findet nur selten aus so einem Tunnel wieder heraus.

Kennst du noch andere Gebote?

Das kann ich so nicht sagen. Von dieser Warte aus sehe ich einfach das, was kein Staat Jahrhunderte lang jemals gutheißen wird.

Was zum Beispiel?

Ich glaube, das Gebot könnte einfach heißen: »Hab keine Angst!«.

»Glaube nicht!«, »Hab keine Angst!«, »Bettle nicht!«[44]?
Nur »Hab keine Angst!«.

Auf diese Weise hätte der Mensch die Evolution nicht überlebt.

Ich meine damit nicht die Vernunft, sondern das Handeln.

Glaubst du, sie sind darin besser als ich?

Im einen besser, im anderen schlechter. Und genauso ist auch ihr Leben.


## 02.01.2000

Wie kann man keine Angst haben? Der Staat, die sozialen Beziehungen, sie nehmen uns in die Pflicht, aber sie geben uns auch Schutz. Wenn man keine Angst mehr hat, werden doch viele Beziehungen sinnlos. Wahrscheinlich braucht der Schamane keine soziale Zugehörigkeit, weil er keine Angst hat?

Hast du ein Konzept für den Sinn des Lebens?
*Bei der weiteren Suche nach deinem Lebenssinn könnte dir auch niemand mehr weiterhelfen.*

---

44 Eines der »geflügelten Worte« eines Häftlings, der im Gulag (Lager für politisch Gefangene) saß. Aus dem Buch *Archipel Gulag* von Alexander Solschenizyn.

Wieso?

Du bist ein selbstständiger, erwachsener Mann. Man könnte sagen, du hast schon die letzte Stufe der Werte erreicht, die uns die Gesellschaft vorgibt. Dort kannst du auch stehen bleiben. Solltest du dich aber entschließen, weiterzugehen und höher hinaufzusteigen, musst du dir selbst einen Sinn suchen.

Wenn ich das schaffe, könnten die anderen diesen neuen Sinn auch nutzen.

Ja, wenn deine Praxis für die anderen zugänglich sein wird. So erweitert die Gesellschaft ihre Welt der Sinngebung.

## 02.01.2000

Der Tag ist sehr kurz. Der Sonnenaufgang findet um elf Uhr statt, der Sonnenuntergang um 15 Uhr. Im Sommer geht die Sonne hinter den Bergen am Ufer unter, aber jetzt schafft sie es nicht mehr bis zum Ufer und verschwindet schon im Meer, besser gesagt – im Eis. Die Kombination aus dem in der Dämmerung dunkelgrauen Eis und den orangefarbenen Wolken erzeugt das Gefühl einer gewissen Instabilität der Welt. Als hinge der Sonnenuntergang da wie ein dünner Vorgang, der reißen könnte, und dahinter öffnete sich eine neue, aber grausame und reale Welt.

Genau dasselbe Gefühl verspürt man, wenn man über die Schöpfung neuer Werte und Sinngebungen nachdenkt. Der Schamane hat mit Sicherheit auch neue Sinngebungen, denen er in seinen Praktiken und in seinem Leben nachgeht.

Es gibt so viele Menschen, aber man hört nichts über neue Sinngebungen. Sie werden sie sogar mit feindseligen Augen betrachten.

Aber wie entstehen sie?

Viele Menschen sind unzufrieden mit ihrem Leben, aber nur einzelne von ihnen konstruktiv genug und bereit, neue Verhaltensmuster zu entwickeln.

Warum nur einzelne?

In einer Unterhaltung ist so etwas spannend und amüsant, aber im konkreten Leben macht es Angst.

Warum?

Hast du Menschen um dich herum, die Autoritätspositionen in der Gesellschaft bekleiden? Verwandte, Freunde?

Ja, habe ich.

Wahrscheinlich sind diese Leute nicht die allerangenehmsten? Versuchen, dir gelegentlich ihre eigene Meinung aufzuzwingen?

Ja, sie sind schon eigenartig.

Und warum erträgst du sie?

Weil ich hoffe, dass sie mir in einer schwierigen Situation
helfen oder mich retten können.

Sicher?

Ich weiß nicht genau.

Deiner Gedankenfreiheit zuliebe solltest du aufhören, ihre Meinung zu teilen, wenn sie dir nicht gefällt.

Das ist ungefähr so unangenehm, wie wenn man bei einem Haus das Dach abdeckt.

Das mit dem »Dach« ist ein gutes Bild. Damit man innerlich weiter wachsen kann, sollte man ab und zu das
»Dach abdecken«.

In der Stadt haben wir Ausdrücke wie »den Kopf verlieren« oder »den Verstand verlieren«.

Die Sprache ist eine Art kollektives Gehirn. Kennst du
viele Menschen, die ihre »Dächer« konstruktiv abdecken?

Nur sehr wenige.

Es sind deshalb nur wenige, weil sich nur einer von hundert Gedanken über eine andere Sinngebung macht.


**02.01.2000**


Vor einer wichtigen Handlung reibt der Schamane seine
Hände über den Flammen.

Was machst du da?

Ich habe es den örtlichen Schamanen abgeschaut und
wusste sofort, welchen Sinn es hat. Seitdem mache ich
das.

Worin liegt der Sinn?

Ich säubere meine Hände von den Resten anderer Beschäftigungen.


**07.09.2006**

Der Schamane hat gesagt, es gebe heute mehr Todesfälle,
die seelische Ursachen haben.

Die Pausen zwischen unseren Gesprächen oder in unseren Dialogen wie auch die Analyse meiner Notizen haben mir geholfen, mich besser auf die Dialoge mit dem
Schamanen vorzubereiten. Inzwischen verstehe ich, weshalb man ihm besser keine Fragen stellt, sondern lieber
auf Konfrontationskurs gehen sollte.

Die Kriminalitätsrate ist inzwischen auch gestiegen, beispielsweise bei Betrugs- und Eigentumsdelikten oder
Kapitalverbrechen.

Das ist richtig. Aber dafür sind die Gründe umso weniger
wichtig geworden.

Welche Gründe sind das?

Falsche Schuldgefühle und Schulden.

Daran sterben sie?

Ein 35-jähriger Mann hat sich in eine Frau verliebt. Er hatte aber schon mit 24 geheiratet und mit seiner Frau zwei Kinder.

Was hat er gemacht?

Er war als aufrechter Komsomolez erzogen worden. Also blieb er bei seiner Familie.

Hat sich alles beruhigt?

Nein. Er wusste, dass seine Frau nichts dafür konnte, aber er wusste auch, dass er ihretwegen seine Liebste verlor.

Hat er das ausgehalten?

Mit dem Verstand – ja. Aber auf der Gefühls- und der Körperebene – nein. Er wurde sehr nervös, ging seiner Frau aus dem Weg und wurde krank.

Und jetzt?

Ist er tot.

Was wäre richtig gewesen?

Er hätte sich weiterhin mit seiner Liebsten treffen sollen.

Und seine Frau, seine Kinder? Er hat gehandelt wie ein Mann.

Er bekam Angst.

Wovor?

Er war nicht bereit, in seiner Affäre die Liebe zu erkennen. Er hätte sich für den schwierigen Weg entscheiden sollen. Mit seiner Liebsten, seiner Frau und seinen Kindern. Und hätte unter zwar schwierigen, dafür aber menschenwürdigen Umständen leben sollen.


**03.01.2000**

Zweifellos ist der Schamane kein Atheist. Er hält es aber auch mit keiner bestimmten Religion. Zu den Geistern der Nordvölker ist er höflich, aber auch nicht mehr als das. Vielleicht hat er ja seine eigenen Auffassungen?

Besitzt du religiöse Überzeugungen?
Im Großen und Ganzen ja.
Was sind das für welche?
Ich bin doch Schamane. *(Lacht.)*
Hast du dich schon mal mit den fortschrittlichen Repräsentanten des Kults besprochen? Bist du den Zeichen der kanonischen Texte begegnet?
Ja.
Weshalb interessiert dich der primitive Schamanismus?
Der Schamanismus ist eine der ältesten Formen von Religion. Offiziell ist er sogar über 60 000 Jahre alt. In seiner scheinbaren Primitivität ist der Schamanismus integrativer als die modernen, differenzialen Religionen.
Warum bist du dir da so sicher?

Bei der Herausbildung der einen Aspekte verlor die Mehrheit der religiösen Lehren die anderen.

Existierten denn in der alten Form des Schamanismus eine Priesterschaft und so etwas wie die Beichte?

Wenn die höheren Mächte nicht von Anbeginn versucht hätten, sich durchzusetzen, könnte es das geistig entwickelte Leben von heute gar nicht geben.

Wo siehst du die Grenzen der Lehre?

Im Stolz.

Wie das?

Wenn eine Lehre nur sich selbst als die wahre Lehre gelten lässt und alle anderen als »Irrlehren« und als falsch deklariert, dann geht sie dem Stolz in die Falle.

Aber die Anhängerschaft vieler weiterentwickelter Konfessionen besteht aus zahlreichen sehr gebildeten und geistig hochstehenden Menschen. Heißt das, diese Menschen denken und fühlen nicht integrativ?

Hat ein Mensch die höchsten Entwicklungsstufen seiner Religion erreicht, erlangt er Vollkommenheit und beginnt, die Grenzen der Persönlichkeit zu verstehen.

Warum erklären sie das dann nicht den anderen?

Manche können sie nicht hören, manche wollen sie nicht hören, manche denken, man würde sie nicht verstehen, manche haben einfach nur Angst …

# Die Freiheit.
## Die Dankbarkeit des Wolfs

In diesem Sommer arbeitete ich als Psychologe in der Abteilung NOT eines Kriminaltrust bei Karaganda. Einmal wurde ich zur Staatsanwaltschaft zitiert. In dem betreffenden Büro erwarteten mich zwei untersetzte, bullige Typen in Uniformen des Staates, die mich auch wirklich gleich an zwei grimmige Bulldoggen erinnerten. Die Männer stellten sich als Einsatzoffiziere vor und wollten ein gerichtsverwertbares psychologisches Gutachten von mir über ein »Tötungsdelikt im Affekt«, was damals selten vorkam.

Nachdem ich die Akte kurz durchgesehen hatte, sagte ich gleich, die Tat sähe nicht einmal auf Entfernung nach einem Affekt aus. Der Täter, ein mehrfach vorbestrafter Verbrecher, genoss in Kriminellenkreisen hohes Ansehen. Seine Tat wirkte auf mich wie das bewusst geplante, vorsätzliche Vorgehen eines Schwerkriminellen. Die Handlungsweise hatte meiner Meinung nach nicht das Geringste mit einem Affekt zu tun. Die Einsatzoffiziere warfen sich gegenseitig Blicke zu, machten ernste Mienen, und der Jüngere von beiden sagte: »Er ist rot.« Auf meine fragend hochgezogenen Augenbrauen hin erklärte mir der Zweite: »Er kooperiert mit uns, wir brauchen den Affekt.« Ich erbat mir Bedenkzeit, was die beiden zum Grinsen brachte: »Ja, denk nur gut drüber nach. Falls du dich dagegen entscheiden solltest, bekommst du Schwierigkeiten. Entscheidest du dich richtig, würden sich auch hochrangige Persönlichkeiten für deine Ehefrau verwenden.«

Meine bessere Hälfte, wie man heute so sagt, hatte mit dem Motorrad einen Mann überfahren. Mich quälte ein reales Schuldgefühl, es hinderte mich daran, die Situation klar einzuschätzen und in Ruhe darüber nachzudenken. Nach Tanjas Meinung wäre das Ganze leichter für sie, wenn sie hinter Gitter käme. Ich versuchte, sie davon zu überzeugen, dass das auch nicht wirklich helfen würde, aber ohne wirkliche innere Überzeugung, das heißt, nicht wirklich überzeugend. Zum Glück hatte der Mann keine schweren Verletzungen erlitten, lediglich Prellungen, es war aber schon ein Verfahren eingeleitet worden. Am dritten Tag suchte ich ihn auf und wollte mit ihm eine einvernehmliche Lösung finden. Mir gelang es jedoch nicht, die Polizei dazu zu bewegen, die Anzeige wieder herauszugeben. Die Polizisten sagten, die Angelegenheit sei schon unterwegs zur Bezirksstaatsanwaltschaft.

Nachdem ich mit Tanja darüber gesprochen hatte, versuchte ich Zeit zu gewinnen. Eine »Kooperation« kann keine Rechtfertigung für einen Mord sein – darüber waren wir uns beide einig. Bei der nächsten Unterhaltung sagten mir die beiden Offiziere glatt ins Gesicht: »Entweder du machst mit und kassierst 20 000 Rubel dafür, oder deine Alte landet im Knast.« So dringend also mussten sie dem »Roten« helfen. Heute weiß ich, dass ich das Geld sowieso nie gesehen hätte, dafür hätten die mich in der Hand gehabt und gezwungen, ihnen ein Gefälligkeitsgutachten nach dem anderen zu schreiben.

Am Abend entschied ich mich dafür, dem »Roten« den Affekt zu attestieren. Tanja schlief nicht, weinte immer wieder. Unter ihren Tränen träumte ich von dem Wolf. In Sequenzen: Er rannte durch den Schnee. Ihm ging es gut. Der Wolf war frei und gab nicht auf. Und mir wurde alles glasklar.

Am nächsten Morgen ließen wir unsere Arbeitsbücher, Lohnsteuerkarten und unseren nicht eben reichlichen Hausrat stehen und liegen und fuhren nach Moskau. Mein Kollege hatte mir versprochen, es uns wissen zu lassen, falls man nach Tanja suchen sollte. In dem Fall würden wir nach Magadan fahren und zusammen für mehrere Jahre in die Taiga gehen. Meine Schwester war als Geschäftsführerin einer Abteilung für Landtechnik in dem Kolymagidrommeteokomitet tätig und die Abteilung in Magadan damals mit dem Wetterbericht für die Fischer und Rentierzüchter befasst. Sie konnte mir einen mehr oder weniger unbewohnten Ort zeigen.

Die Suche nach Tanja blieb aus. Die Einsatzoffiziere hatten geblufft.

In Moskau – ohne Bleibe, ohne Arbeit und fast ohne Geld – fühlten wir uns zum ersten Mal frei und sicher.

## Sex ist eine Droge

**16.07.2000**

An der Küste zu leben, heißt, viel körperliche Arbeit zu verrichten. Ständig muss man Holz sammeln, hacken und sägen. Selbst im Sommer, wenn du in der Früh zu faul warst zum Aufstehen, zwingt dich die Kälte dafür um zwei oder drei Uhr in der Nacht raus, und du fängst an, in der Dunkelheit Holz zu suchen. Wenn man schon lange dort lebt, sollte man mit dem Fischen und Jagen anfangen, die Hütte und den Ofen immer gut instand halten, alles von Asche und Schlacken befreien. Hier draußen kostet jede Kleinigkeit viel mehr Energie als dieselben Handgriffe in der Stadt: Tee kochen bedeutet, erst mal in der Kälte den Kessel mit Schnee füllen und noch einen Eimer voll Schnee mitnehmen, denn auch ein mit Schnee vollgepackter Teekessel gibt nur die Hälfte Wasser aus;

zum Waschen und Spülen muss jeder Tropfen Wasser heiß gemacht werden …

Der Organismus gewöhnt sich jedoch innerhalb von drei bis vier Tagen an eine solche Umstellung. Manchmal verspürt man den Drang, alles hinzuwerfen und in die Stadt zurückzukehren: zu seiner heißen Dusche, den Fertigprodukten, den Elektrogeräten. Nach der Umstellung hat man sich an das neue Leben gewöhnt und nimmt die alltäglichen Schwierigkeiten gar nicht mehr wahr.

An Frauen denkst du ab dem Anfang der zweiten Woche sporadisch, gegen Ende der Woche wird das zum »Dauerbrenner«. Wahrscheinlich erklärt diese ständige gedankliche Beschäftigung mit ihnen auch all die topografischen Namen: Bäche wie »Wera« oder »Anjutkin«, Flüsse wie »Tatjana« und »Olga« oder »Berechenbare«, Bergspitzen mit dem Namen »Die weibliche Brust«, die Bucht »Die Erwünschte«, die uns in Atlanten und anderen Karten begegnen. Dem Schamanen scheint es allerdings nicht schwerzufallen, ohne Frauen auszukommen.

Wie kannst du so lange ohne Sex leben?

Weniger lange, als du denkst.

Für einen Stadtmenschen ist das schon lange.

Man braucht gar nicht so viel Sex, wie ihr Städter immer
meint.

Weshalb hat der Sex dann einen so hohen Stellenwert?

Die Menschen holen sich damit das, was ihnen im Leben fehlt. Eine Art Ergänzung.

Wie? Was?

Zum Beispiel: Ein Mensch, der in einer ständigen Routine gefangen ist, fühlt sich irgendwann nicht mehr lebendig. Und der Sex gibt ihm das Gefühl, wieder unter den Lebenden zu sein. Da ist es doch nur logisch, dass er davon abhängig wird.

Wie kann man sich denn sonst noch lebendig fühlen?

Der Geist, die Liebe, der Hass, die Kreativität, der Glaube, das Ziel. All das hilft den Menschen, ihrer Routine zu entkommen, und befreit sie aus ihrer Abhängigkeit von Pseudowerten.

## 16.07.2000

Ich habe viele Bücher über Sexologie, die Physiologie und Psychologie der sexuellen Beziehungen gelesen. Dabei bin ich allerdings nie einem derart einfachen und offensichtlichen Gedanken begegnet. Deshalb ist der Wert des Sex auch nach wie vor unstrittig, weil er dem Leben Geschmack und Farbe gibt. In den Abhandlungen von Sigmund Freud steht viel über Surrogate und die Sublimation des Sex zu lesen. Der Schamane erzählte mir, auf welche Weise der Sex ein Ersatz für andere wichtige Inhalte im Leben sein kann.

Warum gibt einem der Sex das Gefühl, lebendig zu sein?

Es ist nicht der Sex an sich. Das Gefühl zu leben verbindet uns mit der Welt. Eine Partnerschaft kann das eine Weile ersetzen.

Warum bemühen sich die Menschen dann nicht um andere Verbindungen mit der Welt – so, wie sie auch nach Sex streben?

Er ist begrenzt und einfach zu kriegen. Für viele andere Verbindungen mit der Welt braucht man Kraft, Freiheit und muss Seelenarbeit leisten.

Und der Sex als solcher gilt nicht als Verbindung zur Welt?

Nur zum Teil. Wie zum Beispiel die Fette in den Lebensmitteln. Man braucht sie, aber sie können die anderen wichtigen Nahrungsbestandteile nicht ersetzen.

**17.07.2000**

Der Gedanke des Schamanen ist klar, und ich verfolge ihn weiter, so als erzählte ich meinen Studenten davon. Wenn der Sex zum Ersatz für alle anderen Aspekte des Lebens wird, dann kann es nur zwei Arten der Sublimation geben: die Sublimation *des Sex* und die Sublimation *mit dem Sex.* Genauso ist das auch mit den anderen psychologischen Mitteln. Auch mit der Traumdeutung. Darin ist der Schamane Experte.

Also hat Freud falschgelegen mit seiner Behauptung, unsere Träume seien Triebwünsche, Symbole unseres Unterbewusstseins?

Teilweise hatte er schon Recht. Das ist aber schlimmer, als wenn man total falschliegt.

Wieso das?

Die halbe Wahrheit verbirgt gerade das, was falsch ist.

Was sind unsere Träume denn dann noch?

Inspirationen, Einflüsse.

Wer oder was beeinflusst uns?

Die Geister, der Wesenskern, untere und obere Welten.

Sind das denn keine Produkte des kollektiven Unbewusstseins?

Es ist schon ein Elend, wenn die Einflüsse der unteren und oberen Welt als ein Spiel der Sexualinstinkte behandelt werden.

Und ich dachte, all das, was ich selbst geschaffen habe, habe ich auch selbst geträumt.

Denk doch mal drüber nach, was »Ich selbst« bedeutet …

# 1999, 2000, 2001
## Der Schneemensch

**19.07.1999**

Der Schamane kann alles, was einem »Normalsterblichen«
unerreichbar ist. Dabei behauptet er selbst, an seinen Gesprächen mit Pflanzen, Tieren, Bächen und Wolken sei
überhaupt nichts Mystisches. Es gebe lediglich gewisse
Praktiken. Meine Bitten, mir etwas davon zu zeigen, ignoriert der Schamane. Doch ich verfolge sein Kommen und
Gehen, bin Zeuge, wie er Fische ins Netz lockt, pfeift, um
die Mücken zu verjagen, den gefräßigen Mäusen droht und
anderer »Alltagshandlungen«. Der Schamane redet sehr
selten mit mir über diese Übungen und begründet das mit
meiner dafür noch nicht weit genug entwickelten Sprache;
mitunter lässt er sich aber doch zu einer Erklärung herbei.

Du behauptest, du könntest gleichzeitig an verschiedenen Orten des Universums sein?
Für deine Realität.
Heißt?
Da krabbelt eine Spinne. Wenn deine Hand ihr den Weg
versperrt, dreht sie sich um. Du hältst die andere Hand
hin. Deine beiden Hände sind für die Spinne zwei ver-

schiedene Wesen, obwohl es nur du bist, der sie gleichzeitig, von vorne und von hinten, bedrängt.

Und wenn mich *zwei* Wölfe angreifen, sind das dann zwei
Wölfe, oder ist es nur ein Wesen?

Wölfe, Bären und alle anderen Tiere können ein Geist
dieser Region sein. *Geh ihm nicht auf die Nerven*, und
keiner wird dich angreifen.

## 19.07.1999

Manche seltsame Rituale erklärt der Schamane damit, dass
er andere, überirdische Wesen »nicht reizen« oder sogar
Hilfe von ihnen erbitten wolle. Erst dachte ich, er hätte diese Rituale von den Ewelnen gelernt, bis ich sah, dass sie
selbst zu ihm kommen, um etwas zu lernen oder für sich zu
klären. Als ich nach der Quelle seines Wissens fragte, betrachtete er das als irrelevant und meinte, ich selbst würde
derartige Rituale ohnedies nicht praktizieren. Der im Kontext von mir verwendete Terminus »Rituale« weckte sein
Interesse, und er äußerte, ich würde alle mir unbekannten
Praktiken und Handlungen als »Rituale« interpretieren.
Ein einziges Mal gelang es mir, eine Erklärung bezüglich
der Natur der überirdischen Wesen von ihm zu bekommen.

Von welchen überirdischen Wesen sprichst du?

Stell dir einen Fisch vor, der im tiefen Wasser lebt und weder sehen noch hören kann. Kann er eine Vorstellung von der Sonne, von dir und von deinem Beruf haben?

Nein.

Richtig, du hast zwei Sinne mehr als der Fisch. Und jetzt stell dir Wesenheiten vor, die zwei Sinne mehr besitzen als du. Kannst du da eine Vorstellung von ihrer Welt und ihrem Beruf haben?

Ein Kollege erzählte mir von solchen Wesen, aber ich glaube nicht an ihre Existenz.

Was stört dich daran?

Wenn es sie gäbe, müssten wir Spuren von ihnen bzw. von ihren Handlungen entdeckt haben.

Und wo sollen die sein, und wie sollen sie aussehen?

Wo?

Zum Beispiel die Verschiebungen der Kontinente.

Ich habe gedacht, die Kontinente würden sich von allein bzw. aufgrund natürlicher Ursachen bewegen.

Wenn du kommst und anfängst, den Wald abzuholzen, dann laufen dir alle Hasen weg. Und wenn sie dann zurückkämen, wäre ihnen der Zusammenhang zwischen den Baumstümpfen und deiner Tätigkeit nicht klar. Sie würden auch »natürliche Ursachen« dahinter vermuten.

Sind diese überirdischen Wesen – die Geister?

Nein. Einfach Wesen.

Sind es Außerirdische?

*Kannst auch Topf dazu sagen ...*

Gibt es auf der Erde viele davon?

Auf der Erde gibt es viele davon, nur nicht auf unserer, so, wie wir uns auch nicht auf dem Grund des tiefen Wassers befinden.


**20.07.1999**


In der Nacht befiel mich ein gewisses Unruhegefühl, das am nächsten Morgen immer noch da war. Ich konnte keinen Grund dafür finden. In Gegenwart des Schamanen stellten weder die irdisch-physischen noch irgendwelche Tiere aus anderen Sphären eine Bedrohung für mich dar. Und andere Menschen gab es im Umkreis von rund 100 Kilometern auch keine. Eine Zeitlang beobachtete ich den Schamanen, der still war wie das Meer am frühen Morgen, und plötzlich drängte eine Frage aus mir heraus:

Gibt es Schneemenschen?

Ja.

Hast du schon mal welche gesehen?

Ja.

Wie sehen sie aus?

Für Menschen sehr furchteinflößend.

Sind sie gefährlich?

Nein. Sie interessieren sich nicht für uns.

Wie sehen sie denn aus?

Stell dir einen Bären-Menschen vor, der größer ist als ein
sehr großer Baum, mit brennenden Augen und einem
Jägergesicht.

Zehn Meter groß? Warum kann sie keiner fangen?

Sie besitzen einen Sinn mehr als wir. Eine menschliche
Jagd sähe für sie aus, als machten Blinde Jagd auf Se-
hende.

Würde man sie aufspüren, wenn man mehrere Divisio-
nen einen großen Teil der Taiga umzingeln und ihn in
dichten Reihen durchkämmen ließe?

*Du solltest lieber kein solches Abenteuer suchen ...*

Aber im Prinzip müsste man sie doch zu 100 Prozent fangen können?

Es ist sinnlos. Sie gehen in ihre Tunnels. Und deine ganze
Division würde voll daran vorbeimarschieren.

Was denn für Tunnels?

Der Mensch kann sich aufgrund seiner Geometrie
und seiner Energetik nur in bestimmten Tunnels bewegen, glaubt aber, er liefe dort vollkommen frei herum.

Weißt du, ich habe zu Hause das Buch *Das Buch der Sand-körner*[45]. Da steht was drin über Tunnels, die geografische Strecken verkürzen können.

Das wundert mich nicht. Alle gutartigen Scharlatane sind Fantasten. Sagt das Buch etwas über die Bewohner dieser Tunnels?

Nein.

Siehst du. Die Menschen können nicht einfach in die Tunnels anderer Wesen eindringen.

Heißt das, wir werden dem Schneemenschen niemals begegnen?

Jene Wesen, die man Schneemenschen nennt, *können* sich auch in unseren Tunnels bewegen, aber das geschieht nur selten.

Sehen die Schneemenschen alle Tunnels?

Für sie ist das eine ganz normale Angelegenheit.

Und andere Wesen?

Die Vögel können dort drinnen fliegen.

Wohin?

Erinnerst du dich an *Sannikows Land*? Die Vögel fliegen im Frühling vom Ufer des Eisozeans in den Norden, »und keiner weiß wohin«.

Ja, den Film habe ich auch gesehen. Das treibt die Ornithologen in den Wahnsinn.

---

45 *Das Buch der Sandkörner.* – L.: Fikt. Literatur, 1990.

Die Vögel fliegen durch einen besonderen Tunnel in das Sannikow-Land.

Und wie konntest du den Schneemenschen treffen?

Ich bin der Schneemensch.

Und gewöhnliche Sterbliche, die nicht als Schneemenschen unterwegs sind, können die auch etwas über den Schneemenschen erfahren?

*(Pause. Der Schamane bemerkte meine Ironie und spürte gleichzeitig, wie aufgeregt ich war.)* Ein »normaler« Mensch kann nicht erkennen, dass sie sich *in ihren eigenen Tunnels* aufhalten. Deshalb empfindet er in solchen Momenten eine besondere Art von Besorgnis. Man kann lernen, dieses Gefühl zu erzeugen.

Das verstehe ich nicht.

Wenn du an einem Ameisenhaufen vorbeigehst, verstehen die Ameisen nicht, was da gerade passiert, obwohl du mit einem einzigen Schritt ihr ganzes Leben zerstören könntest. Aber sie fühlen in diesem Moment die Nähe von etwas Besorgniserregendem.

Das heißt, die unerklärliche Furcht rührt von der Anwesenheit der Schneemenschen her, die wir aber nicht sehen?

Nicht nur *diese* Besorgnis und Furcht, und nicht nur sie.

Sind sie gerade in der Nähe?

Ja.

Ich fragte dich, weil ich etwas gespürt hatte.

Du empfindest Besorgnis. Und gefragt hast du deswegen, weil du fühlen konntest, dass ich etwas darüber weiß.

Weshalb wollen sie den Planeten nicht angreifen?

Würdest du die Welt der Walrösser und Möwen angreifen wollen?

**20.07.1999**

Nachdem ich den Grund meiner Beunruhigung nun kannte, beruhigte ich mich und versuchte, die Gegenwart der Wesen zu erspüren. Der Schamane sagte mir, ich solle die Arme nach vorne strecken, fünf Schritte nach links und dann fünf geradeaus machen. Als ich mit nach vorne gestreckten Händen gerade den fünften Schritt machen wollte, brach der Schamane in herzliches Gelächter aus. Ich wurde traurig, nahm die Hände wieder herunter und ging einfach weiter, damit mir ja keine bissige Bemerkung herausrutschte. Fast in derselben Sekunde stieß ich gegen eine Art »dichte Luftwolke«. Im selben Augenblick hatte ich das Empfinden, als berührte mich eine weiche Bürste im Gesicht und an der Brust. Dann verschwand die »Wolke« wieder. Der Schamane hörte sofort auf zu lachen. Ich wandte mich um und sah ihn mir zuwinken.

Was war das denn?

Ich wollte eigentlich nicht, dass du sie anrempelst. Macht
aber nichts. Sie ging, ohne sich gestört zu fühlen.

Könnte so etwas gefährlich werden?

*Das bezweifle ich.* Du bist doch auch nicht genervt, wenn
ein blinder Welpe dein Bein berührt. Du würdest ihn
doch auch eher streicheln, oder?

Wo ist sie hin?

Sie ist dir einfach aus dem Weg gegangen. Dorthin, wohin
Menschen nicht gelangen können.

Existieren Praktiken dazu, oder kann es in diesem Fall gar
keine geben?

Ja es gibt irgendwelche Penta- oder Hexagramme. Nur
denk dran, sie führen uns meistens zu den normalen
Straßen und Fußwegen, jenen, die den unseren entsprechen. Die Wahrscheinlichkeit einer Begegnung ist
sehr groß.

Ich habe das Gefühl, dass mir das schon einmal passiert
ist.

Das wäre nichts Ungewöhnliches. Jeder Mensch kann ein
Wesen berühren, und sie können das auch mit uns
tun.[46]

---

46 Meine ausgedehnten Versuche, die Schneemenschen zu »erfühlen«,
brachten tatsächlich Resultate: Im Winter 2001 spürte ich sie zwei
Mal durch Magadan laufen. Das erste Mal war es eine Gruppe aus
drei Wesen (Menschen), die sich von dem Tschirikow Kap zu der

## 20.07.1999

Gerade betrachte ich die Berge auf der weiten Insel, versuche, mir die Tunnels vorzustellen, die in der durchsich-
tigen Luft in allen Richtungen verlaufen. Am häufigsten
stelle ich mir Menschen vor: moderne Menschen unserer
Tage und Angehörige von Urvölkern, verschiedene Nati-
onalitäten und ... Kulturen.

Bewegen die Menschen sich immer in denselben Tunnels?
Nein.
Aber es können sich doch alle Menschen begegnen?
Nein. Du würdest die Menschen aus deinen Tunnels immer wieder treffen, selbst wenn die Wahrscheinlichkeit einer solchen Begegnung gering ist. Den anderen
   begegnest du hingegen nie.

---

Martschekanskij Kuppe zum Festland bewegte. Das zweite Mal – ein
Wesen (ein Mann) hat sich lange von der Martschekanskij-Kuppe aus
die Stadt Magadan angeschaut. Die Wachmänner einer Militärstati-
on, die sich in der Nähe befand, spürten das auch und schauten lange
in die Dunkelheit. Das Wesen richtete seine Aggression in Richtung
auf die Stadt. Außer mir spüren es noch zwei oder drei andere Menschen in Magadan. Sie nehmen ihre und meine Gefühle wahr, haben
aber keine Erklärung dafür.

Ja, ich treffe in der U-Bahn oft jemanden aus Magadan, obwohl es in Moskau fast unmöglich ist, sich zufällig in einem U-Bahn-Waggon über den Weg zu laufen.

Siehst du ihn öfter, als es der einfachen Wahrscheinlichkeit entspräche?

Wesentlich öfter.

Bald wird die Wissenschaft sich mit diesen Tunnels beschäftigen.

Warum befinde ich mich ausgerechnet in diesen menschlichen Tunnels und nicht in irgendwelchen anderen?

Die japanischen Fischer nennen es »Karma«.

Und du?

Rhythmus, Geschwindigkeit, Geometrie, Muster, Energie.


## 01.08.1999

Die Welt ist voll verschiedener uns unbekannter Wesen. Wir wissen nichts über sie, weil unsere Tätigkeiten sich nicht mit ihrem Leben kreuzen. Ein Teil von ihnen weiß von uns, die anderen nicht. Normalerweise sind sie harmlos für uns, weil wir nicht mit ihren Beschäftigungen verbunden sind. Die Informationen über sie sammeln sich allmählich, wir gewinnen sie durch die Verbreitung kollektiver oder individueller Praktiken.

Was sind das für Spuren am Bach?

Weiß ich nicht.

Es sind so viele.

Ich sehe, dass sie da sind, weiß aber nicht, wer sie hinterlassen hat.

Hast du nie versucht, es herauszufinden?

Ich habe mehrere Jahre lang Fallen aufgestellt, Fallgruben ausgehoben und Fallstricke gespannt ... Alles ohne Erfolg.

Und die Ewelnen?

Die hier am Ort wissen es auch nicht.

Ist es vielleicht ein Tier, das die Wissenschaft noch nicht kennt?

Eines davon.

Weißt du wenigstens ein bisschen was darüber?

Es ähnelt einem kleinen Mammut und kann sich im Schnee, auf dem Eis und wahrscheinlich auch auf der Erde bewegen.

Warum hat man früher keine Spuren davon gefunden?

Dieses Wesen ist anders als die anderen, auch deswegen, weil es sich nicht lange im selben Territorium aufhält oder immer dieselben Wanderungsbewegungen machen würde. Ich glaube, dass es oder sie sich zum Schlafen sogar in Bachbetten legen.

Gibt es noch andere uns Menschen unbekannte Tiere?

Viele.

Kaum zu fassen!

Erinnerst du dich an die Schneespinne? An deren Existenz wolltest du auch nicht glauben, du hast es damit begründet, dass die Körpertemperatur der Spinne in diesem Fall unter null Grad liegen müsste.

Die Biologen unter meinen Bekannten nehmen es mir bis heute nicht ab, dass ich die Schneespinne wirklich mit meinen eigenen Augen gesehen habe.

Das heißt, sie würden auch nicht an das Vorhandensein der anderen noch unbekannten Tiere und Wesen glauben, weil sie diese nie zu Gesicht bekommen werden?

Was hindert uns daran, sie zu beobachten?

Die ausgeprägten Unterschiede in der Gefühlswelt, die andersartigen Rhythmen und Schwingungen, die verschiedenen Tunnels, unterschiedlichen Sphären oder all das in Kombination.

Kannst du mir irgendwelche Beispiele nennen?

In den Volksmythen erscheinen viele von ihnen: Waldgeister, Hausgeister, Meerjungfrauen, Poltergeister, Außerirdische …

## 01.08.1999

Nachdem ich mich dazu durchgerungen hatte, das Expertentum des Schamanen hinsichtlich des Kontakts mit Waldgeistern, Hausgeistern und Meerjungfrauen anzuerkennen, unternahm ich den Versuch, ihn darüber zu befragen.

Kommunizieren diese Waldgeister, Hausgeister und Meerjungfrauen oft mit Menschen?

Eher versuchen die Menschen, Kontakt zu ihnen aufzunehmen.

Woher nehmen die Menschen die Fähigkeit dazu her?

Manche menschlichen Handlungen gleichen Ritualen – dabei geht es allerdings nur um Bestandteile bestimmter Praktiken und ihr Zusammenwirken.

Woher wissen die Menschen denn, was sie zu tun haben?

Es gibt Milliarden von Menschen – sie können die Handlungen zufällig ausführen, und sie passen. Außerdem muss es unter diesen Milliarden doch viele außergewöhnliche Menschen geben, solche, die sehen, verstehen und fühlen können.

Ist der Kontakt mit ihnen gefährlich?

Es ist so, wie wenn ein Kind mit einem Beil spielt. An sich sind sie harmlos, aber der Mensch kann sie ungewollt provozieren.

Kommunizieren sie von sich aus nicht mit Menschen?

Weißt du noch, wie du damals im Kreis um deine Hütte herumgelaufen bist?

Ja, ich weiß. Ich war stinkwütend.

Da hat der Waldgeist sich prächtig amüsiert! In dem Moment allerdings, als du in Erschöpfung gerietest, hat er dich durch seinen Tunnel zum Ausgang des Kreises geführt.

Hätte ich ihn bemerken können?

*Das bezweifle ich.* Sein Tempo ist deutlich höher als deines.


## 12.12.1999

Schon seit drei Stunden bewegen wir beide, der Schamane und ich, uns auf dem Eis. Wir halten uns hintereinander und wechseln uns mit dem anstrengenden Treten der Spur ab. Während ich einmal wieder hinter dem Schamanen herlief, fiel mir auf, dass sich von seiner Kleidung manchmal schwarze Punkte lösten und in verschiedene Richtungen davonschossen. Zuerst dachte ich, es wäre etwas mit meinen Augen, ein Flimmern. Die Pünktchen waren winzig und hatten eine durchsichtige Hülle: Sie stoben in alle Richtungen, überholten uns oder blieben hinter uns, flogen mit dem Wind oder dagegen. Jedoch sah ich kein einziges davon im Schnee landen. Durch ihre Winzigkeit verlor man sie auf Entfernung schlichtweg aus den Augen. Ich streckte die Hände aus, um welche davon »aufzufangen«, aber das wollten sie wohl nicht, denn sie veränderten in etwa zehn Zentimetern Entfernung einfach ihre Flugbahn.

Siehst du diese schwarzen Punkte um uns herum?

Ja, heute ist ihr Tag.

Was ist das?

Einfache Feldwesen, die sich versammelt haben.

Was für Feldwesen?

So etwas wie Parasiten oder Symbionten?

Sind sie schädlich?

Gewöhnlich bemerkt man nichts von ihnen. Es sind eher Symbionten als Parasiten.

Woher haben sie ihre Energie bei dem Frost?

Sie sind so etwas wie geschlossene Energiekreise oder »Wirbel«. Ihnen reicht sogar das Mondlicht als Energiequelle.

Warum sieht man sie heute?

Dadurch, dass sie wegspringen oder sich vermehren oder absterben.

Man sollte sie einmal näher unter die Lupe nehmen.

Versuch's.

Wie gehst du mit ihnen um?

Gar nicht. Manchmal betrachte ich sie als Anzeichen von
Veränderungen.

Positiver Veränderungen?

Aller möglichen. Als Signal, die Aufmerksamkeit zu erhöhen.


## 12.12.1999

Der Schamane zeigte mir einen Platz, der völlig unspek-
takulär war, weil es dort wirklich rein gar nichts zu sehen
gab, und sagte, dort lägen die Überreste eines unbekannten Tieres. Ich bin kein Zoologe – Knochen sind für mich
gleich Knochen. Das Tier hatte einst vermutlich die Größe eines Schafs, die übriggebliebenen Hautfetzen wiesen
noch Spuren von braunem Fell auf. Erst hielt ich es für
einen großen Vielfraß. Der breite Schädel des Tieres war
in der Tat seltsam. Nach meiner vorsichtigen Einschät-
zung fehlten ihm die Zwischenkieferbeine, während die
scharfen Zähne mit ihrer Dreiecksform an den Kopf eines
Fischs von beträchtlicher Größe denken ließen. Jedoch –
die hornartigen Auswüchse auf dem Schädel und die
kräftigen Krallen deuteten eher auf ein Landtier hin.

Was ist denn das bloß für ein Viech? Ein Amphibium?

Hab es nie lebendig gesehen.

Und woher wusstest du, dass seine Überreste hier liegen?

Vor vielen Jahren haben Wölfe es an dieser Stelle zerfleischt. Ich bin nur durch Zufall darauf gestoßen.

Woher weißt du, dass es Wölfe waren?

Ich habe die Spuren unter den Ablagerungen untersucht, weil ich wissen wollte, wer ein solches Tier töten könnte. Es hat sich verbissen zur Wehr gesetzt. Und hier liegen auch die Knochen der Wölfe.

Das heißt, das Tier hat mit aller Macht um sein Leben gekämpft.

Sogar Hasen tun das.


## 12.12.–13.12.1999

Ungefähr um vier Uhr morgens rumpelte etwas gegen das Dach. Noch im Traum dachte ich, es könnte ein Stein aus den Geröllmassen gewesen sein. Doch der Schamane hat seine Erdhütte so errichtet, dass die Steine eigentlich nicht direkt darauf fallen können. Die Zweifel ließen mich zunächst keinen Schlaf mehr finden, und als ich sie schon fast überwunden hatte, hörte ich ganz deutlich, wie ein Ast auf das Dach prallte. Hatte der Wind ihn durch die Luft geschleudert? Aber die hohen Bäume stehen doch weit weg. Nach dem dritten Poltern dämmerte mir, dass hier jemand gezielt Äste oder Stöcke auf das Dach warf.

Die Ewelnen? Niemals. Höflich wie sie sind, würden sie uns bis zum Anbruch des Morgens nicht stören. Ein anderer Mensch hingegen würde bei dem Wind und dieser Kälte eher in der Erdhütte Schutz suchen, anstatt Äste auf ihr Dach zu werfen. Versuchte etwa jemand, uns zu verjagen? Flüchtige Verbrecher? Quatsch! Keiner von denen würde in diese Richtung laufen und auch gar nicht bis hierher zu uns vordringen. Das heißt, es konnte kein Mensch sein. Und wieder donnerte ein Ast auf das Dach.

Der Schamane atmet im Schlaf immer sehr leise, deshalb richtete ich die Taschenlampe auf sein Lager, um sicherzustellen, dass er auch wirklich da war. Seine Augenlider zuckten, und er bedeutete mir mit einer abwehrenden Handbewegung, den Lichtstrahl von ihm wegzulenken. Ich sah, dass der Schamane wach wurde.

Was ist denn das?

Schlaf weiter. Das ist nur ein Yeti, der sich einen Spaß erlaubt.

*(Nachdem ich gesehen hatte, wie seelenruhig der Schamane blieb, verschob ich meine Fragen auf den nächsten Morgen und pennte wieder ein.)*

War das ein Schneemensch?

Nein. Ein Yeti ist so etwas wie ein großer Schneeaffe.

Und die gibt es hier auch?

Die gab es hier schon immer, nur nicht in großer Anzahl.
Sie sind kleiner als Bären.

Und warum hat er die Äste auf das Dach gefeuert?

Er hat sich über dich lustig gemacht.

Wieso das?

Er kann die Emotionen der Menschen »empfangen«.
Und so hat es ihm Vergnügen bereitet, mit deiner Unruhe zu spielen.

Sind Yetis gefährlich?

*Glaub ich nicht.* Es sind mir schon mehrmals welche gefolgt, aber es kam nie einer in meine direkte Nähe. Die Ewelnen halten sie auch für ungefährlich, gehen ihnen aber trotzdem lieber aus dem Weg.

Leben sie in Horden?

Sie sind Einzelgänger, wie die Bären. Nur die Mütter leben mit ihren Kindern zusammen.

Warum gibt es nur wenige Exemplare davon?

Weiß ich nicht. Vielleicht finden sie nicht genug Nahrung.

Sind sie Allesfresser?

Niemand weiß wirklich etwas über ihr Leben.

## 13.12.2000

Bei der brüllenden Kälte muss man den Ofen im Fünf-bis-sechs-Stunden-Takt am Tag heizen, sogar in der gut isolierten Erdhütte des Schamanen. In meinem Häuschen sogar alle drei bis vier Stunden. Und in den Katen der Krabbenfischer vermutlich jede Stunde.

Für diese Katen existieren keine Grundrisse oder gar Baupläne. Das sind absolute Unikate. Ich besitze mittlerweile ein ganzes Album voll Aufnahmen von dieser »Strand-Architektur«. Als Erstes bekamen die »guten« Schlafplätze, die an dazu besonders geeigneten, geschützten Orten angelegt waren, im Sommer ein Vordach, danach wurden die Wände gegen den Wind verstärkt. Die schlechteren Schlafplätze müssen permanent mit allem, was das Meer an brauchbarem Material anspült, stabilisiert und abgedichtet werden. Zum Winteranfang wird ein Stahlofen hertransportiert und gegen den Schnee gesichert. Die Wände werden mit Viskosesäcken und Brettern unterschiedlichster Arten verkleidet, darumgewickelte Taue und Seile erhöhen ihren Zusammenhalt. Während der folgenden Jahre wird das Ensemble dann in eher unwillkürlicher Reihenfolge durch Vorratstruhen, Unterbauten und Anbauten ergänzt. Nebenan wird ein Sommervordach errichtet, damit man die Krabben nicht in der Erdhütte kochen muss … Jetzt verstehe ich, weshalb die

Krabbenfischer im Winter zu zweit oder zu dritt an einem Platz fischen, auch wenn sie davon nicht wirklich profitieren. Man muss viel Holz sammeln und nachts Wache stehen, dafür sorgen, dass das Feuer im Ofen nicht verlischt.

Der Schamane und ich müssen auch über die Eisschicht laufen, um Holz zu sammeln. Die Oberfläche ist hart und eben. Dort entlang zerren wir die großen Fischflossen, die wir aus dem Eis geborgen haben, dank ihres Fettgehalts geben sie ein vorzügliches Brennmaterial ab. Sie hinterlassen gewundene Spuren. Am nächsten Tag sind darauf Querstreifen zu erkennen, die man sonst wohl gar nicht wahrnähme.

Was sind denn das für Streifen?

Das sind die Spuren der Wintermöwen.

Was für Möwen?! Der Wind weht mit dreißig Metern pro Sekunde und das bei minus 30 Grad!

Die Wintermöwen sind extrem windschlüpfrig – eigentlich zu schmal für den Wind, deshalb kann er ihnen nichts anhaben.

Weshalb habe ich noch keine zu Gesicht bekommen?

Sie sind, wie gesagt, sehr schlank.

Normalerweise hätte ich wenigstens ihre Konturen erkennen müssen.

Wenn du eine Möwe im Flug direkt von unten anschaust, dann erscheinen dir ihre Flügel lang und breit. Doch wenn die Möwe auf dich zu oder von dir weg fliegt, erscheinen dir ihre Flügel sehr, sehr dünn, wie ein Blatt Papier. Die Wintermöwen sind noch zehn Mal schmäler. Man muss lange und sehr aufmerksam nach ihnen Ausschau halten – oder man erblickt sie per Zufall.

Gibt es viele davon?

Genauso viele wie Sommermöwen.

Warum wissen die Menschen nichts darüber?

Die Jäger und die Fischer sehen natürlich die eine oder andere Wintermöwe. Sie trauen jedoch ihren Augen nicht und glauben, sie würden sich das nur einbilden. Andere halten das Ganze für zu unwichtig, um es zu erwähnen.

Warum?

Du erzählst es doch auch nicht jedem in deinem Bekanntenkreis, wenn du mal eine Möwe gesehen hast, oder? Das ist zu alltäglich.

Wohin verschwinden die Wintermöwen im Sommer?

Das weiß niemand.

## 10.08.–11.08.2001

Es regnet schon den fünften Tag ohne Pause. Das ist kein typischer Regen. Normalerweise hält starker Regen nicht so lange an – kleine Regentropfen verheißen lang dauernden Regen. In diesem Sommer habe ich auch ein schier unglaublich starkes Gewitter erlebt. Später stellte sich heraus, dass unter den Teilnehmern an dem in der Region stattfindenden nationalen Fest der Korjaken auch sieben alte Frauen – Schamaninnen – gewesen waren. Und sie hatten dieses Gewitter herbeigerufen[47]. Treten beim heiligen Kamlanije-Ritual Blitz und Donner in Erscheinung, ist das – so glauben sie – ein Zeichen dafür, dass der Rabe sie gehört hat und ihnen in dieser Form antwortet.

Gegen zwei Uhr begriff ich, dass dieser Regen kein normaler Niederschlag war, und ging wieder dorthin zurück, wo ich mich schon während des Gewitters aufgehalten hatte. In meinem Tempo und mit einem leichten Rucksack brauche ich von der Stadt aus gerade mal drei Stunden dafür. Es gibt auch einen Fußweg, und mitunter begegnet man hier sogar anderen Menschen, nur bei solchem Regen natürlich nicht.

---

47 Dieses Ereignis können Hunderte oder Tausende Magadaner bestätigen. Als die alten Frauen gegen 16 Uhr mitteilten, sie würden ein starkes Gewitter herbeirufen, ernteten sie überall nur herzliches Gelächter – denn der gesamte weite Bogen des Horizonts erstrahlte in Blau, und die Wettervorhersage hatte auch nichts dergleichen angekündigt. Um 17 Uhr begannen sie mit dem Kamlanije-Ritual, eine Stunde später erschienen vom Meer her dunkelbraune Wolkenfetzen, und um sieben brach ein gewaltiges Gewitter los, wie wir es in solcher Stärke in diesem Sommer auch nur dieses eine Mal erlebten. Nach zwei Tagen war der »Spuk« vorüber, und etwa fünf Tage lang schien – wie von den Meteorologen prognostiziert – die Sonne.

Um sieben Uhr abends hatte ich es geschafft, mein Lagerfeuer zum gleichmäßigen Brennen zu bringen. Um das Feuer zu unterstützen, hatte ich in einer Plastikflasche etwas Benzin dabei. Gegen acht Uhr hatte ich bereits das Vordach für meinen Schlafplatz errichtet und Holz für das nächtliche Feuer gesammelt.

Es goss immer noch aus Kübeln und hatte wohl auch nicht vor aufzuhören. Die Steine unter meinem Schutzdach waren bereits trocken, es war warm: Doch ließen Regen und Nebel Dampfschwaden aufsteigen. Um zehn konnte man auf eine Entfernung von 30 Metern bereits nichts mehr sehen. Ich dachte bei mir, es sei wahrscheinlich nur ein »normaler« starker Regen.

Etwa gegen drei Uhr morgens erwachte ich, weil es zu regnen aufgehört hatte. Jetzt vernahm ich besonders deutlich, wie die im Nebel unsichtbaren Wellen ans Ufer rollten. Die Uhr hatte ich abgenommen und sah auch keine Notwendigkeit, sie wieder aus dem Rucksack herauszuholen. Ich legte etwas Holz nach und machte es mir am Feuer gemütlich. Es herrschte Stille. Ich begann, in den Zustand des »Aerodrom Podskoka« hinüberzuwechseln. Essen.

Er kam aus dem nächstgelegenen Felsen. Kein Stein bewegte sich unter ihm oder kam ins Rollen, obwohl er die Statur eines Riesen und das entsprechende Gewicht besaß. Kein Mensch kann sich auf diese Weise am Ufer bewegen; unter seinen Füßen würden sich die Steine in die Erde hineindrücken, herumkollern, knirschen und andere Geräusche verursachen. Er kam zwei Schritte näher, das heißt, er machte – seiner Größe angemessen – vier bis fünf Mal größere Schritte als ein Mensch. Wie ein gigantischer dunkelbrauner Klumpen ließ er sich auf der anderen Seite meines Lagerfeuers nieder. Der Rauch zog direkt zu ihm hinüber, ein Mensch würde das kaum aushalten. Doch er störte sich anscheinend nicht daran. Gut, dass ich im Zustand des Schamanen war, sonst bekäme ich es mit der Angst und würde mir womöglich selbst schaden. Andererseits – wahrscheinlich hätte er sich dann einfach gar nicht gezeigt.

Dann streckte ich ganz ruhig (jetzt, wo ich darüber schreibe, erstaunt es mich selbst, aber mich beherrschte der Gedanke: »Erschreck ihn bloß nicht!«) meine Hand nach dem Holzstapel aus, ergriff einen Ast und legte ihn ins Feuer. Daraufhin streckte er seine wollige Pfote ebenfalls ganz langsam aus und legte auch einen Ast ins Feuer. Seine Kraft und Größe erschienen mir ungeheuerlich, doch hegte er offenbar keinerlei böse Absichten. Wahrscheinlich wollte er mich seinerseits auch nicht erschrecken.

Seine Konturen wirkten annähernd dreieckig, wie die einer Jaranga (eines dreieckigen Bauwerks), obwohl ich seine mächtigen Schultern ausmachen konnte. Sein Kopf lief nach oben annähernd spitz zu, seine Augen glänzten rotbraun im Feuerschein. Vermutlich ein Primate. Ich hatte auch nicht den Eindruck, dass es sich bei meinem Besucher um einen Urmenschen handelte – ich hielt ihn für noch wesentlich älter … Mir war klar, dass er schneller laufen, gehen und schwimmen konnte als ich. Wahrscheinlich war er Kälte und Hitze gut angepasst. Bestimmt überlebte jemand wie er sogar einen extremen Winter. Weshalb ist er zu mir gekommen? Er muss doch ein Ziel gehabt haben. Ich versuchte, auf der geistigen Ebene Kontakt mit ihm aufzunehmen und dabei auch seine Aufmerksamkeit zu fesseln. Außer meiner eigenen Vorstellung existierte nichts mehr. Plötzlich begriff ich, dass auch er sich im Zustand des Schamanen befand. Und mir entfuhr einfach die Frage:

»Schamane, bist du das?« Mein Gegenüber bewegte sich, seine Augen zuckten. Das war weder Zustimmung noch Verneinung. Wir verhielten uns beide still. Endlich ging mir auf, dass das hier ein beabsichtigtes Zusammentreffen war. Er war dazu hergekommen, wie ich auch. Wir legten noch einmal Holz nach. Um uns herum begann es hell zu werden, der Tag brach an, und der Regen kehrte wieder. Mein Besucher erhob sich und verschwand hinter dem Felsen. Damit war unsere Begegnung beendet.

## 13.12.1999

Es ist 12:50 Uhr Magadaner Zeit[48]. »Bühnenaufbau«: Das Tamburin[49] mit dem von Schnee und Eis befreiten Schlegel ist auf einer ebenen Fläche vorne auf dem Plateau platziert. Der Weg dorthin ist steil und beginnt am Ufer.

Was passieren wird, wissen weder der Schamane noch ich. Ein paar Tage lang schlug der Schamane das Tamburin und nahm die Geräusche wahr. Das Tamburin des Schamanen ist durchaus nicht einfach nur irgendeine Trommel. Das Tamburin ist eine lebende Karte – das Modell des Ortes, an dem es gefertigt wurde. Ereignet sich etwas in dem Ort, kann das Tamburin es mitteilen. Diesmal ließ es den Schamanen wissen, es könnten seltsame Tiere aus der Erde an die Oberfläche kommen. Ich sitze etwa fünfzig Meter von dem Areal entfernt und verfolge das Geschehen durch mein Fernglas. Meine Aufgabe besteht darin, die Rolle des stillen Beobachters zu spielen und mich ja nicht einzumischen. Es ist kalt.

Der Schamane sitzt mitten auf dem Boden, er hat sein Tamburin senkrecht auf die Erde gestellt und klopft mit

---

48 D. h. wir haben eine Zeitverschiebung von 8 Stunden – in Moskau fängt der Tag 8 Stunden später an.

49 Das Tamburin hat einen Namen, ich habe den Schamanen jedoch nicht gefragt, ob ich diesen erwähnen darf – daher bleibt er unausgesprochen.

den Fingern einen bestimmten Rhythmus. Solche Geräusche sollen diese Tiere machen, wenn sie sich unter der Erde bewegen.

Es ist ungefähr 13:07 Uhr. Rechts vom Schamanen springen Erdbrocken empor. Er sieht es wahrscheinlich, verändert aber weder seine Haltung noch den Tamburinrhythmus.

Etwa zwei Minuten später spritzen überall um den Schamanen herum kleine Bröckchen gefrorene Erde an die Oberfläche. Ich halte mein Fernglas ständig auf das Tamburin gerichtet und sehe die Erdbrösel am Schamanen abprallen. Ganz entfernt erinnert mich der Anblick an das Blubbern von kochendem Grießbrei. Nur dass hier statt des Breis die gefrorene Erde hochsteigt.

13:10 Uhr: Die Erscheinung verschwindet. Ich gehe hinüber zum Schamanen, der sich gerade aufgerichtet hat. An der Erdoberfläche zeigen sich überall Vertiefungen mit einem Durchmesser von 2,5 bis 3,5 Zentimetern und einer Tiefe von drei bis fünf Zentimetern. In weiterer Entfernung liegt Erde, etwas lockerer als die gefrorene, die aber schnell festfriert. Ich wende mich dem Schamanen zu:

Hast du sie sehen können?
Sie wirkten wie eine Art schwarzer, ledriger oder horniger Spitzen. Keine Ahnung, ob das Nasen, Köpfe oder Extremitäten waren.

Warum sind sie abgehauen?

Sie haben uns wohl bemerkt.

Können wir ihre Spuren aufnehmen?

Solche Spuren habe ich schon Dutzende Male gesehen, wenn der Schnee geschmolzen und der Boden noch gefroren war. Bloß – näher kommt man nicht an sie ran.

Weshalb?

Sie nehmen die Schallwellen wahr: durch die Luft, den Boden, die Felsen. Schon ein einziger Schritt von dir erzeugt gewaltige Vibrationen, die sie – um etliches verstärkt – viel deutlicher und noch aus weiter Entfernung hören können, da ihre Reichweite viel größer ist.

Kann man sie mit dem Rhythmus deines Tamburins anlocken?

Grundsätzlich ja. Aber ich werde das an niemanden weitergeben.

Warum?

Das Unberührte soll auch weiter unberührt bleiben.

Und weshalb hast du das dann gerade eben veranstaltet?

Ich habe eine neue Praktik ausprobiert.

Wie möchtest du sie weiterentwickeln?

Ich weiß es nicht. Mit der Zeit wird sie sich von alleine herausbilden. Es war nur wichtig, einen Anfang zu setzen.

## 1998, 2000, 2006
## Die Tunnels

**05.01.2006**

Irgendwo unter der Erde, in einem Dreieck zwischen den U-Bahn-Stationen »Teatralnaja« – »Ohotnij rjad« – »Ploschjad Revoljutzii« irre ich ständig umher, besteige den falschen Zug, fahre in die falsche Richtung, muss dann wieder zurück. Wobei es vielleicht schon früher anfängt: mit der »Kurskaja«, »Nowokusnetskaja« oder »Kusnetskij most«. Das Problem hatte ich aber auch schon während des Studiums, als die »Teatralnaja« noch »Ploschjad Swerdlowa« und die »Ohotnij rjad« »Prospekt Marsa« hieß. Sieht so aus, als steckte hinter der Namensgebung kein besonderes Prinzip.

Meistens verwechsle ich die Ausgänge und fahre, ohne es zu bemerken, in die falsche Richtung. Ich registriere das immer erst nach der Ringstation. Falls ich es schaffe, durch den Ring auf den richtigen Weg hinauszugelangen – endet meine Wanderung damit. Wähle ich hingegen »Zentrum« – kann es geschehen, dass ich mich erneut verfranse.

In jungen Jahren habe ich diese Odysseen immer auf meine Müdigkeit, die allgemeine Hektik und meine Gedankenversunkenheit geschoben. Vor Kurzem stellte ich in einem Gespräch mit meiner Bekannten fest, dass diese Irrfahrten aber keine Spezialität von mir allein sind. Sie kennt so etwas auch und hat es ihrerseits wiederum auf die Unterhaltungen mit ihrer Freundin geschoben. Ihre Erzählung enthielt aber ein für mich wichtiges Detail: Als meine Bekannte gemeinsam mit ihrer Freundin in die falsche Richtung fuhr, begegneten den beiden viele »seltsame« Menschen. Und das ging mir genauso: Wenn ich falsch gefahren bin, traf ich ebenso viele »seltsame« Menschen!

Ich erinnere mich zum Beispiel an einen grauhaarigen, grobschlächtig wirkenden Mann mit einem sehr arroganten und wenig vertrauenerweckenden Gesichtsausdruck: »Wir treffen uns im Bolschoi-Theater!«, brüllte er beim Aussteigen. Zu wem?

Ein andermal sah ich einen außergewöhnlich lebhaften afrikanischen Studenten, der auf mich wirkte wie schwarzes Quecksilber. Er tänzelte mit enormer natürlicher Leichtigkeit ein paarmal von einem Ende des Waggons ans andere Ende und erdrückte alle dermaßen mit seiner Energie, dass sie sich in diesem Moment alt und kaputt vorkamen. Alle – und doch nicht alle: Ein in der Mitte sitzender vollbärtiger Mann kommentierte das mit einer tiefen, klassischen, das Fahrgeräusch des Zuges übertönenden Bassstimme: »In einem schwarzen Körper – ein gesunder

Geist.« Wie einstmals auf dem griechischen Olymp das berühmte homerische Gelächter der Göttin Aphrodite und ihrem Liebhaber Ares noch ewig in den Ohren geklungen haben muss, hallte das Lachen der anderen Passagiere so lange in dem Wagen nach, bis der Afrikaner ausgestiegen und in der Menge draußen untergegangen war.

Da war auch eine seltsame Gruppe junger Leute, die förmlich nach Aggression rochen, so sehr, dass alle anderen sich ungemütlich fühlten. Sie waren zwar »korrekt« gekleidet, aber irgendwie eben doch sehr eigenartig. Dabei lässt sich diese »Eigenartigkeit« noch nicht einmal wirklich beschreiben: schwarze Jacken, Hosen, Schuhe … Plötzlich begannen sie damit, meine rothaarige Bekannte und mich anzustarren. »Gleich gibt's eine Schlägerei«, warnte sie mich im Flüsterton. Ich jedoch hatte keineswegs den Eindruck. Im Gegenteil, ich spürte, dass weder sie an uns, noch wir an ihnen wirklich interessiert waren. Und tatsächlich, ein paar Stationen später stiegen sie aus, warfen uns noch letzte Blicke zu und verschwanden für immer aus unserer Welt.

Ich könnte hier noch eine Menge solcher Begegnungen aufzählen, sie ereignen sich aber ausschließlich bei dieser Art von »Irrfahrt«, wenn man verkehrt herum unterwegs ist. Im Mai 2005 passierte das meinem Sohn und mir, woraufhin wir uns plötzlich in einem alten, proppenvollen Waggon wiederfanden. Dort hockten müde Arbeiter mit ihren Käppis, in speziellen Arbeitsanzügen, Stiefeln und einfachen Schuhen. Der Wagen war hoffnungslos überfüllt. Die Werktätigen fuhren nach einem schweren Arbeitstag im Betrieb nach Hause. »Wie in den 1930er-Jahren«, fasste mein Sohn seinen Eindruck in Worte, obwohl ich seinerzeit noch gar nicht auf der Welt gewesen war (und er demzufolge schon gar nicht). Wir stiegen aus, überquerten den Bahnsteig und fuhren zurück in einem modernen Waggon mit Menschen »aus unserer Zeit«.

Als all diese Irrtümer und seltsamen Begegnungen endlich ein vollständiges Bild ergaben, erinnerte ich mich an die Gespräche mit dem Schamanen über die Tunnels und deren Übergänge.

Als ich in die Irre fuhr, befand ich mich da in fremden Tunnels?

Ja.

Ist das die Erklärung dafür, dass ich dort so »eigenartige« Menschen traf?

Du wirst auf die wohl nicht weniger eigenartig gewirkt haben. Es gibt auch noch andere Erklärungen.

Welche?

Du würdest in einem falschen Tunnel niemals deine Bekannten treffen. Sie bewegen sich nur in euren Tunnels.

Ich bin doch zusammen mit meiner Bekannten und meinem Sohn dort gewesen.

Ihr seid zusammen dort hineingerutscht.

Und was, wenn ich mit meinem Sohn in dem Waggon mit den Arbeitern weitergefahren wäre?

Ein Mensch kann nur unbewusst in die fremden Tunnels gelangen.

Warum?

Bewusst führt er die gewohnten Handlungen aus, macht die gewohnten Schritte und bewegt sich ausschließlich in seinem eigenen Tunnel.

Was ist, wenn ich mich beim nächsten Mal in einem falschen Tunnel befinde, mir das später bewusst wird und ich trotzdem weiterfahre?

Du kannst, ohne es zu bemerken, weit in einem fremden Tunnel gefahren sein, und dabei kannst du dich ziemlich lange dort bewegen, ohne es zu wissen. Und höchstwahrscheinlich würde ein Mensch dort auch sterben, weil er sich nicht zurechtfindet.

Und was geschieht, wenn ich aus Neugier absichtlich weiterfahre?

Wenn dein Bewusstsein schnell wieder zurückkehrt, wird dich »derselbe Zug« an der nächsten Station in deinen eigenen Tunnel zurückbringen.

## 08.11.1998

Um weitere Erfahrungen machen zu können, wollte ich eine neue Praktik lernen. Zur Verbesserung meiner Selbstkontrolle schuf ich mir ein Mantra, das ich dreihundert Mal laut vor mich hin sprach, wobei ich versuchte, es zu spüren und mir vorzustellen. Ich wurde vollkommen ruhig und bemerkte plötzlich, wie unruhig der neben mir hin und her laufende Hermelin war.

Hilft die neue Praktik dabei, etwas Neues zu sehen, das man früher nicht bemerkt hätte?

Das, was da gerade geschah, ist ein seltener Zufall. Normalerweise muss man die Praktik lange üben, um sie dann für die Veränderung der Welt einsetzen zu können.

Warum verändert sich die Welt?

Das Bewusstsein des Menschen filtert aus der Menge der Eigenschaften der Welt nur die ihm nützlichen heraus. Diese Eigenschaften formen und bestimmen sein Welt-Bild. Das heißt, dein Bild und das Bild eines anderen Menschen stimmen nur dort überein, wo ihr auch dieselben Praktiken anwendet.

Wie das?

Vergleiche dazu beispielsweise mal den Elch eines Ewelnen mit dem Elch eines Stadtmenschen.

Verstehe. Wenn ich die Praktiken nun vielfältiger gestal-
te, würde sich dann nur mein eigenes Bild vergrößern
oder auch das meiner eigenen Welt?
Das der Welt, die durch dein Bild entsteht.
Das heißt, der Mensch kann anfangen, in einer Welt zu
leben, die sich von der Welt der anderen unterscheidet?
Er kann gehen, wohin er will, und wieder zurückkehren.
So machen es viele Schamanen.


## 03.01.2000

Die Praktik bestand darin, sich optimal von allem inneren und äußeren Trubel zu befreien, ruhig zu werden und
sich auf die Betrachtung des Schnees zu konzentrieren. In
wenigen Minuten würde der Mensch wissen, wo der momentan noch schneebedeckte Fußweg verläuft. Danach
muss er ganz ohne Eile auf diesem Pfad weitergehen und
dabei seinem eigenen Körper und seinem Bewusstsein
vertrauen. Leider redet der Mensch sich nach einer gewissen Zeit ein, auf diese Weise lasse sich der Fußweg unmöglich erkennen, »steigt aus« und landet im Tiefschnee.
Anschließend soll er sich aus dem Schnee herauswühlen
und wieder dort anfangen, wo er ausgestiegen ist. In zwei,
drei Tagen kann man dem Fußweg dann folgen, und das
schon fast fehlerfrei.

Der Schamane behauptet, dass man beim Training nicht nur dem Fußweg folgen kann, sondern auch den Spuren anderer Wesen und anderer Menschen.

Wie soll das gehen?

Wir alle hinterlassen in diesem Zeitraum etwas in unserem Tunnel, so wie wir auch unsere Spuren im Schnee hinterlassen.

Für immer?

Fast. Die Tunnels werden durch den Wirbel der Zeit »zuschneien«. Wie auch unsere Spuren zugeschneit werden.

Existieren auch »*windfreie*« Orte?

An solchen Orten fühlt der Mensch die Spuren der Vergangenheit dermaßen intensiv und deutlich, als wären sie gerade eben erst entstanden.

So was hatte ich, als ich neben einer Bergspitze, dem »Teufelsfinger«, stand.

Genau dort befindet sich auch so ein »windfreier« Ort. Viele Angehörige von Urvölkern sind schon einmal dort gewesen, so wie du auch.

Im Sommer werde ich hingehen, um »das Spüren der Vergangenheit« zu üben.

Denk daran, dass manche dieser Menschen in dieser Praktik schon ziemlich weit fortgeschritten waren und »das Spüren der Zukunft« praktizierten.

# 1977
## Stroibatowskoje Sommer –
## Der Sommer beim Baubataillon.

In den siebziger Jahren bestanden zwei Drittel der sowjetischen Armee aus den Baubataillonen (russ. *Stroibat*). Die Mehrheit derer, die in der Armee gewesen sind, erzählen, sie wären Angehörige der Luftlandetruppen, Piloten oder Seemänner gewesen, während sie in Wahrheit beim Baubataillon waren. Ich selbst war in den Jahren 1977 bis 1979 beim Baubataillon und bin stolz darauf. Denn ich habe keine Zerstörungen angerichtet, viel gelernt und das zwei Jahre lang.

In meinem ersten Dienst-Sommer musste unser Bataillon um eine Großstadt herum Kabel verlegen. Oft war es unmöglich, die Gräben mit dem Bagger auszuheben, weil auf manchen Grundstücken bereits Gas- und Wasserrohre, Telefon- und andere Kabel verlegt waren. Es gab einmal das Sprichwort (meines Wissens existiert es auch noch): »Zwei Soldaten aus dem Stroibat ersetzen einen Bagger.« Außer mir wollte keiner mit einer Bajonettschaufel akkurat abgesteckte, mehrere Meter lange Gräben ausheben … Da einige Kollegen bei der monotonen, schweren physischen Arbeit schon durchgedreht hatten, versuchte jedermann, sich vor dieser Arbeit zu drücken.

So herrschten immer großes Erstaunen und Dankbarkeit, wenn ich anderen anbot, den Dienst mit ihnen zu tauschen. Ich tauschte beispielsweise den Küchen- oder den Wachdienst und ging dafür selbst graben.

Mir machte gerade diese langwierige und eintönige Arbeit Spaß. Am zweiten oder dritten Tag begriff ich, dass man viele Stunden lang »nur mit dem Körper« graben, in Gedanken und mit der Seele dieser Arbeit jedoch entfliehen kann und auch dem Routine gewordenen Dienst. Von daher hätte man meinen können, der Solobon[50] grabe in aller Ruhe und Gewissenhaftigkeit, er sei vollkommen in die Arbeit vertieft, während ich mich in Wahrheit in Gedanken mit meinen Verwandten und Freunden unterhielt. Ich träumte, liebte, machte Pläne, schrieb im Kopf Erzählungen. Auf mein Grundstück kehrte ich nur ein paarmal am Tag zurück, wenn mir ein besonders sperriger Stein den Weg versperrte oder besonders clever angemachter Kabelsalat, und wenn man das Mittagessen brachte. So verging und verflog auch der folgende Tag meines Dienstes von insgesamt 730 Tagen, und ich strich ihn vor dem Schlafengehen in meinem Kalender durch.

---

50 Das erste halbe Jahr im Bataillon nannte man einen Soldaten *Solobon* (sinngemäß übersetzt »sehr jung«), das zweite halbe Jahr »jung«, im dritten »Schöpfkelle« und im letzten »Großvater«.

Bald schon hatten sich die Offiziere, Fähnriche und sogar die Sergeanten an meine »Gewissenhaftigkeit« gewöhnt und schickten mich mit einer Tagesration Lebensmittel, zwei Laiben Brot und einer Dose eingelegtem Fleisch, auf die am weitesten entfernt gelegenen Grundstücke, wo ich ungestört war. Nach einigen Anfangsschwierigkeiten ließen mich sogar die Dienstältesten in Ruhe, sie glaubten, dass ich besonders schwer und intensiv arbeitete. Nach etwa ein bis anderthalb Stunden hatte ich mit einer »Schnurka« (Spagat) die Umrisse der Gräben sorgfältig markiert, und dann existierte von mir auf dem Grundstück nur noch der grabende Körper. In den selbstverordneten Raucherpausen habe ich mir Mais vom Feld gekocht und in den Gärten der dörflichen Umgebung ein paar Obstbäume ein wenig »geschüttelt«[51]. Nach dem Sommer war ich kräftiger, erholte mich von den Abenteuern der Unizeit, die mir die Exmatrikulation eingebracht hatten, schmiedete klare Zukunftspläne, erdichtete einen Haufen grandioser Briefe an die mir bekannten Frauen und einige durchschnittliche Poeme für sowjetische Zeitschriften. Gegen Ende des Sommers begann ich sogar, die Wörter im Englisch-Russisch-Lexikon auswendig zu lernen und löste im Kopf Aufgaben aus der analy-

---

51 Zwei, drei Äpfel oder Birnen pro Tag, und immer aus verschiedenen Gärten. Mehr brauchte ich nicht, weil sowieso »alles mir gehörte« und ich auf den nächsten Tag wartete.

tischen Geometrie. Als im September sämtliche Gräben ausgehoben waren, brauchte ich eine volle Woche, um seelisch in die harte Dienstwirklichkeit zurückzufinden und meine neue Arbeit als Dachdecker an einer neuen »Baustelle« zu lernen.

Im Februar 2004, als ich die Notizen der Gespräche zwischen mir und den Schamanen durchlas, dachte ich lange darüber nach, wie sich sein Räucherofen von alleine durch seine Handlungen bauen konnte[52]. Das half mir, mich daran zu erinnern, wie meine Gräben sich damals durch meine Handlungen selbst gegraben haben. Möglicherweise befand ich mich damals, als ich die Gräben aushob, in einem ähnlichen Zustand wie der Schamane mit seinem Ofen. Einen Unterschied muss ich jedoch herausstellen: Der Schamane denkt an gar nichts, während er seinen Ofen zusammenbaut, ich jedoch habe bei meiner Arbeit intensiv geträumt. So lebt der Schamane Tage, Nächte und Jahre lang, er schafft sich seine Situation selbst – meine hingegen war vorgegeben und zeitlich begrenzt.

---

52 Im Kapitel »Das Lachen des Bären« behauptet der Schamane, er denke beim Zusammenbauen seines Räucherofen weder an diesen noch an irgendetwas anderes.

# 1998, 2000
## Die Muster der Zeit

### 03.01.1998

In manchen seiner Erzählungen hat der Schamane die zeitliche Reihenfolge »aufgehoben«. Ein Beispiel: Die Ameisen erscheinen in seiner Erdhütte[53] und beginnen, sich dort einzunisten, noch bevor die Hütte gebaut ist. Meine diesbezüglichen Einwände stören den Schamanen nicht. Entweder ignoriert er sie, oder er lacht darüber. Er sagt, seine Erzählungen seien korrekt, meine Auffassung hingegen primitiv.

Wie soll ich das verstehen: »Entgegengesetzte Zeitreaktion«?
Deine Wissenschaft[54] ist noch nicht so weit.
Kannst DU es mir erklären?
Die Zeit umschließt die Menschheit, wie deine Hände eine Spinne umschließen würden.

---

53 Der Schamane verwendet bei seinen Heilungen Ameisensäure und zwingt daher die Ameisen manchmal dazu, ihn zu beißen. Mir hat er das auch empfohlen, als eine nützliche Prozedur in manchen Situationen, der Nutzen ist allerdings sehr umstritten …
54 Hier: Psychologie.

Kapier ich nicht.

Die Menschen glauben, sie reagieren *heute* auf die Ereignisse *von gestern*.

Richtig.

Nur halb: Die Hälfte ihrer Reaktionen sind Reaktionen auf die Ereignisse des folgenden Tages.

Aber ein Mensch weiß doch gar nicht, was am nächsten Tag geschehen wird.

Sein Verstand weiß es nicht, aber seine Reaktionen wissen es durchaus.

Das würde bedeuten, der morgige Tag ist bereits vorherbestimmt.

Nein. Das heißt, die Zeit umschließt dich von überall: von hinten und von vorne, von rechts und von links.

Verstehe ich nicht. Dann könnte ich ja heute von etwas krank werden, das ich erst morgen essen würde.

*Das glaube ich nicht.* Selten. Der Körper ist weniger sensibel als die Emotionen. Du kannst aber heute schon traurig sein wegen morgen.

Kann der Mensch die Zukunft spüren?

Die Gefühle richten sich nicht nach dem sozialen Kalender.

Verstehe ich nicht.

Es sind nicht die Jahre, die einen altern lassen: Die Kalenderzeit vergeht, die Zeit der Gefühle aber nicht. Du kannst in ein paar Tagen um viele Jahre altern, denn die Zeit der Gefühle wird die Kalenderzeit überholen. Und du kannst dich verjüngen, wenn die Zeit der Gefühle rückwärts läuft, auch wenn der Kalender sich vorwärts bewegt.

Und wo ist da die Logik?

Eines Tages wirst du verstehen, dass die Zeit ein Kreislauf ist …

Wie funktioniert das?

Wie ein Schneesturm.

Ist das dein Ernst?

Ich sagte dir doch, eure Wissenschaft[55] ist noch nicht so weit.

Und woher weißt du das?

Von den Wesen, die deiner Ansicht nach gar nicht existieren.

Kann ein Mensch die Zeit zurückdrehen und damit jünger werden?

Es gibt eine Methode, aber die ist dir noch nicht zugänglich.

Was ist das für eine Methode?

Man muss das gesamte Kaleidoskop der Wahrnehmung einmal mit den Augen drehen.

Aber es ist doch kaum menschenmöglich, sich an alles, was man je wahrgenommen hat, zu erinnern.

---

55 Hier: die Wissenschaft als solche.

Man soll seine Wahrnehmung nicht linear ausrichten wie ein Video, sondern wie einen Kinofilm, in einzelnen Sequenzen »drehen«. Dann würden manche deiner Lebensphasen rückwärts laufen, und dir bliebe die darin gemachte Erfahrung.

Ich verstehe nicht, wovon du sprichst.

Sag ich doch, du bist der Methode noch nicht gewachsen. Dir fehlt die richtige Vorstellung davon.

Kannst du mir etwas über diese Vorstellung sagen?

Nein. Dir fehlen noch die Praktiken dazu.

Wieso kann ich ohne bestimmte Praktiken keine neuen Vorstellungen beziehungsweise Konzepte begreifen?

Manche, denke ich, würdest du auch so begreifen. In diesem Fall ist die Kluft jedoch zu tief. Die Ideen hinter den Praktiken sind zugleich wichtige Bestandteile davon. Du kannst beim Bau eines Hauses nicht mit dem Dach anfangen.


**20.07.1998**


Wie es scheint, habe ich dem Satz des Schamanen »Es ist Zeit ...« lange nicht genug Bedeutung beigemessen. Ich habe diesen Satz dermaßen ignoriert, dass er sogar in meinen Notizen fast völlig fehlt. Heute wurde der Satz »plötzlich« sichtbar und stach mir ins Auge. Mir ging auf, dass der Satz auch früher schon gefallen war, in bestimmten Zusammenhängen: »Es ist Zeit, den Sud der Gräser und Pflanzen abzugießen«, »Es ist Zeit, die Heilungsanordnung umzustellen«, »Es ist Zeit, mit dem Fischfang aufzuhören« …

Weshalb ist die Zeit zum Pilzesammeln »gekommen«?

Alles hat seinen Rhythmus, man muss es nur fühlen.

Hätten wir gestern keinen Erfolg gehabt, wenn wir Pilze sammeln gewesen wären?

Wir hätten weniger Pilze gefunden, und wir hätten Schwierigkeiten gehabt.

Das heißt, man kann durchaus ein Ergebnis erzielen, auch ohne den richtigen Zeitpunkt erspürt zu haben, wenn man mehr Energie in die Handlung einfließen lässt?

Längst nicht immer.

Warum?

Erinnerst du dich an eine Aufgabe in der Mathestunde: »Eine Frau kann nach neun Monaten entbinden. In welcher Zeit können neun Frauen entbinden?«

Soll das heißen, das Leben verläuft in vielen Rhythmen, die man nicht umgehen kann?

Viele. Auch ich kenne nicht alle.

Was würde passieren, wenn man die Rhythmen künstlich beschleunigt?

Einfach nur Zerstörung, Chaos. Viele Menschen zerstören genau auf diese Weise selbst ihre Sachen, Beziehungen und ihre Gesundheit.

Ja, aber das »Sozialmenschenhirn« zwingt die Menschen
oftmals dazu, die Dinge zu beschleunigen.

Deswegen leben alle, die lange leben, nicht im Rhythmus
des Sozialmenschenhirns.

Der Mensch altert und zerstört sich mit der/durch die
künstliche Beschleunigung?

Der Mensch altert, weil er den Rhythmen der Natur und
seiner Beziehung zu ihr nicht folgt. Diese Uneinsich-
tigkeit führt zur Disharmonie, und diese zieht Zerstörung und Chaos nach sich.


## 22.07.1998

Wenn der Schamane an ihren Lager- oder Siedlungsplät-
zen Gebrauchsgegenstände von den Urvölkern entdeckt
hat, betrachtet er sie ganz genau und fertigt anschließend
fast identische Objekte an. Heute hat er etliche Stunden auf
das Zurichten eines Feuersteins verwendet. Dieser soll
später als Pfeilspitze dienen. Er suchte sich ein paar lange
Stiele für die Pfeilschäfte und wurde nachdenklich, als er
sie besah.

Was denkst du[56]?

Hab ein Problem.

Sagst du es mir?

Ach du, *Gutsherr. (Der Schamane lächelte.)* Die Pfeilspitze
  zu fertigen – eine Sache. Ein Jäger der Frühzeit konnte
  sich an jedem Lagerplatz aus den dortigen Steinen
  mehrere davon zurechtklopfen. Viel wichtiger ist, die
  Spitze fest und sicher am Schaft anzubringen.

Also war die Welt für den Jäger der Urgeschichte letztlich
  eine Welt unendlich vieler, verstreut herumliegender
  Geschosse?

Ja. Darum brauchten sie sich nicht zu sorgen. Sie hatten es
  komfortabler, als die meisten Leute heute glauben
  würden.

Was war damals außerdem noch komfortabler?

Damals war die Welt auch noch eine unerschöpfliche
  Nahrungsquelle. So konnte ein erwachsener Mann als
  Jäger problemlos eine fünfköpfige Familie durchfüt-
  tern. Dabei vergrößerten sich seine »Schätze« mit je-

---

56 Ich begann den Dialog mit dem linguistischen Spiel, das wir manchmal machten. Im zweiten Spiel, der Ebene des unausgesprochenen
  Dialogs, entsteht der Dialog durch die Struktur eines beiden Mit-
  spielern bekannten, vorgegebenen Texts; in diesem Fall war es *»Wot
  mschitsja troika udalaja …«* (Eine Strophe aus einem Lied über drei
  Pferde, die mit einer Kutsche auf Reisen sind.)

dem erlegten Tier: Fell, Geweih, Gebiss und Krallen oder Hufe … Wenn seine Söhne dann etwa zehn Jahre zählten, halfen sie bereits mit, und die Familie befand sich in einer Phase des »Wohlergehens«.

Worin bestand der Beitrag der Kinder?

Sie begannen mit dem Fischfang und der Jagd auf Kleintiere. Somit brauchte der Vater manchmal keinen Gedanken mehr auf das Abendessen zu verschwenden, sondern konnte sich ganz auf den Bau seines Boots, auf Verbesserungen an der Hütte oder auf neue Strategien für die Großwildjagd konzentrieren. Damit verschafften die Kinder den Erwachsenen Zeit und Energie, um sich weiterzuentwickeln und neue Lebensstrategien einzuüben.

Und warum beschäftigst du dich mit den Pfeilen?

Indem ich mich mit ihrer Lebenspraxis beschäftige, kann ich in ihre Realität eindringen.

Bedingt?

Meist bedingt. Aber die gut beherrschte Praktik kann einen Tunnel an der Nahtstelle zwischen ihrer und meiner Zeit errichten.

## 22.07.1998

An meiner nächsten Frage habe ich etwa eine Stunde lang herumformuliert. Dabei beobachtete ich, wie der Schamane die Enden der Äste spaltete, eine Pfeilspitze dazwischenschob, um das Ganze anschließend mit Elchsehnen zu umwickeln.

Existiert die Zeit wirklich, oder ist sie eine rein menschliche Erfindung?

So, wie die Menschen sie sich vorstellen, existiert die Zeit in der Tat nicht. Es gibt Muster, die man in deiner Sprache etwa als räumlich-zeitlich bezeichnen könnte.

Und die Vergangenheit, die Zukunft?

Getrennt gibt es sie nicht. Die Vergangenheit lebt für die Zukunft.

Das heißt, die Zukunft ist vorherbestimmt?

Das weiß ich nicht. Ich weiß aber, dass es Wesen gibt, die aus den Kristallen der Vergangenheit die Kristalle der Zukunft »weben«.

Was sind das für Wesen?

Die Menschen zählen zu diesen Wesen.

Der Mensch kann seine Zukunft weder kontrollieren noch erschaffen.

Doch, in Teilen schon.

Aber wie?

Mit seinen Handlungen in der Gegenwart.

**22.07.2000**

Das plötzliche Erscheinen des Schamanen auf der Wiese vor meinem Haus ist für mich so alltäglich und normal geworden, dass ich darüber nicht mehr nachzudenken brauche. Heute jedoch hatte ich am Bach die Spuren eines Bären entdeckt und verhielt mich daraufhin vorsichtiger als sonst. Das höflich-leise Geräusch der Schritte des Schamanen brachte mich dazu, aufzuspringen und mich umzudrehen. Wahrscheinlich hat die Tatsache seines Auftauchens genau deshalb meine Aufmerksamkeit erregt.

Warum bewegen sich unterschiedliche Wesen in unterschiedlichen Tunnels?

Man könnte sagen, dass wir es sind, die sich auf der räumlich-zeitlichen Ebene bewegen und auf diese Weise »Muster« aus bestimmten reinen geometrischen Formen »anbringen«. Du gehörst zum Beispiel zu den »Mustern der Kugel«, ein anderes Wesen zu den »Mustern des Würfels«. Und es existieren nur wenige Stellen, wo sich die Bahnen von Würfel und Kugel überschneiden, das heißt, wo ihr euch begegnen könnt.

Gehören alle Menschen zu den »Mustern der Kugel«?

Nein, das war nur ein Beispiel. Viele deiner Bekannten bilden andere Muster aus, deshalb kannst du dich nur zu bestimmten Zeiten und an bestimmten Orten mit ihnen treffen.

Kann ich mich gezielt auf den Weg zu diesen Schnittstellen machen, um einen Menschen zu treffen, der mir bekannte und für mich nützliche Muster haben könnte?

Ja. Das geschieht intuitiv.

Wie?

Ein Beispiel: Ein junger Mann denkt über die Eigenschaften seiner Traumfrau nach. Wenn er es dann schafft, im Einklang mit seiner Intuition zu handeln, würde er genau dorthin »geleitet«, wo sich ihre und seine Wege kreuzen.

Könnte man daraus eine Methode ableiten und etablieren, etwa um verschollene Verwandte zu suchen oder – für die Polizei – um Verbrecher aufzuspüren?

So ungefähr.


## 22.07.2000

Natürlich hatte ich nicht wirklich vor, in die Realität der Urvölker oder der Tschuktschen einzudringen, aber der

Gedanke daran erschien mir schon sehr spannend. Und überhaupt könnten die Praktiken der Frühzeitmenschen heute sehr nützlich sein, vor allem in unserer Region, hier bei uns am Ufer. Ich beschloss, die »Urzeitgebräuche« vom Schamanen zu lernen. Weil er aber mein Vorhaben nicht als Ironie missverstehen sollte, fragte ich ihn ganz konkret:

Kann ich irgendeine für mich nützliche und einfache uralte Handwerkstechnik lernen?
Natürlich.
Womit soll ich anfangen?
Mach dir zum Abendessen ein paar Löffel.
Erklärst du mir das?
*Du suchst dir einen geraden Ast, spaltest ein Ende, steckst eine Muschelschale hinein und umwickelst das Ganze mit Elchsehnen.*
Großartig! Genial! Weshalb kennen die modernen Touristen und die Nomadenstämme so etwas nicht?
Sie denken in ihren eigenen Bahnen.

Nachdem ich passende einfache Muschelschalen und dazu noch ein paar Kammmuscheln gesucht und gefunden hatte, fertigte ich mir ohne Eile zwei Löffel und aus der tiefen Schale einer Kammmuschel einen Schöpflöffel. In der nächsten Saison wirkten diese Gegenstände bereits so alt und erprobt, dass ein Teil meiner Bekannten sie tatsächlich für echte Fundstücke von den Lagerplätzen der urgeschichtlichen Menschen hielt. Und ich hatte noch etwas begriffen: Für einen Urzeitjäger bildete die Welt eine Quelle für alle möglichen Gegenstände des täglichen Nutzens, man brauchte nur die Einzelteile zusammenzusammeln und sie anschließend miteinander zu verbinden.

⌒

## 1999
## Das Lachen des Bären

### 21.07.2007

Wahrscheinlich könnte ich gar nicht so leben wie der Schamane. Ein normaler Mensch braucht schließlich Informationen, Unterhaltung, heiße Bäder, Kaffee, einen Fernseher, einen asphaltierten Bürgersteig. Männer brauchen Frauen und Frauen Männer. Nicht nur physisch, auch für die Seele. Man hat schon nach ein bis zwei Monaten des Lebens in der Abgeschiedenheit, in der Wildnis, Sehnsucht nach der Stadt.

Ich beobachte gerade, wie der Schamane seinen Räucherofen repariert – es ist, als sähe ich ihm dabei das erste Mal zu. Seine Bewegungen sind sicher und kraftvoll, er ist völlig konzentriert und ruhig. Er besitzt nicht die geringste Ähnlichkeit mit einem Ewelnen. Das ist ein moderner, disziplinierter Mann, der weiß, wie man mit Situationen und mit Menschen umgeht. Bald werde ich in die Stadt zurückkehren, und er sieht vielleicht jahrelang keine Menschenseele mehr. Die endlosen Polarnächte, Winter, Schnee, das ewige Eis. Das beunruhigt ihn überhaupt nicht. Er bliebe genauso gelassen, wenn er der letzte Mensch auf dieser Erde sein sollte. Vielleicht wird er es auch sein? Jetzt ist mir aber wirklich blümerant zumute.

Warum besorgst du dir keinen Hund?
Einen Hund braucht nur der, der sich in seinem Lebensraum und seiner Zeit einsam fühlt.
Wie meinst du das?
Deine Tiere haben Anspruch auf dein Territorium und deine Zeit.
Na und?
Die Sache ist die: Der Lebensraum und die Zeit des Menschen sind begrenzt, nur kapieren viele das nicht.
Könntest du ein Zusammenleben akzeptieren?
In meiner Umgebung schon. Es könnte aber sein, dass der Hund mehr als zwanzig Jahre bei mir leben würde. So

lange plane ich nicht im Voraus und hier an diesem Ort schon gar nicht.

Du kannst den Hund doch dann bei den Ewelnen lassen.

Der Hund ist dann von dir abhängig. Seine Seele wird dich überall suchen, und du würdest dir Vorwürfe[57] machen.

Wahrscheinlich denken auch manche Menschen an dich.

Deshalb befasse ich mich immer nur kurz mit Menschen, die von mir abhängig werden könnten.

Hast du auch Spaß?

Sogar ein Bär hat Spaß. Damals, als ich noch die Verantwortung für meine Kinder trug, ist mein Leben in der Taiga voller Freude gewesen.

Dann macht dir jetzt dein ganzes Leben – Freude?

Fast die ganze Zeit über. Doch das ist nur ein Teil des Lebens.

Und was gibt es noch?

Du solltest lieber nicht über meine Sinne nachdenken. Denk lieber über deine eigenen nach.

Gibt es irgendwas Konkretes, was du als Spaß bezeichnest?

---

57 Genau dieses Wort hat der Schamane verwendet.

Zum Beispiel studiere ich die Tunnels und deren Wesen.
Und was ist mit den Eremiten früherer Zeiten, haben die
sich amüsiert?
Das bezweifle ich.


**22.07.2007**


Etwa eine Stunde Fußmarsch von der Hütte des Schamanen entfernt, wurde ich auf ein Geräusch aufmerksam –
es war eine Art dunkles, tiefes Summen. Ich drehte mich
in die Richtung, aus der das Geräusch kam, und hörte
genauer hin. Das Geräusch wiederholte sich in etwa gleichen Zeitabständen. Aber nur ungefähr. Das war ein »na-
türliches« Geräusch. So eine Abfolge klingt eher nach einem Tier, das gerade balzt oder spielt.

Mit unbekannten Tieren soll man vorsichtig sein. Ich
zückte mein Fernglas und unterzog die Umgebung einer
genauen Musterung. Das Geräusch wurde lauter und erinnerte mich jetzt an den Klang des *Hamus*, eines Musik-
instruments. Da war doch was! Irgendetwas Massiges
wälzte sich anscheinend genau an dem Platz, wo das Geräusch herkam. Ich musste einen Bogen von etwa dreißig
Metern schlagen, damit der Wind dem Wesen meine
Witterung nicht zutrug. Näher herangekommen, probierte ich verschiedene Beobachtungsplätze aus und fand

eine bequeme Stelle. Dann kostete es mich keine fünf Minuten, um das Szenario zu verstehen:

Es war ein Bär. Immer wieder zupfte er mit seiner Pfote an den von einem Erdrutsch freigelegten und gespaltenen Wurzeln einer Birke. Dadurch versetzte er das Holz in Schwingungen, die diesen ungewöhnlichen »Sound« erzeugten. Der Bär war ganz hingerissen, wiegte sich zu dem Summen hin und her, konnte nicht davon lassen und bemerkte nicht, dass er Publikum hatte. Ich beobachtete ihn zwanzig Minuten lang und ging dann weiter.

Ich habe gerade einem Bären zugesehen, der auf einem Holzhamus spielte.

Er spielt nicht nur.

Was noch?

Er stellt sich ein.

Worauf?

Auf die Schwingungen mit niedrigen Frequenzen.

Wozu?

So wie ein Mensch auch, der das Hamus spielt. Er lenkt sich ab von der alltäglichen Hektik und stellt sich auf die natürlichen Rhythmen dieser Umgebung ein.

Der Mensch meditiert bei den Klängen des Hamus?

Wenn du das so ausdrücken möchtest, dann ja.

Und der Bär?

Der Bär macht das auch, nur seltener.

**22.07.2007**

Ich glaube, der Schamane begreift jetzt, dass ich mit ihm
über das Problem der Einsamkeit reden möchte. Seiner
Ansicht nach werden die Menschen dieses Problem in
der Zukunft lösen.

Weißt du, dass ein Urzeitmensch, der aus seinem Stamm
gejagt wurde, an Einsamkeit starb?

Natürlich. Der moderne Mensch gäbe auch schnell auf,
wenn er wüsste, dass er nie mehr wieder einem anderen Menschen begegnen würde.

Warum?

Weil ihm der Sinn für eine Weiterexistenz verloren schiene.

Wie sollte man sich denn in so einer Situation verhalten?

So eine Situation kann man heute ausschließen. Der
Mensch würde immer hoffen, dass er eines Tages einem anderen Menschen begegnen wird.

Du wartest aber offensichtlich nicht darauf, dass dir jemand begegnet.

Wahrscheinlich bin ich nicht wirklich ein Mensch.

Was willst du damit sagen?

Ein Mensch ist Mitglied der menschlichen Gesellschaft,
darin besteht sein Daseinszweck, das heißt, das Funda-

ment des Lebens. Ich gehöre einer anderen Gesellschaft an.

Welcher anderen?

Ich bin ein Mensch, ein Rabe, ein Bär, ein Schneemensch und vieles mehr. Ein Bär beispielsweise kann gut ohne Menschen leben.

Weißt du, was die in der Stadt bei dir für eine Diagnose stellen würden ...?

Logisch. *(Lacht.)* Nur bin ich sozialkompetent. Es ist wirklich nicht schwierig, einen Psychiater dazu zu bringen, die Diagnose »normal« zu stellen. Und tief in seinem Herzen fügt er hinzu: »Hoffnungslos normal.« *(Lacht wieder.)*

Warum ist das witzig?

Ich lache, weil ich abgelehnt werden könnte. Ein Mensch, der ganz und gar in etwas aufgeht, lacht nicht. Dieses Lachen kannst du beispielsweise »das Lachen des Bären« nennen. Oder – noch besser – »das Lachen des Raben«, damit du keine Angst zu haben brauchst.

Könntest du ganz ohne die Menschheit leben?

Eine Zeit lang bestimmt, aber anders.

Wie »anders«?

Die Kleidung, die Waffen, die Werkzeuge – all das hätte ich mir selber machen müssen.

Mit der Kleidung, den Waffen, den Werkzeugen hätten es viele gekonnt.

Nein.

Warum?

Dafür gibt es viele Gründe. Zähne reparieren, den Magen heilen. Nur ein gesunder Mensch, der die Welt versteht, hätte physisch lange durchgehalten. Psychisch jedoch wäre er zugrunde gegangen.

Verstehe. Worüber denkst du an den langen Tagen und in den Nächten nach, wenn du alleine bist?

Über gar nichts.

???

Der Mensch grübelt in einem fort über seine Angelegenheiten nach, weil er keine anderen Strategien zur Daseinsbewältigung gelernt hat.

Sagen wir mal, du baust dir einen Räucherofen. In dieser Zeit denkst du doch darüber nach.

Nein.

Und wie baust du ihn dann??

Er baut sich von alleine, durch mein Handeln.

Du hast doch aber über dein Handeln nachgedacht.

Nur über das Handeln im Allgemeinen.

Das kann der Mensch nicht.

Natürlich nicht, denn der »normale« Mensch denkt in Worten.

Wenn ich nicht nachdächte über das, was ich tue, würde ich es gar nicht hinkriegen.

Richtig – solange dir keine anderen Praktiken zur Verfügung stehen.

Wie gehst du vor?

Wenn du mit der Hand nach etwas greifst, überlegst du nicht, warum die Hand sich bewegt, du machst es einfach. Und ich habe mich ganz in der Hand, so wie du deine Hand beherrschst. Deshalb baut mein Räucherofen sich von alleine – doch in welcher Weise er das tut, das ist sehr schwer zu erklären.

Ich kann aber meinen Studenten erklären, warum und wodurch die Hand sich bewegt. Das Motiv – das Ziel – das Programm – der Akzeptor der Bewegung – die Nervenimpulse – die Verringerung des Muskeltonus.

*Mythologie.* Deine Studenten werden dir das vielleicht abkaufen, aber du selbst weißt genau, dass diese Erklärung noch sehr lückenhaft ist.

Dann gib mir doch eine andere, aber mindestens auf demselben Niveau.

Du meine Güte, ein Student würde versuchen, die Hand auf der Skizze in seinem Lehrbuch zu bewegen. Genauso musst du auch vorgehen, ohne immer erst zu versuchen, Erklärungen zu finden. Nur wenig und immer Schritt für Schritt.

Was geschieht mit mir, wenn ich versuche, so zu handeln wie du?

Ohne die entsprechenden Praktiken würde das eintreten, was man als »ganz normalen Wahnsinn« bezeichnet.


**26.07.2007**


Der Schamane ist politisch uninformiert, er lebt auch ohne Kalender. Die Staatsform interessiert ihn auch nicht. Wahrscheinlich hilft ihm genau das, die Zeit nicht wahrzunehmen. Von einem bestimmten Moment an begann ich zu glauben, er machte das ganz bewusst so.

Wo feierst du dieses Jahr Silvester?

Ich merke das, wenn die Tage länger werden.

Ich möchte wissen, ob du in der Nacht vom 31. Dezember auf den 1. Januar etwas Besonderes vorhast?

Die Einheimischen feiern im Sommer Silvester, wenn die Sonne hochsteht[58]. Wann feiert man denn besser?

Hast du einen Kalender?

Ich brauche keinen Kalender, und die Nacht ist zum Schlafen da.

Ich habe einige Bücher von Carlos Castaneda gelesen. Darin schreibt er, der Mensch solle eine straffe Ord-

---

58 Der Schamane spricht von einem Fest der Ewelnen namens »Hebdebyldag«.

nung haben und auf gar keinen Fall der Unordnung frönen.

*Das erscheint mir nicht besonders klug.* Es gibt eine Ordnung für das Jahr, für die Zeit, für den Tag, für Krankheit und Heilung, für Blühen und Verblühen, für den Atem, ganz gleich, was …

Wenn du mal eine Nacht nicht geschlafen hast, was passiert dann mit dir?

Ich halte es über mehrere Tage hinweg ohne Schlaf und ohne Nahrung aus, aber irgendwann brauche ich mein Essen und meinen Schlaf. Da kann man nichts machen.

Und weshalb könntest du nicht am Tag schlafen und in der Nacht essen?

Der Mensch soll lieber in der Nacht schlafen, weil er da am weitesten von der Sonne entfernt ist. Und wach sein sollte der Mensch am Tag, wenn er am weitesten vom Mond entfernt ist. Ich drücke das jetzt mal etwas krasser aus: *Entweder du hast da etwas nicht kapiert, oder du hast Unsinn gelesen. Schwimm lieber nicht gegen den Strom.*

Was ist denn Besonderes an der Beziehung zu Sonne und Mond?

Alle Menschen wissen das. Vor allem die Frauen. Sonne und Mond spenden uns nährende Energie.

Wie nährend?

Das hängt nicht vom Menschen selbst ab, sondern vom jeweiligen Element. Ein Mensch, der oft nachts auf ist und dafür am Tag schläft, altert schneller.

Weißt du, manchmal fliege ich nach Moskau und wieder zurück. In der Zeit ändert sich mein Tagesrhythmus wegen der Zeitverschiebung zweimal für acht Stunden.

Das schadet deinen Ressourcen ganz erheblich.

**02.08.2007**

Manche Gegenstände in der Hütte des Schamanen wecken meine Neugier. Sie stammen offensichtlich nicht aus dem Ausland, vielmehr scheinen es irgendwelche sehr alten russischen Werkzeuge zu sein. Offensichtlich ist auch die Tatsache, dass man etwas Derartiges nirgendwo in der Stadt mehr zu sehen bekommt.

Woher hast du diese Metallhacken und diesen Aluminiumstreifen?

Ich habe sie hier versteckt, als ich meine alte Hütte abgerissen habe.

Und wie kommen sie dorthin?

Aus der Hütte davor. *(Lacht.)*

Und das allererste Mal? *(Wir lachen beide.)*

In der Zarenzeit bestand hier eine Verbindung, ein *Trak*, von Jakutsk bis Ohotsk. Unter und über diesem Trak verlief die königliche Telegrafenleitung. Das hier stammt von den Masten. Schau her, der Haken trägt einen Stempel mit dem Doppelkopfadler.

Warum haben die Jäger, die auch Buntmetall sammeln, diese Dinge seinerzeit nicht mitgenommen?

Meiner Meinung nach gab es da während der letzten fünfzig Jahre keine richtigen Jäger.

## 02.08.2007

Auch beim Thema Pilze ist der Schamane ein echter Fachmann. Er sammelt etwa vier Monate: von Anfang Mai bis Anfang Oktober. Die Einwohner von Magadan gehen wesentlich kürzer in die Pilze, nur etwa zwei Monate lang: von Mitte Juli bis Anfang September. Jede Frage über die »Pilzvölker«, wie er sie nennt, kann der Schamane spontan beantworten. Er sagt, die Pilze selbst verrieten ihm alles über sich.

Warum wachsen diese Pilze hier im Kreis?

Das sind ganz normale Hexenkreise.

Oder werden sie von den Menschen angepflanzt, die Pilze auf ihren Köpfen tragen?

Wo hast du solche Menschen gesehen?

Auf Felsbildern.

Das sind uralte Malereien, Hinterlassenschaften der Menschen-Fliegenpilze.

Was haben sie für eine Bedeutung?

Die Einheimischen kommunizieren manchmal mit ihnen, ich allerdings habe damit noch keine Erfahrung.

Das heißt, diese Pilz-Kreise haben »normale Hexen« geerntet?

»Hexenkreis« ist der gewöhnliche Name. Den Kreis in der Mitte fressen entweder die Erdeichhörnchen oder Erdhörnchen auf, vielleicht verfault er auch einfach.

Aber für gewöhnlich wachsen die Pilze nicht im Kreis. Warum hier?

Hier herrschen gleichmäßige Bedingungen, und außerdem befindet sich hier das Zentrum der örtlichen Windrose.

## 2004
## Was bedeutet »Außenwelt«?

Während meines Referendariats arbeitete ich ein paarmal in der Woche ehrenamtlich bei der Telefonseelsorge. Nach den Gesprächen fragten mich die Anrufer oft, ob sie mich treffen könnten oder ob ich sie auch persönlich betreuen könnte. Ich pflegte zu antworten, dass ich bald »weit und lange« weg sein würde; wenn aber jemand dann trotzdem insistierte, traf ich sie oder ihn mitunter doch. Eine Klientin, eine reife, intelligente Frau, erzählte mir folgende Geschichte:

Als sie selbst gerade 22 Jahre alt war, bekam ihre Mutter eine schwere Lähmung. Nach einem Jahr stellten sich dann auch psychische Probleme ein. Zwei Jahre lang kümmerte sie sich dann gemeinsam mit ihrem Vater um die Mutter. Das war eine sehr schwere Zeit. Sie unterbrach ihr Studium, schraubte ihre eigenen Bedürfnisse vollkommen zurück und nahm eine Stelle als Erzieherin in einem Kindergarten an, wo sie sich ausschließlich zu den Nachtschichten einteilen ließ, damit ihr Vater, der seiner Beschäftigung tagsüber nachging, sich um ihre Mutter kümmern konnte. Einige Zeit später kam ihr Vater zu Geld, kaufte ihr (der Klientin) eine Wohnung, da sie sich »ihr Leben nicht kaputtmachen sollte«, und so zog sie von zu Hause aus. Woher das Geld stammte, interessierte sie seinerzeit nicht, und später konnte sie den Vater nicht mehr fragen. Vor seiner Pensionierung war ihr Vater wissenschaftlicher Mitarbeiter gewesen. Als er seinen Beruf aufgegeben hatte, konnte er sich zwar uneingeschränkt um seine Frau kümmern, doch machte sich die finanzielle Differenz zwischen seiner Rente und dem regulären Einkommen schon unangenehm bemerkbar.

Nachdem meine Klientin eine Zeitlang alleine gewohnt hatte, ging es ihr schon wesentlich besser. Sie war zu einer schönen jungen Frau herangewachsen und schloss sogar ihr Studium noch ab. Nach einem Jahr heiratete sie, dann bekam sie zwei Kinder, die jetzt bereits erwachsen sind und eigene Familien gegründet haben. Einmal im Jahr fuhr sie heim und betreute einen Monat lang ihre Mutter, gab damit ihrem Vater die Möglichkeit, sich bei ihrem Bruder auf dem Land zu erholen.

Die Verwandtschaft mütterlicherseits hatte sich von ihrer Mutter abgewandt, die Tanten und Nichten boten kein einziges Mal ihre Hilfe an, besuchten die Mutter kein einziges Mal. Mit Kritik sparten sie die ganzen 14 Jahre über jedoch nicht, beschuldigten den Vater meiner Klientin hinter seinem Rücken, sich nicht richtig um ihre Mutter zu kümmern. Manchmal hörte sie (meine Klientin) sich die Vorwürfe an, versuchte, die Dinge richtigzustellen, und gelegentlich erzählte sie sogar dem Vater davon. Dieser reagierte aber nicht darauf.

Der Vater wurde nachdenklich, grüblerisch, abweisend. Zu seiner Tochter hatte er nur wenig Kontakt. Ein Jahr später, nach dem Tod der Mutter, ging der Vater in den Norden auf die Jagd und kam dabei um. Nachdem ihr jüngerer Sohn geheiratet hatte und ausgezogen war, dachte meine Klientin oft über ihren Vater nach und wie sehr er ihre Mutter geliebt haben musste. Sie hatte sich eingebildet, der Vater hätte damals, in den Zeiten des Sozialismus, als er ihr die Wohnung kaufte, dafür ein Verbrechen begangen. Sie hielt es für wahrscheinlich, dass er eine Bank oder ein Geschäft ausgeraubt hatte. Sie erinnerte sich daran, wie er seinerzeit oft nächtelang weggeblieben war und dann erzählt hatte, er hätte einen Nebenjob als LKW-Ablader. Nun begann sie, viel für ihn zu beten. Dann entwickelte sie Hassgefühle auf ihre Verwandten mütterlicherseits und damit auch den Wunsch, sich an ihnen zu rächen. Der Verstand weiß zwar sehr wohl, dass man jemanden nicht für seine fehlende Nächstenliebe bestrafen darf, vergisst es aber oft. Einmal ertappte meine Klientin sich selbst dabei, wie sie bereits konkrete Pläne schmiedete, um ihren Rachefeldzug gegen eine der Verwandten zu starten. In diesem Augenblick beschloss sie, professionelle Hilfe in Anspruch zu nehmen.

Dieser Fall hat mich sehr beschäftigt, auch, weil die Behandlung vor meiner Abreise noch nicht abgeschlossen war. Ich hatte mir damals fest vorgenommen, selbst in solchen Fällen von Zeitmangel meinerseits weder meine Telefonnummer noch die E-Mail-Adresse an Klienten herauszugeben. Diese Frau aber bekam beides.

Wie ich bereits erwähnt habe, spricht der Schamane nicht mehr als ich. Vielfach enthalten unsere Dialoge und meine Schilderungen interessante Fragen und Antworten, sie werden hier aber nicht alle aufgeführt, weil sie oftmals nicht über die Grenzen des Alltäglichen hinausgehen.

Nachdem ich dem Schamanen die Geschichte meiner Klientin erzählt hatte, entspann sich zwischen uns der folgende Dialog:

Arbeitest du jetzt an ihrem Schuldgefühl?

Ich glaube eher, dass die Schuldgefühle meiner Klientin in Feindseligkeit ihrer Verwandtschaft gegenüber umgeschlagen sind.

Hatte ihr Vater Grund, von den Verwandten seiner Frau enttäuscht zu sein?

Ja – gekränkt zu sein, enttäuscht zu sein.

Aber er hat sie nicht beschuldigt?

Nein. Dafür sie ihn.

Was glaubst du, aus welchem Grund?

Vielleicht hat er ja wirklich etwas falsch gemacht.

Sie hätten ihn so oder so angegriffen, ganz gleich, was er getan hätte.

Ich verstehe. Auf diese Weise haben die Verwandten ihre eigenen Schuldgefühle betäubt. Auch die wegen des Verrats.

Ja. Und sie überhäuften denjenigen mit Vorwürfen, der sich untadelig verhalten hat.

Hätte er ab und zu weniger »untadelig« sein sollen?

Wenn er Zusammenbrüche gehabt, getrunken und noch auf andere Arten Schwäche gezeigt hätte, wäre ihm ihr Mitleid sicher gewesen. Und seiner Frau wäre es bei Weitem schlechter ergangen.

Sie hat doch gar nichts mehr mitbekommen.

Ihre Seele hat alles verstanden, hat sich Sorgen um ihn gemacht.

Wusste er das?

Er wusste das. Deswegen haben ihn die Vorwürfe der Verwandten ziemlich kaltgelassen.

Warum hat er seiner Tochter nichts davon erzählt?

Er war ein starker Mensch. Aber darin lag auch sein Fehler. Er glaubte nämlich, seine Tochter würde auch alles verstehen.

Das heißt, er hat nicht unter den Anschuldigungen gelitten?

Nur ein bisschen. Er hatte seinen inneren Frieden und ist in seinem Leben aufgegangen.

Und weshalb hasst meine Klientin ihre Verwandten jetzt so sehr?

Weil sie sonst sehr leiden würde. Und weil sie denkt, dass ihr Vater auch sehr gelitten hat.

Hat er nicht?

Nein, er hat in einer ganz anderen Welt gelebt.

In welcher?

In der Liebe.

Aber er war doch auch ganz »normal«: Er trank, aß, hat sich mit den Nachbarn gestritten. Vielleicht hat er sogar Leute bestohlen.

Erinnere dich doch bitte mal daran, wie viel Geld die Menschen damals bei sich trugen. Fünf Rubel, fünfundzwanzig? Fünfzig? Als Taschendieb hätte er bestimmt zehn Jahre gebraucht, um das Geld für die Wohnung zusammenzuklauen – er hatte es aber auf einen Schlag. Er gelangte durch die »Pforten« der anderen Welt an das Geld.

Und in unserer Welt – war das ein Bankraub?

*(Der Schamane ignorierte meine Ironie.) Das glaube ich nicht.* Seine eigene Kraft und seine starken Gefühle eröffneten ihm die Möglichkeit, in eine andere Welt hinüberzuwechseln. Und hier war er nur das, was die Wissenschaftler als »äußeren Beobachter« bezeichnen würden.

Also hatte er ein viel besseres Leben als die anderen?

Ein besseres als viele andere.

Schade, dass ich seiner Tochter das nicht sagen kann.

Warum?

Für sie ist so etwas mystisch. Sie würde mich danach nicht
mehr als Psychotherapeuten betrachten.

Du willst nicht mehr, kein spiritueller Berater, für sie
sein?

Das auch.

Du brauchst ihr das nicht zu erklären, sie muss es von
selbst verstehen.

Ich selbst kann das auch nicht alles …

Lüg nicht. Hab keine Angst.

## 17.06.2007

Ich richte mein Fernglas in die Richtung auf den Abhang,
wo derzeit ein Bär Quartier genommen hat. Seine Spuren
kommen von dort und führen dorthin zurück. Eigentlich
ein gewöhnlicher Abhang, nur kommen mir die Büsche
etwas abweisender, düsterer vor. Als ich das erste Mal auf
Kot von ihm stieß, dachte ich nur: »Komisch, wie kommt
denn hier ein Pferd her?« Und ging sorglos pfeifend weiter. Nur etwa zwanzig Minuten später checkte ich, dass
ich es hier nicht mit einem Pferd zu tun hatte. Und mit
einem Schlag veränderte sich die Welt.

Im Jahr 2002 ereigneten sich in Jakutien und im Bezirk Chabarowsk zahlreiche große Waldbrände. Und so kamen die Bären aus dem Westen und Süden des Landes hierher zu uns. Unser Neuankömmling hier musste einer von ihnen sein. »Wir sind fremd hier und haben kein Zuhause mehr«, würde der Bär vielleicht sagen. Gesehen hatte ich ihn noch nie, gehört aber schon öfter. Wenn ein Bär viel Beeren gefuttert hat, bekommt er heftiges Bauchgrummeln, das klingt dann ungefähr so, als grunzte in der Nähe ein Schwein. Aber Schweine gibt es hier genauso wenig wie Pferde. Mit Sicherheit hatte der Bär mich schon öfter gesehen. Die Studenten sagen, ein Bär »versetze einen in Anspannung«. Und tatsächlich zieht man vor lauter innerer Alarmbereitschaft beim Herumlaufen die Schultern dermaßen hoch, dass man davon irgendwann Genickschmerzen bekommt. Ich möchte den Bären wirklich nicht erschießen, aber man sollte ihn von hier fortjagen.

Der Schamane lacht über mein Problem mit dem »Bärchen«. Die beiden stehen ja schon beinahe auf Schmusefuß miteinander.

Wie schützt du dich denn vor ihm?
Das würde dir nichts nützen. Und entspann dich mal lieber noch nicht. Steck dir immer eine Trillerpfeife ein, eine Schreckschusspistole oder – noch besser – gleich einen Revolver.

Aber ein Revolver macht doch so viel Krach. Vor allem wiegt er einiges, und dann wird mein Rucksack noch schwerer.

Trotzdem besser ein Revolver … *(Lacht.)*

Sag mir wenigstens, worauf ich mich ausrichten muss.

Das ist gefährlich. Sonst verfällst du mir noch in die Illusion, dass du selbst …

Ich verspreche dir, »mit beiden Beinen auf dem Boden zu bleiben«.

*Ich weiß*, wie ich mit dem Bärchen umzugehen habe.

Erklärst du es mir?

Das kann man nicht erklären. Du musst einfach in verschiedenen konkreten Situationen unterschiedlich handeln. Ich verstehe besser als du, wie die Welt funktioniert. Und auch wie ein Bär »funktioniert«.

Weißt du, an der Uni haben sie uns gelehrt, der Bär sei »keine objektive Realität«, die »unabhängig von unserem Bewusstsein« existiere.

Ich musste damals auch eine Prüfung in Philosophie ablegen im Institut für Medizin. Die Philosophie lehrt viel, aber es reicht nicht aus.

Es reicht nicht aus – wofür?

Gehört das »Spiegelbild« nicht zu den Hauptkategorien? Nur »spiegelt« sich in meinem Bewusstsein längst nicht alles, sondern nur das, was mir entspricht. Und auch das nicht sofort.

Wie »nicht sofort«?

Ein Erwachsener sieht, hört und versteht besser als ein Kind, obwohl sein Gehör als solches schlechter sein kann. Er hat sich einfach schon weiterentwickelt.

Das heißt, ich kann in dieser Welt nur so viel wahrnehmen und verstehen, wie es meinem Entwicklungsstand entspricht?

Ja.

Kannst du mir ein paar Beispiele dafür geben?

Ich kann mit den Bäumen und den Tieren reden und du nicht.

Du beherrschst ihre Sprache.

Das hat nichts mit irgendeiner Sprache zu tun. Wenn du dich weiterentwickeln würdest, könntest auch du in den Bäumen und den Tieren viel Neues erkennen. Und das würde dir verstehen helfen, auf welche Weise du mit ihnen kommunizieren kannst. Die Sprache bringt dich im Moment nicht weiter.

Das heißt, ich kann es eigentlich, aber ich kann es noch nicht verstehen, weil ich nicht weiß, wie?

*Exakt.*

Was hindert die Philosophen denn deiner Meinung nach daran, es zu verstehen?

Dummköpfe lassen sich von Begriffen wie »Das Objekt« und »Die Realität des Objekts« abhalten.

Weshalb?

Weil sie glauben, die Gegenstände entsprächen tatsächlich ihrer Wahrnehmung. Natürlich kann man dann nichts mehr verstehen.

Und was hindert die Klugen am Verständnis? Es gibt doch auch noch etwas gescheitere Menschen.

Mangel an Erfahrung. Ein wirklich kluger Mensch kann plötzlich verstehen, wie man mit den Bäumen, den Wolken und dem Eis sprechen kann. Nur wenn er mit dieser Kommunikationsform nicht in Übung bleibt, würde er sie vergessen oder gar mit der Zeit selbst als Ausgeburt seiner Fantasie betrachten.

Woher weißt du das?

Ich bin der Philosoph. *(Lacht.)*

## 1997, 1998, 2004, 2005, 2006
## Der Schamane in der Stadt

**28.09.2004**

Der Schamane beschreibt das gesellschaftliche Leben sehr eigenartig. Zum Beispiel sagt er, er habe vom Jahr

2000 bis zum Jahr 2004 in einer »dunklen« Phase gelebt. Diese Terminologie, das lernte ich später, erklärt so etwas wie den Prozess des globalen Wandels – »dunkle« und »helle« Phasen – in der heutigen Gesellschaft.

Weshalb »dunkle« Phase?

Wenn ich nach langer Zeit wieder in die Stadt kam, fand ich mich in einer dunklen oder in einer hellen Phase wieder.

Hat das etwas mit dem Lebensstil oder mit der Ordnung zu tun?

Das hat etwas mit der Dominanz der »hellen« oder der »dunklen« Gruppe der Menschen zu tun.

Sie sind aber schwer zu unterscheiden.

Was bringt dich darauf?

Weil es keine Kriterien gibt. Weder die Kleidung der Menschen noch ihr Beruf oder das Niveau der Unterhaltung mit ihnen werden uns weiterhelfen können.

Oft nimmt man die Unterschiede nicht wahr, weil sie sehr simpel, sehr banal sind.

Gibt es ein einfaches Kriterium?

Schau dir doch die besonders »Erfolgreichen« an und versuch herauszufinden, aus welchen Gründen sie als erfolgreich gelten.

Aber die verschiedenen Gruppen kennen doch auch unterschiedliche Erfolgskriterien.

Eines haben sie gemeinsam.

Welches?

Das Streben nach spirituellem Wachstum oder danach, das Leben einer »Sau« zu führen.

Wie »Sau«?

Diejenigen, die nach dem Leben einer »Sau« streben, gelten deswegen als erfolgreich, weil sie luxuriöser leben, teurer fressen und geiler vögeln.

Ja, das gilt sogar in vielen Regierungskreisen.

Aber selbst dem Erfolgreichsten, dem Tollsten von ihnen wird es nicht gelingen, in einem ganzen Stall voller Schweine eines herauszufangen.

Aber weshalb sollte das erstrebenswert sein?

Für den »Sieg« im Lebensrennen winkt ein Preis – das Erreichen des Ideals im nächsten Rennen. Die Inder nennen das »karmische Umwandlung«. Solche »Sieger« werden im nächsten Leben wieder als »Sau« geboren.

Sie wollen doch nicht als Säue marschieren.

Realistisch betrachtet, will der Mensch nicht das, worüber er nachdenkt, sondern das, was sich an seinen Handlungen ablesen lässt und aus seinen Entwicklungsschritten ergibt. Das, was man in seinen Taten, seinem Leben sieht.

Was für eine Phase haben wir zurzeit?

Es wird heller.

Der Schamane erkundigte sich bei mir nach Moskau, Sankt-Petersburg, Riga und anderen bedeutenden Städten. Hinter seinen Fragen stand ein gewisses System. Während ihn meine Erzählungen über die Ausweiskontrollen in Moskau beispielsweise zum Gähnen brachten, interessierten ihn die Bankkarten mit Magnetstreifen brennend, und er fragte ständig nach. Erschienen ihm meine Antworten zu kurz, war er nicht immer zufrieden. Preise hielt er insgesamt für irrelevant, aber dass es in den U-Bahnen heute weniger schöne Frauen gibt als früher, erschien ihm doch sehr wesentlich. Meine Erklärung für diesen Umstand: »Die schönen Frauen sind aufs Auto umgestiegen«, begrüßte er ausdrücklich, wohingegen der Grundsatz der freien Marktwirtschaft: »Die Nachfrage regelt Angebot und Preis«, ihn eher zu belustigen schien.

Die Tatsache, dass der Schamane seinem Eremitentum zum Trotz eine derart ausgeprägte soziale Kompetenz besaß, versetzte mich in Erstaunen.

Besitzt du einen Pass?
Der liegt nicht weit von der Stadt in einem Versteck.
Woher hast du ihn?
Das Meer und die Berge geben mir alles. Als ich diesen
    Pass fand, konnte ich für seinen Eigentümer nichts
    mehr tun.
Und der echte?

Meine echten Dokumente sind schon längst verblichen.

Bist du irgendwo registriert?

Ich bin regulär gemeldet.

Wie machst du das?

Beim nächsten Mal hilfst du mir dabei, und auf diese Weise erfährst du es.

Woher weißt du denn solche Dinge, wenn du nie in der Stadt bist?

Ich kenne die Stadt genauso gut wie das Meer und die Berge.

Woher?

Ich habe länger in den Städten gewohnt als du und habe vor, mich auch in Zukunft dort aufzuhalten.

Wie lange lebst du schon so?

Damals, als ich noch »wild« war, haben sie mich nach Jakutien geschickt. Ich habe mich sofort nach Osten gewandt, Richtung Pazifik.

Du selbst?

Hatte mit dem Vogelmann[59] ausgemacht, dass ich in seiner Gruppe arbeiten konnte. Da wohnten bereits welche: Ochotsk, Yoshkar-Ola, Gidgiga, Markowo ... Selbst dort haben sie mich nicht »geschnappt«. In den zwanziger Jahren unterhielt ich einen Tauschhandel mit den japanischen Kompanien.

---

59 Ingenieur, Goldgräber.

Es gab zu der Zeit japanische Kompanien in unserer Region?

Die Männer haben versucht, hier zu arbeiten und Handel zu treiben.

In Magadan, in Nagajevo?

Magadan war seinerzeit noch nicht mal in Planung, und die Bucht hieß damals noch »Wolok«.

Was für Kompanien waren das?

Ich erinnere mich an die Chikaje-Schoka, dann an Namen wie Tanak, Juzar, Kumakiz – siehst du, manche habe ich inzwischen doch vergessen.

Die Stalinisten haben dir das bestimmt schwer verübelt?

Später, im Dalstroj, das war das Kombinat für Straßenbau und Industrie, ein Lagerkomplex im Osten des Landes von etlichen Millionen Quadratkilometern Größe, wo bei winterlichen Temperaturen bis minus 60 Grad zwischen 70 000 und 100 000 Häftlinge Gold abbauen mussten, kam ein alter kranker Spion zu mir. Ich heilte ihn. Daraufhin sagte er mir, ich solle achtgeben bei meinen »Handelsgeschäften«.

Was hat er gesagt?

Sie wären auf dem »Henri River«[60] zu mir unterwegs und hätten das Urteil gegen mich in der Tasche.

Stimmte das?

---

60 Name eines Schiffs, Stapellauf im Jahr 1929.

Kumpel, die nicht geflohen waren, landeten in ihren Lagern und gingen dort zugrunde.

Vielleicht hatten sie den Japanern wirklich etwas strategisch Wichtiges mitzuteilen?

Sicher. Wir hatten hier eine ganze Kompanie Bären und eine ganze Division Hasen[61].

Wie bist du gegangen?

Nach Süden, dann nach Westen über den Ohotskytrakt, dort überkreuzen sich zwei wichtige Hauptstraßen, eine davon führt nach Jakutsk. Die Sowjets nutzten diesen Weg damals schon nicht mehr so häufig. In Oljokminsk, einer Kleinstadt in der Republik Sahca in Jakutien, besorgte ich mir Papiere.

Was konntest du von den Japanern bekommen?

Alles. Ich kaufte mir sogar eine Frau.

Eine Japanerin?

Ja, damals war das ganz normal.

Hast du sie wirklich »gekauft«?

Ich fragte sie danach, und ein Jahr später brachten sie mir die Frau.

Haben sie viele solche japanische Frauen hergebracht?

---

61 Bis zum Jahr 1929 (Gründung der kulturellen Zentralstelle des Nagajev) lebte niemand länger an dem Ort, wo sich jetzt Magadan erhebt.

Während des 18./19. Jahrhunderts haben Japaner, Chinesen, Koreaner und Amerikaner immer irgendjemanden hergebracht und jemand anderen mitgenommen.

Und die Russen?

Russen gab es natürlich mehr. Sie kamen schon ab dem 15. Jahrhundert in ganzen Truppen oder Karawanen.

Was ist aus deiner japanischen Frau geworden?

Im Jahr darauf schickte ich sie nach Hause zurück. Den Japanern bekommen unsere eisigen Winter hier schlecht.

Hattet ihr Kinder?

Nein. Ich hatte schnell begriffen, dass ich sie bald würde wieder heimschicken müssen. Hatte Angst, sie würde den Winter nicht überleben.


Ich mache mich auf den Weg in die Stadt. Dazu muss ich einen Haken von meinem Haus zur Erdhütte des Schamanen schlagen, meinen Pass und das Geld für die Rückreise einstecken. Manchmal kommt man aus dem Wald mit einem Aussehen zurück, dass sie einen glatt nach seinen Papieren fragen könnten. Die Fahrer auf dieser Strecke tauschen wechselseitig verschiedene Legenden über mich aus: »Tausend Kilometer von allen Dörfern entfernt steht ein Mann auf der Straße und will per Anhalter reisen …« Ständig erfinden sie Geschichten hinzu. Das ist aber gar nicht schlecht, denn auf diese Weise sind alle

»vorgewarnt« und nehmen mich mit. Ich von meiner Seite aus versuche, in gutem Kontakt mit ihnen zu bleiben: Ich setze mich manchmal für sie ein, helfe ihnen gelegentlich bei irgendwelchen Renovierungen und bezahle auch … Das Geld an sich spielt hier keine Rolle, wichtig ist, dass ein Mensch Dankbarkeit lernt.

Allerdings bereue ich es ein wenig, dass ich keinen Pass mitgenommen hatte, als ich zum Schamanen ging. An einen Pass denkst du nicht in dieser Gegend am »äußersten« Meer, genauso wenig wie an die anderen Gegenstände aus einem anderen Leben. Ich erinnerte mich an mein Gespräch mit dem Schamanen zu diesem Thema.

Hast du den Leichnam des Mannes beerdigt, dem du deinen Pass verdankst?

Bei vollem Bewusstsein. Ich habe sogar ein Kreuz errichtet. Obwohl ich darin keinen Sinn sehe.

Wozu das dann?

Er trug ein Kreuz. Wahrscheinlich war er gläubig.

Verstehe ich nicht. Ihm war es doch sowieso schon egal, und für dich machte es keinen Sinn. Warum?

Für ihn war es nicht egal. Für ihn ergab es einen Sinn.

Er war doch schon tot, als du ihn gefunden hast.

Sein Körper war tot. Was hat das mit dem Sinn zu tun?

Einige Sekunden lang blickten wir einander in die Augen, und ich beschloss, meine Frage abzuwandeln.

Wozu brauchtest du »seinen Sinn«? Wolltest du dich einfach sozial verhalten?

Nein. Ich habe einfach meine Seite des Vertrags erfüllt.

Von welchem Vertrag sprichst du?

Ich nahm seinen Pass an mich, und im Gegenzug beerdigte ich den Mann – so, wie er das gewollt hätte.

Habe ich den Kern des Gesprächs nicht verstanden?

Kurz gesagt: Ich tat ein paar Dinge in seinem Sinn. Als Dankeschön für seinen Pass. Das ist so etwas wie eine kurzfristige Zusammenarbeit.

Vielleicht hättest du seine Verwandten von seinem Tod benachrichtigen sollen.

Wie komme ich dazu, anderen Menschen die Hoffnung zu rauben?

## 12.06.2005

An solchen Tagen ist das Meer leuchtend blau. Ungleich blauer als die Südsee. Es ist kalt, und deshalb können sich irgendwelche Mikroorganismen nicht vermehren. Eine wahre Sinfonie des Lichts. Wem das klare Licht, die Geräusche und die Energie von Menschen unberührter Orte einmal vertraut geworden sind, der wird in der Stadt eine tiefe Sehnsucht danach empfinden. Es zieht einen zum Meer, in die Berge, in die Tundra, wobei man die Gründe gar nicht immer genau ermessen kann. Mir fällt das Leben schwer ohne meine gewohnten Fußmärsche zwischen der Stadt und dem Pazifikstrand. Der Schamane ist natürlich in noch viel stärkerem Maß daran gewöhnt, er hat mindestens drei Jahre lang so gelebt, ohne einen Fuß in die Stadt zu setzen.

Wie wirst du es anfangen, dich wieder in der Stadt zurechtzufinden?

Erst mal so wie die anderen auch – ich suche mir eine Bleibe auf Zeit.

Und wie sieht es aus, wenn du es anders machst als die anderen?

Ich betrachte den Himmel über einem beleuchteten Platz oder einer beleuchteten Straße.

Was gibt es da zu sehen?

Dort, wo die Säume des elektrischen Lichts und die Dunkelheit aufeinandertreffen, kann man ab und zu das Flimmern der Energie-Wesen beobachten.

Wer ist das denn nun wieder?

Diese Wesenheiten geben die Schwingungsenergie der Stadt und ihren Rhythmus vor – allerdings hat die menschliche Sprache noch keine Bezeichnung für sie.

Erscheinen sie erst am Abend?

Sie sind immer da, abends sieht man sie bloß besser.

Und was machst du mit ihnen?

Während ich sie beobachte, nehme ich den Rhythmus und die Harmonie der Stadt wahr.

Kann man irgendwie Kontakt zu ihnen aufnehmen?

Sie sind Lebewesen und erkennen dich, aber du brauchst noch keine Praktik für die Kommunikation mit ihnen.

Warum?

Du würdest dich dabei anstrengen – und sie nähmen das feindlich auf.

Wissen die Menschen von ihrer Existenz?

Viele Stadtmenschen spüren sie.

Wie?

Manchmal am Abend, in der Nacht oder am frühen Morgen empfinden die Menschen die Straßen als besonders wundervoll und einladend oder als sehr abweisend.

Ja, so ist es mir auch schon mal ergangen.

In diesen Momenten können die Menschen an den Übergängen vom Licht zur Dunkelheit die Energie-Wesen der Stadt sehen.

Weshalb erkennen die Menschen sie denn nicht?

Mit dem Erkennen erwacht auch die Angst. Dann beunruhigen die Wesen sich und verschwinden. Für die Menschen fühlt sich das ungefähr so an, als verschwände »mit einem Schlag« alle Schönheit oder der ganze Sinn.

Die Energie-Wesen sind also unterschiedlich?
Selbstverständlich.


**26.09.2004**

Der Schamane und ich trafen uns in Moskau – in einem
Gebäude aus Beton und Kunststoff, das Ähnlichkeit mit
dem Pentagon besaß. Er war gekommen, um seine Angelegenheiten zu regeln. Wir sprachen nur flüchtig miteinander. Der Schamane erwähnte übrigens, er sei das erste
Mal hier; deshalb fragte er Passanten nach dem Weg und
wo sich die einzelnen Büros befänden, die er aufsuchen
musste. Binnen dreier Minuten verlor ich im Gewirr der
zahllosen Flure, Übergänge, Treppen hinauf und hinunter komplett die Orientierung und heftete mich deshalb
einfach an die Fersen des Schamanen. Ganz im Gegensatz zu mir kam er von Sekunde zu Sekunde immer besser zurecht, und bald war es so weit, dass die Leute ihn
bei ihrer Suche nach Aus- und Eingängen oder einem
Fahrstuhl um Hilfe angingen. Eine der präzisen Auskünf-
te des Schamanen lautete etwa wie folgt: »Gehen Sie den
Gang rechts hinunter bis zum Ende, dort den einzigen
Korridor entlang, und an dessen hinterem Ende kommen Sie dann nach unten.« Verblüfft wollte ich von ihm
wissen:

Also bist du doch schon einmal hier gewesen?

Wie ich dir bereits sagte, die Antwort ist nein.

Und weshalb findest du dich dann hier derart gut zurecht?

In Moskau ist es grundsätzlich einfacher als am Meer. Vor allem bei dichtem Nebel.

Und konkret, was dieses Gebäude betrifft?

Ich habe hier drinnen einiges zu erledigen. Deswegen bin ich erst mal um das Gebäude herumgefahren[62] und habe mir die charakteristischen »Landmarken« draußen eingeprägt: Bäume, Schilder, andere Bauwerke. Jetzt brauche ich nur noch aus dem Fenster zu schauen, um zu wissen, wo wir sind.

Das ist aber doch eine sehr zeitraubende Methode.

Beim ersten Mal dauert es halt eine Weile. Nach ein paarmal funktioniert es sofort.

Gibt es noch andere Merkmale?

Aber ja, sicher gibt es die, so wie in einer natürlichen Umgebung auch.

Welche?

Zwischen Gebirgsketten verläuft immer ein Fluss oder ein Bach. Unten ist die Vegetation dichter, du siehst auch mehr Laub …

---

62 Im Taxi.

Nein, nein, du hast mich falsch verstanden, ich meinte die Merkmale dieses Gebäudes!

Die Fahrstühle sind an die Vertikalen gebunden, an den Enden der Korridore befinden sich in der Regel die Treppen und die Toiletten. Falls der Korridor gesperrt sein sollte, hast du bei den Eingängen und den Nottreppen immer ein Stockwerk tiefer oder höher einen Übergang. Das verlangt schon die Feuerwehr. Streune mal einen halben Tag lang ziellos in Moskau herum – durch dir unbekannte Straßen, und du findest einen Haufen Kennzeichen. Das wird dich im Leben ganz schön weiterbringen.

**02.05.1998**

Während der langen Jahre seines Lebens in der Kolyma und Tschukotka hat der Schamane unendlich vieles gesehen. Ich glaube, er gäbe eine fantastische Wissensfundgrube für die Historiker der Umgebung ab, wenn er sich nur zur Mitarbeit bereitfände. Doch der Schamane selbst hält historische Fakten für irrelevant, er setzt ganz auf die Praktiken. Wie ein Hegelianer. (Wäre er weniger unsozial, könnte er auch als Marxist durchgehen.) Der Schamane kennt noch viele der in Vergessenheit geratenen Handwerkskünste und Tätigkeiten, und bisweilen, wenn es mir gelingt, die entsprechenden Fragen anzubringen, erzählt er mir darüber.

Du schöpfst mit einem feinen Sieb den Sand und bewegst es dann kreisförmig, daraufhin setzt sich das Gold am Boden ab, und das Wasser schwemmt die leichteren Partikel aus.

Aber das ist doch dann immer noch Sand. Und wie gewinnt man reines Gold?

Man vermischt den goldhaltigen Schlamm mit flüssigem Quecksilber.

Und wie kriegt man das dann wieder heraus?

Man verdampft es.

Wie: »verdampft es«?

Durch Erhitzen, am Lagerfeuer in einer Pfanne.

Du meine Güte, das ist doch hochgiftig und absolut umweltschädlich!

*Alle, die mit Gold zu tun haben, sind am Ende.*

Warum? Es gibt doch erfolgreiche und durch ihre Ehrlichkeit geschützte Goldgräber.

Weißt du noch, wie das Gold in der Mendelejew-Tabelle heißt?

Aurum?

Ja, der lateinische Begriff ähnelt der Bezeichnung im Altindischen. Gold beeinflusst die Aura des Menschen. Alles Weitere sind Folgen der veränderten Aura.

Ein Mensch kann Gewinne erzielen, beispielsweise als
Aktionär, ohne dass er unmittelbar mit Gold in Berüh-
rung käme.

Es reicht schon, dass er das Gold gedanklich anzieht, dass
er es visualisiert.

Gibt es hier in der Umgebung Gold?

Nein. Es waren schon fünf oder sechs Geologen-Trupps
danach auf der Suche.

Welche?

Ich habe mich nicht mit allen unterhalten. Vom »Vogelmann« hatte ich dir bereits erzählt. Von der Bogdano-
witsch-Expedition weiß ich vom Hörensagen. Die
Leute von Smith's, die Amerikaner, waren schnell bei
der Sache, so wie die Engländer und die Chinesen von
Ives, die Leute von Tanaka. Das Ganze ging aber nicht
lange gut, weil sie auf die Bedingungen nicht vorbereitet waren.

War das nach dem Vogelmann?

Ja.

Also schon zu den Zeiten der Sowjetunion?

Die damalige Regierung konnte diese Region noch nicht
kontrollieren.

Und die sowjetische?

Vladimir Obrutschews Leute waren dort, später eine sehr
große Expedition vom Dalstroj-Kombinat.

Und keiner wurde fündig?

Sonst wäre es hier nicht so still geblieben.

Hast du Gold gewaschen?

Nein. Gold braucht, wer in der Stadt lebt. Nicht das Gold selbst.

Was heißt »nicht das Gold selbst«?

Die Menschen in den Städten brauchen nicht das Gold selbst, sondern seine Symbole – wie beispielsweise das Geld. Es ist cleverer, hinter den Symbolen herzujagen.

Woher nimmst du das Geld, wenn du in die Stadt gehst?

Würdest du mir für einen Monat Geld leihen?

Ja.

In den Städten gibt es keine wesentlichen Veränderungen, außer den Bildern auf den Geldscheinen. In einem Monat werde ich eine gut bezahlte Beschäftigung finden.

Weißt du, du warst schon lange nicht mehr in der Stadt. Heute suchen Millionen von intelligenten und modernen Menschen einen guten Job. Aber da die Konkurrenz hart ist, schaffen sie es nicht.

Sag ich doch: In den Städten ändert sich nichts. Deine Millionen von Leuten laufen nur rum, machen aber nichts, oder funktionieren mehr oder weniger gut in einer schon vorgegebenen Situation. Jeder, der nicht dumm ist, könnte Geld verdienen, wenn er wirklich etwas unternähme.

## 07.09.2006

Jetzt kenne ich den Schamanen schon seit fast zehn Jahren, und trotzdem versetzt er mich immer wieder in Erstaunen. Im Gespräch hatte sich herausgestellt, dass er Karten spielen kann. Ich wollte es genau wissen und brachte deshalb ein Päckchen Spielkarten mit.

Ich selbst habe in meinen Zeiten als Physikstudent an der MGU sehr ausgiebig Karten gespielt. Die Physikstudenten waren allgemein sehr gute Spieler gewesen. Viele haben sich die schon ausgespielten Karten gemerkt und versuchten, anhand dessen die Karten ihrer Gegenspieler zu ermitteln. Ziemlich genau zu dieser Zeit entwickelten wir das erste der Spielprogramme für die EWM »Die Welt«, und das in einer Programmiersprache, die inzwischen bereits in Vergessenheit geraten ist (Algol, Fortran).

Offensichtlich war das spielerische Niveau des Schamanen höher als meins. Beide merkten wir uns die schon ausgespielten Karten, stellten Wahrscheinlichkeitsrechnungen für die verbliebenen Karten an und bauten unsere Taktiken darauf auf. Der Schamane besaß jedoch mit Sicherheit noch etwas anderes.

Was machst du dir zunutze?
Die vier Elemente.

Die Farben der Spielkarten?

Du hast die Antwort schon verstanden.

Spürst du sie, wie du die vier Elemente spürst?

So ähnlich.

Das könnte ich bestimmt lernen.

Um so spüren zu können wie ich, muss man auch leben wie ich.

Wozu muss man denn Kartenspielen können?

Darauf ziele ich gar nicht ab. Das ist einfach nur ein Nebeneffekt.

Und andere Spiele, wie beispielsweise Schach?

Bei deiner Erziehung ist es schwierig und in einer anderen Kultur selbstverständlich.

Wie? In welcher?

Zum Beispiel die weißen und die schwarzen Spielsteine, wie der Kampf zwischen »Yin« und »Yang« oder, noch einfacher, zwischen Himmel und Erde.

Und die Figuren?

Die Bauern – geistloses Streben nach Kraft. Die Figuren – Symbole ihrer Stellung zueinander auf dem Brett.

Wie das? Kann ich ein Beispiel haben?

Der Turm beispielsweise ist eine dreiteilige Figur: Er besteht aus einem »Yin« und zwei »Yang«.

Soll das heißen, die Schachkombinationen symbolisieren ein potenzielles Gleichgewicht der Kräfte?

Darin bestand ursprünglich einmal der Sinn dieses Spiels.

✎

# 2005
## Die Energetik des Bauern

**17.09.2005**

Im ersten Jahr seines Aufenthalts in Jaroslawl mietete der Schamane ein Häuschen am Ufer des Kotorosl-Flusses. Seine Nachbarn hatten sich relativ schlichte Gemüsegärten angelegt, und dem Schamanen, der die meiste Zeit seines Lebens hoch im Norden verbracht hatte, gefiel die Idee, sich landwirtschaftlich fortzubilden. Zu Beginn des Sommers brachte ich ihm den Metallofen für sein Häuschen wie auch die gewünschten Samen und Werkzeuge mit.

Anfänglich schenkte ich seinen Beeten wenig Aufmerksamkeit, weil ich diese Arbeit nicht als etwas Besonderes betrachtete. Doch an diesem Tag erregte ein prächtiges, frisches Radieschen meine Aufmerksamkeit.

Wie bewahrst du Radieschen auf?

Ich esse sie immer nur frisch vom Beet.

Wir haben schon seit drei Wochen nachts Minustemperaturen.

Die Beete liegen an einem sonnigen und windfreien Platz. Und nachts decke ich sie mit Folie zu. Das schafft ideale Bedingungen.

Ich weiß. Wie die Kolyma ja auch bestens für die Landwirtschaft geeignet ist …

Du brauchst dich gar nicht lustig zu machen. Erstens haben wir hier in Jaroslawl keine Insekten, die Schaden anrichten könnten. Zweitens haben wir hier entschieden mehr Sonnentage.

»Der Frost und die Sonne, ein wunderbarer Tag.« *(In diesem Augenblick wurde mir klar, wie sehr ich die Gespräche mit dem Schamanen vermisst hatte …)*

Übrigens vertilgst du gerade ein Radieschen aus meiner dritten Ernte.

## 17.09.2005

Mittlerweile hatte ich mir alles genauer angesehen. Dann bekam ich vom Fenster aus mit, wie der Schamane um seine kleinen Beete herum eine Art von Tanzbewegungen vollführte. Aber klar doch, mit Magie könnte man auch am Nordpol drei Ernten einbringen.

Hast du das auch von der örtlichen Bevölkerung gelernt?

Was habe ich gelernt?

Um die Beete herumzuzaubern.

Einiges habe ich durchaus gelernt, danach »zwei und zwei« addiert und das dann meinerseits den Nachbarn beigebracht.

Sagst du mir, was es war?

Jeder Schamane spürt die Energie der Pflanzen. Und die Bauern besitzen die nötige Erfahrung mit den Pflanzen.

Und woher nimmst du die Ahnung?

Nachdem ich meine Nachbarn in Jaroslawl beobachtet hatte, wurde mir klar, dass ein Bauer zusammen mit seinem Grund und Boden ein regelrechtes energetisches System bildet.

Sind die Bauern sich dessen bewusst?

Sie fühlen es. Und sie handeln oft einfach intuitiv.

Was?

Sie sprechen sanft zu ihren Saaten, spüren, wann und wie
sie sie am besten gießen, nähren sollen …

Ist das eine Praktik?

Nein, ich sagte doch, sie können nicht zaubern.

Hast du deine Erfahrung als Zauberer mit deiner Erfahrung als Gartenbauer gekoppelt?

*Ein bisschen schon. (Lacht.)*

Der Schamane ging seine Pflanzen holen, und während
er fort war, inspizierte ich seine Beete genauer.

Die Vorstellung, wonach ein Bauer mit seinem Land ein
ganzes energetisches System verkörpert, erscheint mir
einleuchtend, allerdings muss ich zugeben, dass mir ein
derartiger Gedanke früher nie in den Kopf gekommen
wäre.

Eine gute Ernte hängt also nicht nur vom Fleiß des Bauern und von seinem Können ab, sondern auch von seinem energetischen Zusammenwirken mit dem Boden
und den Pflanzen?

»Wer die Frage stellen kann, kennt auch die Antwort.«
*(Während der Schamane diese Worte sprach, hatte er
Ähnlichkeit mit einem buddhistischen Guru. Ich konnte
mir ein Grinsen nicht verkneifen.)*

Kann ein Mensch mit mehr Energie bei zugleich weniger
Fleiß größere Ernten erzielen?

Soll schon mal vorkommen.

Ist diese allgemeine Energie das, was man ein bisschen altmodisch als »die Sehnsucht nach der Scholle« bei den Stadtmenschen bezeichnet, die eine Datscha oder ein Stück Land besitzen?

»Wer die Frage stellen kann …«

Tanken die Stadtmenschen auf dem Land Energie?

Auch neben ihrer Datscha bauen sie einen Energie-Körper auf.

Aber manchmal raubt die Garten- oder Landarbeit einem doch auch eine Menge Energie?!

Bringt man seinen Grund und Boden in Ordnung, bringt man zugleich auch seinen Energie-Körper in Ordnung. Deswegen ackern viele Städter auch so leidenschaftlich auf ihren Datschengrundstücken.

Was ist mit den Kindern und den Heranwachsenden? Sie spüren Energieflüsse doch angeblich noch besser. Aber viele von ihnen verabscheuen jede Art von Garten- oder Landarbeit.

Erstens gilt das nicht für alle. Zweitens benötigen sie bis zu einem gewissen Alter noch keine energetische Unterstützung.

Wie haben deine Nachbarn auf den »Beete-Zauber« reagiert?

Erst waren sie skeptisch. Nachdem ich aber ein paar Pflanzen geheilt und sie von etlichen Schädlingen befreit hatte, nahmen sie das Ganze durchaus ernst.

Tanzen sie jetzt auch um ihre Beete herum – so wie du?

Einer tanzt, aber nur in der Nacht, damit ihm niemand dabei zusehen kann. Andere machen andere Sachen. Sie scheuen sich noch ein wenig. Alles Progressive braucht seine Zeit.

Ich habe gerade ein Bild der Zukunft vor Augen: Die Menschen von Jaroslawl tanzen um das Saatgut, für eine gute Ernte und für ihre eigene Fruchtbarkeit …

Nicht nur die Menschen von Jaroslawl. Dieses Bild stammt aus der Vergangenheit und gehört zur Zukunft.

## 18.09.2005

Gilt diese Sache mit der Energie auch für Wohnungspflanzen?

Häufig, ja.

Jetzt verstehe ich, weshalb Pflanzen krank werden, wenn ihre »Bezugsperson« wegfährt.

Nicht nur Pflanzen, auch Tiere.

Ist das denn bei allen Menschen so?

Es gibt solche und solche, die einen haben eine Neigung zu Pflanzen, andere sind eher tierlieb, und wieder andere zieht es mehr zu anderen Menschen hin.

Wegen ihrer Muster?

Hier bringst du etwas durcheinander. Du solltest lieber sagen: »Wegen ihrer Energetik.«

Ist es in der Liebe genauso?

Menschen ergänzen sich in ihren Beziehungen.

Wodurch?

Es gibt viele Strukturen gesellschaftlicher Energetik.

Ist das die Noosphäre?*

Nicht nur. Besser noch, der Jiva.**

Gehört er zur altindischen Mythologie?

Ja, Wernadskij hat sich diesem Gedankengebäude angenähert. Aber es gibt außer der Gedankensphäre auch noch den individuellen Bezug auf sich selbst.

Das heißt, die Subjektivität?

Das ist dann dein Profi-Jargon.

# 1999, 2005, 2006
## Der Wald des Schamanen

**19.01.2006**

Jetzt ist es an der Zeit, von den »Tänzen« des Schamanen zu erzählen. »Tanzen« bedeutet gemeinhin, dass man eine Abfolge verschiedener Bewegungen zu unterschiedlichen Rhythmen ausführt. Normalerweise tanzt der Schamane täglich ein bis fünf Mal. Das kann von ein paar Minuten bis zu einer halben Stunde lang gehen, er legt die Dauer nicht immer selbst fest. Das Tamburin kommt dabei selten zum Einsatz, eher bei Heilungen oder einem anderen speziellen Ritual, dem *Kamlanije*.

Wann fängst du an zu tanzen?

Wenn mir danach ist.

Wie äußert sich das?

Es gibt Tänze zur Beruhigung, wenn man zappelig oder traurig ist, und welche zur Einstimmung. Dann sind da noch die Gemeinschaftstänze.

Gemeinschaftstänze mit wem?

Mit dem Meer, den Felsen, dem Wind, mit dem Wetter, einem Baum und den Sternen. Mit allem, was Töne von sich gibt.

Was für Töne?

Du bist ein Stadtmensch. Bei dir oder deinen Nachbarn
plärrt immer der Fernseher, das Radio, der Staubsau-
ger, das Telefon, irgendwelche Elektrogeräte … Es
wundert mich nicht, dass eure Geräuschempfindlich-
keit gleich null ist. Anders könnte man in der Stadt gar
nicht überleben.

Was für Töne?

Ein Baum singt immer, ein Stein auch. Wenn sie laut sin-
gen, kann ich mitsingen oder mittanzen.

Wie kann ich das hören?

Setz dich ein oder zwei Stündchen unter einen Baum und
versuch mal zuzuhören. Am besten im Frühling oder
am Sommeranfang.

Und die Bewegungen?

Hör auf deine Hände, deine Beine, deinen Körper. Und
gestatte ihnen, sich von alleine zu bewegen.

Und die Tänze zur Beruhigung?

Lausche auf dich selbst, wie auf einen Baum. Danach
sing leise und beweg dich in deinem Rhythmus.
Wenn dir das ein paarmal gelungen ist, werden
viele deiner Wehwehchen deutlich geringer werden.

Und zur Einstimmung?

Solange du in der Stadt lebst, solltest du das nicht praktizieren.

Warum?

Du würdest es ungewollt mit dem »Stadtschmutz« vermischen und könntest davon krank werden.

Lebst du deshalb vorwiegend am Meer?

Auch deshalb.

Ist das auch eine Möglichkeit, in den Wald des Schamanen vorzudringen?

So wie der Tanz eine Möglichkeit zur Einstimmung im Schlaf ist.

Mit wem?

Du bist echt ein Baum. *(Wir lachen beide.)*


## 01.09.1999

Der Schamane hatte mir einen Talisman gemacht. Hauptbestandteil war der zottige Zweig irgendeiner Pflanze in einer Plastikflasche. Aus verschiedenen Gründen konnte ich der Pflanze zunächst keine Zeit widmen.

Heute war ein besonderer Tag – der erste September –, und ich, ein Lehrer, ging gerade eben in den Urlaub: In unserer Uni beginnen die Seminare und Vorlesungen erst im Oktober. Diese Regelung stammt noch aus den Zeiten der Sowjetunion, als die Studenten im Herbst erst noch ihren Einsatz bei der Kartoffelernte zu leisten hatten. Das Ganze lief nach dem Zuteilungsschlüssel des Führers der

Partei[63] ab. Zwar existiert kein solcher Zuteilungsschlüssel mehr, die alte Ordnung läuft jedoch in aller Stille weiter.

An einem solchen besonderen Tag wollte ich auch etwas Besonderes unternehmen und habe es mir deshalb an der sonnenbeschienenen Uferböschung gemütlich gemacht. Ich holte die Pflanze aus dem Rucksack und unterzog sie einer gründlichen Musterung. Nachdem ich sie sorgfältig von allen Seiten betrachtet hatte, standen mir im wahrsten Sinn des Wortes die Haare zu Berge: Eine solche Pflanze konnte es hier überhaupt nicht geben!

Ihr hölzerner Stängel bestand aus vielen dicht zusammengewachsenen langen »Stacheln«, dazwischen überall ein fetzenartiges graurosa »Zeug« – wie Fell oder Flaum. Darum wirkte die Pflanze so kräftig und unvertraut. Die Stacheln an der Seite konnten abbrechen wie bei einigen Kakteenarten – ob sich die Pflanze wohl auf diese Art auch vermehrte? Äußerlich erinnerte sie mich an eine aggressive Raupe aus der Familie der Seidenspinner. Nach meinem Empfinden würde mich diese zottige und stachelige Kreatur jede Sekunde zuerst anfauchen und dann sofort angreifen. Ich stellte mir die Pflanze größer vor – mit etwa einem Meter Höhe – und zuckte zusam-

---

63 KpdSU (Russisch KPSS) – die kommunistische Partei der Sowjetunion.

men. Es gibt ja niemanden, dem man mit diesen Stacheln drohen müsste! Raubtiere interessieren sich im Allgemeinen nicht für Pflanzen, und weder ein Elch noch ein Vogel würden sich diesem Exemplar nähern.

Noch dazu hatte die Pflanze in der Zeit, die sie ohne Wasser in meinem Rucksack verbracht hatte, an den Seiten grüne Knospen ausgebildet. Da ich es vor lauter Neugier nicht mehr aushielt, wartete ich nicht länger auf den Schamanen, sondern machte mich auf die Suche nach ihm.

Wo bekommt man denn in aller Welt etwas derart Hässliches her?

Das wächst im Süden bei meinem Schamanenbaum.

Du hast einen Schamanenbaum? Was ist das? Wo ist das?

Niemand würde dir seinen Baum zeigen.

Sag mir doch wenigstens die Gegend.

Noch darfst du nicht dorthin.

Weshalb?

Dir fehlt die Erfahrung.

Schaffe ich es nicht, dorthin zu kommen?

Dir fehlt die Erfahrung. Stell dir im Moment einfach vor, dass du nur durch meine Träume dorthin gelangen kannst.

Aber der Zweig hier ist doch real.

Genauso wie dieser Strauch hier.

Darf ich die Pflanze anderen Menschen zeigen?

Das ist dein Talisman. Fang damit an, was du willst.

Die Pflanze steht heute noch an meinem Fenster und wächst jedes Jahr genau einen Zentimeter in die Höhe. Viele meiner Bekannten sind schon extra zu mir gekommen, um die Pflanze mit eigenen Augen zu sehen. Doch nachdem sie sie betrachtet und angefasst hatten, verloren sie das Interesse daran. Ich glaube, die Pflanze und dazu Erzählungen von Orten, die sich nur auf dem Weg durch die Träume des Schamanen erreichen lassen, erscheinen ihnen absolut unvorstellbar, weshalb es fast alle bevorzugen, eine solche Möglichkeit gar nicht erst ernsthaft in Erwägung zu ziehen.

## 02.09.1999

Vergangene Nacht habe ich von meinem Baum geträumt. Im hellen Licht des Mondscheins habe ich den Ort beinahe erkannt. Angestrengt versuchte ich, mich an den Ort zu erinnern, und wusste, wenn ich sein Bild wirklich vor meinem inneren Auge erstehen lassen könnte, würde ich ihn auch finden. Leider brach mein Traum ab – gerade in dem Moment, als die Erinnerung mir greifbar nahe schien. So konnte ich mich lediglich an das Sternbild am Himmelszelt erinnern. Bis in die frühen Morgenstunden hinein habe ich mich bemüht, folgende Aufgabe zu lösen: Von welchem Punkt der Erde aus (wenn überhaupt) sieht man die Sterne in dieser Konstellation? Irgendwie verspürte ich einen inneren Zwang, meinen Baum zu finden. Am Vortag war ich bei der Durchsicht meiner Notizen über eine Aussage des Schamanen gestolpert: »Jeder hat einen Baum.«

Habe ich auch einen Schamanen-Baum?
Keinen Schamanen-Baum. Du hast deinen Baum, wie alle anderen.
Und der Schamanen-Baum? Ist der irgendwie besonders?
Alle Bäume sind verschieden.
Und weshalb glauben die Schamanen, nur sie besäßen die besonderen Bäume?
Nicht alle, nur ein paar von ihnen. Sie reden sich vermutlich ein, die anderen könnten in ihrer Gegenwart ihre eigenen Bäume nicht finden.
Kann ich meinen Baum finden?
Ja.
Und andere Städter?
Nur wenige.
Warum? Was ist an mir Besonderes?
Du läufst hier schon seit Jahren alleine am Strand herum. Viele Stadtleute mögen solche Spaziergänge nicht und haben sogar Angst davor.

Woran werde ich meinen Baum erkennen?

Erst werdet ihr euch oft im Traum begegnen. Danach wirst du einfach hingehen und ihn erkennen.

Wen sehe ich im Traum?

Du siehst den Baum, und der Baum sieht dich.

Wann werde ich ihn finden?

Ihr findet euch. Wenn ihr beide dazu bereit seid.

Das heißt, es könnte sein, dass der Baum noch nicht dazu bereit ist?

Ja.

Wie das denn?

Wenn du dem Baum noch nicht im Traum begegnet bist, kannst du ihn nicht erkennen. Genauso kann es passieren, dass der Baum dich nicht erkennt.

Wovon hängt die Bereitschaft noch ab?

Bist du ganz sicher, dass du deinen Baum niemandem zeigen würdest?

Ja. Völlig.

Wozu brauchst du ihn?

Das weiß ich nicht. Darüber habe ich noch nicht nachgedacht.

Dann bist du auch noch nicht bereit.

## 02.09.1999

Den Dialog mit dem Schamanen weiterzuführen ist gar
nicht so einfach. Ich muss immer wieder nachdenken. Eine ganze Reihe Fragen bleibt unbeantwortet, weil der
Schamane behauptet, ohne bestimmte Erfahrungen könnte ich die Antworten unmöglich verstehen. Um dem zu
entgehen, bereite ich meine Fragen zu Hause vor und lerne
sie sogar auswendig. Doch lassen sich die einzelnen Wen-
dungen unserer Gespräche nur schwer voraussehen. Dann
versuche ich, nach der Methode des Schamanen zu handeln, und beschäftige mich mit irgendetwas anderem, bis
die Frage »sich von selbst stellt«.

Ich habe mich dazu entschieden, mir eine Fischsuppe
aus einer Flussforelle zu machen. Der Schamane hat mir
zwar beigebracht, wie man eine Forelle mit den Händen
fängt, aber das ist für mich zu extrem – still sein, mich
nicht rühren, nur beobachten und abwarten und das
Ganze in dem eiskalten Wasser. Das ist doch keine Frage
von Leben und Tod. Der Fischfang nach Art des »gemei-
nen Volks« behagt mir doch entschieden mehr: Man stellt
sich auf einen erhöhten Punkt, wirft die Angel aus und
lässt den Schwimmer einfach mit der Strömung treiben
und behält ihn im Auge. Etwas über dem Grund des Flus-
ses schwimmt der Haken mit dem Rogen oder einem anderen Köder dran. Die Forelle schnappt an allen Plätzen

zu oder lässt auch wieder los – damit man die Angelschnur ohne Verlust einholen kann, muss man sich vollkommen auf den Schwimmer konzentrieren, der im Sonnenlicht auf dem Fluss tanzt. Darin besteht die Kunst des
Anglers – es ist eine konzentrierte Meditation.

Für ein paar Stunden vergaß ich meinen Baum und alles andere. Die Frage kam mir wieder ins Bewusstsein,
nachdem ich mit dem Würzen der Fischsuppe fertig war
und mich ans Lagerfeuer[64] gesetzt hatte.

Ist der eigene Baum real oder nicht?
Natürlich ist er real.
Was hast du gemeint, als du mir sagtest, man könne nur
  durch Träume dorthin, zu seinem Baum, gelangen?
Das war wortwörtlich gemeint.
Man kann im Traum den Weg sehen?
Man kann im Traum zu seinem Baum gehen.
Ja, aber real würde ich dann doch irgendwo liegen und
  schlafen?
Man soll real im Traum hingehen. *(Der Schamane erstick-
  te fast vor Lachen.)*
Aber mein Körper läge doch irgendwo und schliefe.

---

64 Im Sommer wird kein Ofen eingesetzt, sondern es wird unter den
  Schutzdächern gekocht.

Wie soll dein Körper denn liegen, wenn du gehst? *(Der Schamane lachte unablässig weiter, langte sich an den Kopf und kippte nach der Seite um.)*

Wie kann ich denn gehen, wenn ich schlafe? *(Ich hatte zwar keine Ahnung, weshalb der Schamane sich halbtot lachte, doch fing er an, mich damit anzustecken.)*

*(Der Schamane lachte weiter, legte die Hand auf seinen Bauch und rollte sich über den Rücken von einer Seite auf die andere.)* Heute machst du mich echt alle! Du schläfst und gehst einfach.

Wenn man mich in diesem Moment filmen würde – was wäre auf dem Video zu sehen?

Du im Gehen und das Szenarium.

Aber ich schlafe doch!

*(Der Schamane stieß einen Schrei aus – auf dessen Höhepunkt auch Leibesgeräusche bei ihm hörbar wurden.)* Natürlich. Und deine reale Kamera wird in deinem realen Traum ganz real dabei sein können, wenn du sie nur mitschleppst.

*(Ich stimmte in sein Gelächter ein – plötzlich ging mir die Albernheit meiner Fragen auf, und danach verstand ich auch die Antworten des Schamanen.)* Und so bringe ich das Filmmaterial und alles, was ich tragen kann, mit zurück!

Endlich kapierst du was.

Und wie hast du den Zweig für meinen Talisman herübergebracht?

Ich habe vieles herübergebracht.

Ich werde meine Frau dorthin bringen, weg von allem.

Nein. *(Der Schamane hörte auf zu lachen, und wir blickten einander ernsthaft in die vom Lachen noch feuchten Augen.)* Du hast es jetzt zwar verstanden, warst aber noch nicht dort. Das ist gefährlich.

Also bin nicht ich es, der diese Realität erschafft?

Nicht du alleine. Und anfangs hast du so gut wie keinen Einfluss darauf. Du darfst nur da hindurch, weil dein Baum dort steht.

Darf ich auch andere dorthin bringen?

Wozu?

Weiß ich noch nicht. Habe noch nicht darüber nachgedacht.

Dieser Baum wächst durch die Welt deiner Vorfahren und durch die deiner Urenkel. Würdest dort du einen Fremden haben wollen?

Wenn das so ist, dann nein. Wie macht der Baum das denn, dass er durch alle anderen Welten wächst?

Durch die anderen Welten. Dieser Baum hat auch dein Geschlecht, er ist also männlich.

Und all die anderen Menschen?

Das ist das, was man in der Volksmythologie »den Wald des Schamanen« oder »den Zauberwald« nennt.

Kann der Mensch diesem Wald schaden?

Nur einem Teil seiner Innenwelt.

Und wenn er den Weg zu seinem Baum findet?

So jemanden nennen die Einheimischen einen Schamanen. Er würde seinem Baum nichts Böses antun.

Und den fremden?

*Ich glaube, auch diesen nicht.*

Weshalb?

Die Vorfahren und die Nachkommen würden ihren
Baum beschützen und denjenigen umbringen. Keiner
weiß wirklich irgendetwas über die Schutzmächte des
Waldes. Das wäre glatter Selbstmord.

## 19.07.2005

In den Zeiten der Abwesenheit des Schamanen kreisen
meine Gedanken öfter um die »Zauberwälder« und die
Vorstellung, »meinem« Baum im Traum zu begegnen. Am
leichtesten täte man sich zweifellos, wenn man diese Ideen
als Metaphern oder Allegorien bezeichnete – wobei der reale Zweig aus dem »Wald des Schamanen« auf meinem
Fensterbrett weiter vor sich hin wächst. In der letzten Zeit
(nach den Erstveröffentlichungen meines Buches in den
Jahren 2003 bis 2006) haben mich bekannte Biologen, Na-
turforscher und andere Experten um Stacheln, Blättchen
und sogar um zwei Sprossen mit Knospen gebeten – doch
gelang es keinem von ihnen, die Pflanze zu identifizieren.

Könntest du mir noch etwas aus dem Wald des Schamanen mitbringen?

Kann ich. Und nicht nur ich. Du besitzt jetzt das unbedingt nötige Rüstzeug, um dorthin zu gelangen.

Es ist nicht für mich selbst gedacht, sondern für die Wissenschaft.

Noch eines der vielen ungedeuteten Artefakte. Die finden momentan keine besondere Beachtung.

Existiert mein Baum jetzt schon?

Wie alle anderen auch.

Die Zahlenstärke der Menschheit nimmt permanent zu. Bedeutet das, dass auch der Wald des Schamanen wächst?

Kann ich nicht genau sagen. Die Bäume werden größer.

Aber das »genetische Programm« des Baums ist doch in seinem Samen enthalten. Das würde bedeuten, dass auch das Programm der Bäume überhaupt irgendwo seinen Ursprung hat?

Wenn du diese Denkweise und Terminologie bevorzugst, dann spielen auch die Lebensbedingungen des Baums eine Rolle. Der Same ist nicht alles. Denk lieber darüber nach, wo das Programm der Samen für alle Samen festgelegt ist.

Wo?

Im Programm des Programms aller Samenprogramme. *(Lacht.)* Und noch etwas: Die menschliche Vorstellung

von den Bäumen ist grundfalsch. In Wahrheit wächst
ein Baum nicht, vielmehr tritt er in unsere Welt ein.
Und der Mensch?
Mhm.


## 06.01.2006

Am 9. Dezember 2005 flog ich mit der Dalawija-Flugge-
sellschaft von Chabarowsk zurück nach Magadan. In den
Flugzeugen ist es immer sehr eng, das gilt insbesondere
für die Abstände zwischen den Sitzreihen, daher versuche
ich immer, einen Platz am Mittelgang zu ergattern, um hin
und wieder mal die Beine ausstrecken zu können. Ich hörte, wie die beiden dichter am Fenster sitzenden Frauen
sich neben mir angeregt unterhielten. Ich habe den Inhalt
ihrer Unterhaltung nicht belauscht, bekam nur die »Ge-
sprächswogen« irgendwie mit: Das lebhafte Ansteigen der
Intonation wie auch ihr Abfallen. Plötzlich brach die Konversation mitten in einer »Anstiegsphase« ab. Ich schaute
zu den Frauen hinüber und begriff, dass sie sich über irgendetwas erschrocken hatten. Mein Blick durch das Bull-
auge zeigte mir einen kleinen grauen Schatten, der entweder hinter dem Flügel war oder ihn überholen wollte. Die
Frauen wurden ganz still, senkten die Köpfe, sahen sich
gegenseitig nicht mehr an und auch nicht auf das Fenster,

und auch mir schenkten sie keinen weiteren Blick. Etwa zwei Minuten lang beobachtete ich das seltsame Wesen: Es bewegte sich sprunghaft und glich einer kleinen grau schimmernden Wolke. Irgendwann war es dann aus meinem Augenwinkel verschwunden.

»Haben Sie das gesehen?«, fragte ich die Frau auf dem Sitzplatz unmittelbar am Fenster. »Das war reine Einbildung, wahrscheinlich eine optische Täuschung«, antwortete sie knallhart und im Brustton der Überzeugung, wofür sie einen dankbaren Blick von ihrer Nachbarin erntete. Natürlich brach ich keine Diskussion vom Zaun – etwa darüber, dass sich drei Menschen unabhängig voneinander ja gar nicht dasselbe einbilden konnten. Über derartige Geschehnisse kann man nur mit sehr wenigen Menschen sprechen, da das Wort »Einbildung« ein sehr viel sanfteres Ruhekissen darstellt als eine ehrliche, aber beunruhigende Antwort. Aber natürlich nicht für den Schamanen.

Was könnte das denn gewesen sein?
Irgendein Wesen aus der Atmosphäre oder irgendjemandes Traum.
Kommunizieren die Wesen aus der Atmosphäre mit den Träumen?
Manche von ihnen sind unabhängige Traumbewohner.
Nicht alle?

Im Prinzip alle. Aber alle Träume sind Menschenträume.

Ja, aber es heißt doch, dass Tiere auch träumen.

Wie auch die Pflanzen, die Geister und die Steine. Und
die Träume selbst.

## 16.09.2005

Woher sie kamen, habe ich nicht feststellen können. Als
ich mich nach dem Schamanen umdrehte, erblickte ich
vor dem Hintergrund des Sonnenuntergangs einen Mann
und zwei Frauen. Der Mann hatte einen kleinen Speer bei
sich – von der Art, wie ich sie noch nie gesehen hatte: Die
Spitze des Speers ähnelte einer messerscharfen Klinge
und bestand mit Sicherheit aus Eisen. Eine der Frauen
hatte auf dem Rücken einen Bogen, dessen lockere Sehne
vermutlich von einem Elch stammte. Die passenden Pfeile hatte sie wohl in ihrem Köcher. Alle drei hatten sie harte Gesichter, hart wie ihre Fäuste. Ihre Kleidung bestand
hauptsächlich aus Tierfellen. Die Frau mit dem Bogen
trug unter dem Fell noch eine Art Pullover, den Kopf der
anderen bedeckte eine *Uschanka*, die typisch russische
Fellmütze mit Ohrenschützern. Ob sie wohl gerade ein
Tauschgeschäft mit einem der Hirten abgeschlossen hatten, oder waren sie gar auf Raub aus? Ihre Haltung war
aufrecht und stolz. Man hätte meinen können, sie seien

Menschen und zugleich auch wieder nicht. Es ging etwas Fremdartiges von ihnen aus.

Schon auf den ersten Blick war mir klar, weshalb die Ewelnen diese Leute meiden und sie im Gespräch immer nur »die«, »den« und »sie« nennen. Ich taufte sie bei mir gleich »die Dunklen«. Nicht etwa ihrer Hautfarbe wegen. Die ledrig-braunen, verwitterten Gesichter waren nicht dunkler als die der Ewelnen selbst. Nein, es hatte mit der »psychischen Farbe« zu tun: Die Stimmung wurde dunkel, die Gegenwart dieser Leute schien sich auf die Seele zu legen, selbst der Abend wirkte auf einmal düster und schwer. Ohne die Gegenwart des Schamanen möchte ich ihnen nicht begegnen, und schon gar nicht in ihrer eigentlichen Heimat, wo noch nie der Fuß eines zivilisierten Menschen den Boden berührte. Diese Heimat, das sind etwa drei bis vier Quadratkilometer unwegsamen Berglands zwischen Magadan und Jakutsk beziehungsweise etwas westlich von Jakutsk. Ich kann natürlich nicht einfach behaupten, sie seien Kannibalen und würden mich kurzerhand als Mahlzeit betrachten, aber Mitgefühl ist von ihnen mit einiger Sicherheit auch nicht zu erwarten. Vermutlich gehen in ihren Augen nur die Mitglieder des eigenen Stammes als Menschen durch.

Sie sprachen nur mit dem Schamanen. Ich blieb unsichtbar für sie – in dem Sinn, dass sie ihre Blicke einfach über mich hinweggleiten ließen, ohne innezuhalten. So, wie man den Blick über eine Waschmaschine gleiten lässt oder über die Nachbarskatze. Ich habe mich auch bemüht, keinen Blickkontakt mit ihnen zu bekommen. Bewahre, solche Menschen etwa zu berühren. Sie würden dich erst in Stücke reißen und später darüber nachdenken. Obwohl, nein, sie denken nicht nach.

Die Besonderheit ihrer Sprache besteht in der ununterbrochenen Beziehung zwischen Lauten und Gestik. Nicht wie im Italienischen, wo die zahlreichen Gesten die Bedeutung der Worte unterstreichen, sondern so, als könnten ihre Gesten ebenfalls gesprochene Worte sein, wie die Verbindungen der einzelnen Laute. Die Laute sind schnalzend, heiser. Die Vokale sind kurz und abgehackt, haben etwas Stakkatohaftes. Sie warteten ab, bis der Schamane ihnen die gewünschte Kräutermischung bereitet hatte, nickten ihm zu, stießen irgendwelche Laute aus und verließen den Schauplatz, ohne mir auch nur einen einzigen Blick zugeworfen zu haben. Der Abend wurde wieder heller. Es waren wohl wirklich irgendwelche Tataren.

Sind das »finstere«[65] Menschen?

Ja, das sind sie.

Warum so finster?

---

65 Die ewelnische Bezeichnung hat höchstwahrscheinlich damit zu tun, dass die »Finsteren« immer nur abends vom Westen herkommen und wieder nach Westen zurückkehren.

Sie sind uralt. Urzeitmenschen.

Älter als die Ewelnen?

Älter als alle Völker hier.

Woher willst du das wissen?

Das sagt mir ihre Sprache.

Wie kannst du das daran ablesen?

Je älter die Sprache, desto ursprünglicher.

Wie das?

Die Worte der ursprünglichen Sprache sind buchstäblich.

Verstehe ich nicht.

Nimm als Beispiel mal unsere Bezeichnung »Bär«: Bei ihnen heißt er »Der Schreckliche schläft den ganzen
Winter über«.

Und die Gesten?

»Bär« wird so ausgesprochen: »Die Bedrohung (ein
Laut) – schläft (eine Geste) – der Winter (ein Laut) –
immer (eine Geste)«.

Das ist ja irre. Und mir grundsätzlich neu. Was gibt es
noch?

Nichts ist neu. Alle Sprachen haben sich auf diese Weise
herausgebildet.

Erzähl weiter.

»Das Tamburin« – »Gumm-denn«[66]. Einfach das Geräusch nachahmen.

66 Die Laute lassen sich nicht wirklich mit unseren Lauten gleichsetzen.

Genauso wie das Wort »Bambus«? Ja, das sind noch Spuren der alten Sprache.

Und die Gesten?

*(Der Schamane bedeutet mir mit einer Geste, er habe weiter keine Zeit für Sprachunterricht.)*

Eine Unterhaltung mit Menschen, die so reden, stelle ich mir schwierig vor.

*(Der Schamane lacht über meine Äußerung.)*

Dafür sind die Beschwörungen stärker.


## 17.05.2005

16:30 Uhr: Wir beide stehen auf dem höchsten Punkt des Uferfelsens. Hier lebt nach den Worten des Schamanen der höchste (im übertragenen wie auch im wörtlichen Sinn) Berggeist, der oberste aller Geister dieser Gegend. Wir haben unser Geschenk für ihn hingelegt und ruhen uns aus. Der Rundblick hier oben gleicht einem Blick in die Unendlichkeit. Es weht ein scharfer, eisiger Wind, und es ist sehr hoch, man hat Angst, auf den Pazifik hinunterzusehen, man empfindet eine große Leere – es ist so, als könnte man in einen Trichter eingesaugt werden. Weiter Richtung Osten: Ganz tief unten erstreckt sich der Strand mit seiner weißen Eiskruste. Richtung Westen: Die schier unendliche Kette und die Gipfel der immer noch schneebedeckten Berge. Sträucher und Geröll sind als schwarze Punkte auf der Schneedecke erkennbar. Alle anderen etwas weiter entfernten Felsen wirken grellweiß und wie von bläulichen Dunstschleiern umhüllt.

Auf diese Spitze klettert außer dem Schamanen und mir niemand hoch: Im Sommer versperren einem die Äste der Zwergkiefern den Weg, und im Winter kann man sich seine Ski mit den Steinen und den Zwergkiefern ruinieren. Wir beide haben den Weg hier herauf mithilfe der teuren Steigeisen, die ich aus Alaska mitgebracht habe, bewältigt. Zwar sind die Dinger *Made in China,* doch bei ihren nicht in Massen produzierten Waren sind die Chinesen echt gut. Die Steigeisen ähneln unseren eigenen konventionellen Produkten. Der Schamane schnalzte sogar anerkennend mit der Zunge, während er sie begutachtete. 1999 hatten wir schon einen Versuch unternommen, hier heraufzugelangen – mit anderen Steigeisen, die sogar aus einem »speziellen Bergplastik« bestanden, das dann aber schon auf halbem Weg zerbrach. Unter dem Pulverschnee kann man leicht mit dem Fuß gegen einen Stein oder Ast stoßen oder in einem Loch versinken. Sogar einem Elefanten wäre sofort begreiflich, dass für einen solchen Aufstieg solide Metallkonstruktionen erforderlich sind.

Ich erinnerte mich an die »Freudlosen«, die sich gerade jetzt, westlich von uns, in etwa fünfzig, sechzig Kilometern Entfernung, auf Holzsteigeisen mit Spannriemen nach Hause mühen. Ich stellte mir bildlich genau vor, wie ein kräftiger, harter Mann unermüdlich Spuren tritt und die Frauen im Windschatten dem massigen Rücken ihres Beschützers und Wohltäters folgen, der mit schweren Bewegungen durch den Schnee stapft.

Wie kommen die denn mit diesen Holzsteigeisen voran? Davon gehen doch wahrscheinlich jeden Tag welche kaputt?

Jetzt machen sie gerade Pause.

Woher weißt du das?

Sie haben noch mehrere hundert Kilometer vor sich. Das sind viele Tage Fußmarsch. Deswegen teilen sie sich ihre Kräfte ein.

Kostet das Gehen bei Dunkelheit weniger Kraft?

In dieser Jahreszeit spielt der Schnee die wichtigere Rolle als das Licht. Am Abend, in der Nacht und in der Früh gefriert es, die Schneedecke wird fest, und man kann laufen, fast ohne einzubrechen oder hinzufallen. Ungefähr von mittags zwölf bis acht Uhr abends scheint die Sonne – und man hat es mit Pulverschnee zu tun. Du wendest enorm viel Kraft auf, schaffst aber nur wenige Kilometer.

Ist mir gar nicht aufgefallen.

Seit Mittag laufen wir auf der Gebirgskette. Hier liegt eine richtige, feste Schneedecke. Etwa gegen sechs Uhr werden wir Sulzschnee bekommen. Bis acht Uhr wirst du das sehr deutlich merken.

Weshalb hat man diese Geheimnisse bisher nicht gelüftet?

Sie wollen es nicht.

Na und? Sie wollen es nicht. Andere Geheimnisse sind doch auch offenbart worden?

Ihre Sprache ist mächtiger als unsere. Es wird so geschehen, wie sie es wollen.

Was hat das mit der Sprache zu tun?

Die Sprache erschafft die Welt.

Und worin liegt ihre Stärke?

Wie ich bereits sagte – sie ist ursprünglich. Auch der Unterschied zwischen Wort und Handlung ist wesentlich geringer.

**02.09.1999**

Vor allem an sonnigen Herbsttagen sind die Schatten der Uferfelsen dermaßen dicht, dass man sie für Höhlen und Einsturzstellen hält. Im Juli beispielsweise ist die Sonne noch wärmer und heller, aber die Schatten bleiben Schatten. Und heute muss man sich an die Umrisse der Felsen erinnern, damit man dort, wo nur Schatten sind, keine Höhlen »sieht«.

Weshalb sind die Schatten im Herbst so anders?

Der Herbst ist eine Durchgangsperiode.

Und wohin führt diese?

Die Felsen, die Bäume, die Wellen und viele andere erinnern sich an die Winterträume und »imaginieren« sie in den Schatten.

Sind das wirklich einfach nur Schatten?

Für die Mehrheit sind es Schatten. Für dich können es auch Durchgänge sein.

Das heißt, ich könnte jetzt irgendwo durchgehen?

Nicht jetzt, im Traum.

Und wo findet man die Durchgangstore?

Die Technik entwickelt sich und weiß selbst nicht, in welche Richtung, heute ist die Technik frei verfügbar.

Ein Panzer? *(Wir lachen beide.)*

Man soll auf einem guten Foto etwas finden können, was man im realen Leben nicht oder bis dahin anders gesehen hat.

Sind das die Durchgangstore?

Auch die des Verstandes und der Kommunikation.

Also existieren viele davon?

Immer schon, nur die Technik gab es noch nicht immer.

Gehst du im Schlaf in den Wald des Schamanen?

Manchmal.

Kannst du mir von dort noch irgendeinen unbekannten
    Baum mitbringen?
Ich werde darüber nachdenken.


**03.09.1999**

Aber noch bringe ich ihn dir nicht.
Hast du darüber nachgedacht?
Ich sah es in meinem Traum.


∽


## 2000, 2005
## Der unerforschte Ozean


**06.10.2000**

Bei der Durchsicht meiner Notizen stoße ich mitunter auf
Dialoge, die ich bis dahin immer noch nicht ganz verstehe. Und das nicht wegen meiner Handschrift.
    Die Dialoge sind aus einem anderen, mir bislang unbe-
kannten Grund unverständlich. In dem Augenblick, als

der Schamane mit mir zusammen war oder auch noch ein paar Tage danach, war mir alles sonnenklar. Und abhängig vom Thema des Gesprächs und meinen Notizen stellte ich Fragen und vertrat manchmal sogar eine andere Meinung. Jetzt, nach Jahren, wird mir bewusst, dass ich doch nicht alles verstehe.

Wobei ja auch noch eine andere Erfahrung dazukommt. Nachdem ich mit anderen über einzelne Dialoge diskutiert habe, eröffnet sich mir in ihnen oft ein neuer Sinn (»Die Schicht der Sinne«), der sich mir unmittelbar im Gespräch mit dem Schamanen verborgen hatte. Ich habe die psychologischen Mechanismen solch einer »Entdeckung« analysiert und sie – wenn es die Zeit mir erlaubte – ganz bewusst und systematisch genutzt. Das hilft mir, sie besser zu entziffern, zu verstehen und früher bereits veröffentlichte Texte zu ergänzen. Mit demselben Ziel fange ich das Buch an, wie auch die Publikation von Teilen bislang unverständlicher Dialoge.

Das Meer atmet durch die Wellen?
Die Erde auch, und du genauso.
Weißt du, dass der Weltozean ein lebendiges Wesen ist?
Alles, was lebt, ist ein Teil des Ozeans.
Du auch?
Auch du.
Hör mal, du sprichst doch vom unerforschten Ozean!

Natürlich.

Und mit ihm ist alles Leben verbunden?

Das weißt du doch.

Mir sträuben sich alle Haare! Ist das das Numen der Numina*?

Nein. Noch früher als das Numen der Numina – wenn man es in eine Analogie fassen will: die numenale Welt.

## 06.10.2005

Auch wenn das Eis noch auf sich warten lässt – die Bank zur Beobachtung der Wellen ist jedenfalls schon fertig. Das Laub auf der Bergkuppe hat sich leuchtend gelborange, an manchen Stellen sogar feuerrot gefärbt. Wir blicken über den Rand der Kuppe, über die Bäume hinweg, auf die dunkelblauen, beinahe schon grauen Wellen. In der Nacht hatte es gefroren, und die Wasseroberfläche wirkt irgendwie zähflüssig, sie hat Schlieren ausgebildet. Den Wellen fehlt das gewohnte Flimmern, weshalb sie uns so kompakt, so langsam und silbrig erscheinen. Das Sonnenlicht reflektiert nicht auf den Wellen, sondern durchdringt sie, leuchtet hindurch. Bezaubernd und zauberhaft.

Jetzt wird mir klar, dass der Schamane mir seinerzeit, als er von den Wellen des Eises sprach, nur einen Teil erzählt hat. Doch wie hätte er das damals – ohne eigene langjährige Erfahrung – auch erklären sollen?

Danach beobachtete ich, wie der Schamane dieselbe Bank für die Praktik der »Übereinstimmung mit der Idee von sich selbst« benutzte. Heute Morgen saß der Schamane ein paar Stunden in einer anderen Haltung auf seiner Bank, manchmal schloss er währenddessen die Augen, schlief aber nicht ein. Noch eine andere Praktik?

Was war das?

In meinem Stadtleben ist nicht alles zum Besten verlaufen.

Hast du gerade darüber nachgedacht?

Ich brachte es wieder in Ordnung.

Deine Vergangenheit?

Nur meine Vergangenheit. Wer bin ich, um mich in das Leben der anderen einzumischen?

Wie kannst du etwas reparieren, das bereits geschehen ist?

Schrittweise. Ich erschaffe mir ein anderes Bild der Situation.

Das kannst du aber nur in Gedanken.

Ich kann daran denken, weil die Situation Einfluss auf meine Gedanken hat. Aber umgekehrt beeinflussen die Gedanken auch die Situation.

Sie ist doch bereits Vergangenheit.

Sie ist vergangen, existiert aber noch immer.

Wie »immer«?

Jetzt verschwindet sie nicht mehr.

Sie ist schon verschwunden.

Ist die Vergangenheit auch verschwunden?

Ja… Aber du denkst in diesem Augenblick darüber nach, und die Situation ist bereits Vergangenheit.

Erstens ist die Situation in das »Jetzt« verlängert worden, weil ich über sie nachdenke. Zweitens hast du vergessen, dass meine Welt der Ideen außerhalb der Zeit besteht. Du selbst lehrst das deine Studenten.

Ich bringe ihnen die Ideenlehre nach Platon bei.

Und ich praktiziere nach Platon.

Natürlich, du selbst bist Platon. *(Lacht.)* So wird jeder, der nicht zu faul ist, versuchen die Vergangenheit zu verändern.

Das tun in der Tat alle. Nur wenig effektiv.

Aber das ergibt doch … Chaos.

Mach dir keine Sorgen. Die Welt ist ein sich selbst schützendes System. Andernfalls hätte sie nicht so lange existieren können.

Ich sehe eine andere Gefahr: Beim Versuch, seine Vergangenheit zu verändern, kann ein Mensch sich doch selbst zerstören, wenn er sich dem Fluss des Weltgeschehens entgegenstellt.

Schreib das auf jeden Fall mit rein! Es ist besser, gar nicht zu praktizieren, anstatt es falsch anzufangen.

Und was kann man da machen?

Das entscheidet jeder für sich selbst. Der eine betet, der andere träumt, der Dritte macht gar nichts …

## 1999, 2000
## Das Lachen des Schamanen

Meine Probleme in der Stadt haben mich in eine Krise geführt. Auf mir lastete ein Gefühl der Unklarheit, es hinderte mich daran, mich mit irgendetwas zu beschäftigen oder mich auf eine bestimmte Situation wirklich zu konzentrieren. Dem Schamanen war das keineswegs entgangen, und er befragte mich ganz ausführlich dazu.

Warum hast du mich nicht schon früher darauf angesprochen?

Ich wollte mich nicht in deine Angelegenheiten einmischen.

Du hättest mich einfach fragen können.

Wenn du einen Menschen nach seinen Problemen fragst und er gibt dir eine Antwort, dann ist das bereits eine Einmischung.

Menschen interessieren sich ständig für die Probleme ihrer Mitmenschen.

Sie mischen sich ständig ein. Und auf diese Weise ziehen sie die anderen in ihre eigenen Sachen hinein.

Wie das?

Sie erzählen den anderen von ihren Schwierigkeiten.

Machen sie das bewusst?

Die Hälfte der Menschen macht es bewusst.

Das heißt, wenn du mir zuhörst, mischst du dich in meine Angelegenheiten ein?

Ja.

Weshalb tust du es dann?

Wenn du eine einfache Erklärung brauchst, solltest du wissen, dass ich vorhabe, bald in der Stadt zu leben, und für die ersten Tage Hilfe von dir erwarte.

Weshalb gerade von mir?

Ein Mensch fühlt intuitiv, wer ihm »nahe« und wer »fremd« oder »fern« ist. Deshalb suchst du auch den Kontakt mit mir.

Wie willst du denn unter den Menschen leben?

Ich selbst bin der Mensch.

Das heißt, du bist wie ein Mensch?

*(Der Schamane fing an zu lachen.)* Das war jetzt ein echter Witz!

Und ernsthaft?

Jetzt ist die geeignete Zeit, um eine neue kurze Erfahrung in der Stadt zu machen.

Was heißt – kurze?

Etwa drei Jahre.

Und was für eine Erfahrung?

Ich werde als Kellner arbeiten und vielleicht sogar ein eigenes Restaurant aufmachen.

Und dann gibst du das alles wieder auf und kehrst hierher zurück?

Ich werde es nicht aufgeben, sondern meine Erfahrung beenden. Und natürlich werde ich in diese Gegend zurückkehren. Aber nicht direkt an diesen Platz.

Es gibt in dieser Region heute wahrscheinlich nicht mehr so viele von Menschen unbewohnte Orte?

Ja, nur etwa eine Million Quadratkilometer.

Das dürfte jetzt aber doch leicht übertrieben sein …

Dann zähl doch mal: Das Tscherskij-Gebirge[67] und alles im Norden, im Osten und im Westen ist – eins. Das Anadyr-Hochland und alles im Osten und Nordosten – zwei. Der größte Teil des ostsibirisches Hochlands auf der Verbindungslinie Magadan – Jakutsk und südlich davon – drei. Das sind schon mal anderthalb Millionen.

---

67 Die Tscherskij-Kette ist ein etwa 1000 km langes und rund 300 km breites Gebirge, das sich von Süden nach Norden zieht.

Gibt es dort Volksstämme, unbekannte Pflanzen, Tiere?

Dort gibt es alles. Das Wichtigste: Es gibt dort besondere Kulturen und spezielle Praktiken.

## 16.08.1999

In diesen Tagen sprachen wir nur wenig und nur kurz miteinander. Doch seltsamerweise bestärkte mich jedes dieser Gespräche.

Warum nehmen wir keine Gewehre mit?

Wir gehen Fallenstellen. Gewehre würden uns daran hindern, es gut zu machen.

Warum?

Wenn man die Fallen wirklich richtig gut aufstellen will, soll man ausschließlich auf die Fallen vertrauen.

Soll man sich immer auf ein Vorhaben beschränken?

Nein. Damit verbaust du dir andere Möglichkeiten.

Wann braucht man nur Plan A, und wann braucht man mehrere Varianten?

Wenn wir jetzt die Gewehre mitnähmen, würde das Schwäche bedeuten – in einer anderen Situation die Gewehre zu Hause zu lassen könnte ebenfalls eine Schwäche darstellen.

Wie finde ich heraus, in welcher Situation ich gerade ste-
cke?
Das weiß man immer, man muss sich bloß selbst zuhö-
ren.
Und woher kommt dieses Wissen?
Das Wissen, das man als »neu« bezeichnet, ist Ausdruck
dessen, was du immer schon weißt.

## 16.08.1999

Sehr selten hat mir der Schamane von sich aus irgendetwas
erzählt – ohne dass ich ihn danach gefragt hätte. Anfangs
habe ich es immer als eine Art von Heilung verstanden,
denn ungefragt erteilte der Schamane seine Ratschläge nur
Kranken. Etwas später begriff ich, dass es sich in meinem
Fall nicht um Ratschläge, sondern um nützliche Informationen handelte.

Weshalb glaubst du, dass mir tiefergehende Gespräche
mit anderen Menschen fehlen?
Du hast keine hormonelle Erkrankung, aber Übergewicht.
Rührt das Übergewicht daher, dass ich keine vollständige
Kommunikation habe?
Ja, denk über deine Beziehungen zu den Menschen in
deinem Umfeld nach.

Und ich dachte, es käme vom Arbeiten im Sitzen und der
falschen Ernährung.
Das sind die Folgen.


## 17.08.1999

Gelegentlich bittet der Schamane mich um moderne Bücher. Doch mein Angebot, ihm auch Zeitschriften mitzu-
bringen, beantwortete er mit Gelächter. Lachend meinte
er, er habe bereits in den neunziger Jahren alle modernen,
vergangenen und zukünftigen Zeitschriften gelesen. Aber
keines der Bücher, die ich ihm gebracht hatte. Diese blät-
terte er angelegentlich durch, las nur ausgewählte Passa-
gen, Absätze, Zeilen. Er fragte auch fast nie nach Begriffen
oder einer bestimmten Terminologie. Umso interessanter
waren seine Kommentare zu den Büchern.

Vor einem Jahr hast du mir etwas über die Aura erzählt.
Woher weißt du so viel darüber?
In deinen Büchern steht alles drin. Man muss dann nur
noch »die Spreu vom Weizen trennen«.
Wie?
Wenn du die Klausuren deiner Studenten liest, siehst du
dann, wo was falsch ist?
Ich sehe es schon, aber die Studenten nicht.

Hör auf, in dieser Hinsicht ein Student zu sein.

Wie das?

Nutze die Möglichkeiten deines Verstands.


## 17.08.1999

Unweit des Bachs haben der Schamane und ich etwas errichtet, das eine riesige, in die Erde eingelassene Badewanne vorstellen sollte. Nur ein derart ausdauernder Mensch wie der Schamane hatte all die zahllosen Ritzen abdichten und verfugen können. Das Wasser aus unserer »Badewanne« versickerte zwar trotzdem in der Erde, aber eben nur ganz allmählich. Ließ man über einen selbstgefertigten »Schlauch«* Wasser aus dem Bach einlaufen, füllte sich die Wanne schnell, dann legte der Schamane heiße Steine, direkt aus dem Feuer, in das Badewasser. Auf diese Weise hatten wir schon seit zwei Jahren mitten in der Schneelandschaft heißes Wasser, doch mich verblüffte das immer von Neuem. Der Schamane schleppte einen Haufen Meeresalgen herbei, wie sie ab August tonnenweise am Strand angespült werden. Im Frühling werden die Algen vom Eis buchstäblich »abgeschmirgelt«. Als ich gerade in die dampfende Wanne steigen wollte, sagte mir der Schamane, ich solle meine Füße und meinen Körper mit Algen umwickeln. Sofort bekam ich das Gefühl, am heißen Strand in einer natürlichen Meereswanne zu liegen. Der Schamane entfernte sich, und ich machte ein Nickerchen. Ich wurde erst wach, als das Wasser sich abgekühlt hatte. Eine halbe Stunde nach diesem Bad durchfloss mich plötzlich ein unglaublicher Energiestrom und »katapultierte« mich förmlich mitten hinein in all die unerledigten Sachen, die mir schon seit Wochen auf der Seele brannten. Innerhalb von nur vier Stunden hatte ich meinen Rucksack und die Messerscheide fertiggenäht, meine Axt geschliffen, das Werkzeug zum Schärfen der Sägeblätter vorbereitet, in den mitgebrachten Notizen Ordnung gemacht, meine Arbeitskleidung gewaschen, die Wanne und das Areal um die Erdhütte des Schamanen herum gesäubert, zwei Balken abgesägt, die ich für das Vordach brauchte, und den Weg zu meinem Häuschen mit übriggebliebenen Zweigen zugedeckt. Als es dunkel wurde, kochte ich mir Tee und berechnete Arbeitsaufwand und Geschwindigkeit aller meiner Unternehmungen und begriff, wie außergewöhnlich das alles gewesen war.

War das etwa die Wirkung des Algenbads?
Ja, du hast einen Teil deiner Verspannung von der Stadt »losgelassen«.
Ginge das nicht auch ohne die Wanne?
Gehen würde es schon, aber nur per Zufall.
Kann ich das auch in der Stadt?

Ja, allerdings wird dort der Effekt etwas geringer ausfallen.

Warum?

Zu Hause hast du eine Wanne aus Stahl, und die Umgebung ist auch eine andere. Anstelle des Rauschens in den Bäumen hörst du das Rauschen des Wassers in deinem Abflussrohr ...

Schade.

Keine Sorge. Du hast noch genug Energie für die Stadt übrig – eher solltest du achtgeben, deine Wohnung nicht auseinanderzunehmen.

Kann man solche Bäder regelmäßig nehmen?

Das belastet das Herz. Obwohl – ein gesunder Mensch kann das eigentlich immer.

Und das Meersalz aus der Apotheke hat keine solche Wirkung?

*(Der Schamane spuckte aus.)*

Kann man noch etwas Ähnliches machen?

Du könntest einen Zwergkiefernast in heißes Wasser einlegen und den Sud dann in deine Badewanne kippen.

*(Nach den Konzentraten aus den Apotheken fragte ich dann lieber nicht mehr.)*

## 17.08.1999

Ich weckte das Interesse des Schamanen, als ich ihn einen »Pragmatiker im Sinne von John Dewey« nannte. Darüber, was für die Gesellschaft pragmatisch-nützlich sein soll, hat er nur gelacht.

Die Tätigkeit des Schamanen kann man anhand eines Schemas beschreiben, das sich auf Basis der Zukunft, die aber ihrerseits auf der Vergangenheit gründet, konstruieren lässt.

Meine Situation nannte er »das Resultat meiner eigenen Handlungsweise« und sagte, mein Leben würde weiterhin in einer Sackgasse verlaufen, »wenn ich nicht bald anfinge, Taten für die Zukunft zu sammeln, genauso, wie man Holz für den Hausbau sammelt«.

Glaubst du, es musste geschehen?
Wenn du etwas tust, hat das in jedem Fall ein Ergebnis, ob dir das nun passt oder nicht.
Klingt irgendwie mystisch.
Mystisch wird es dann, wenn man etwas tut und glaubt, es hätte keine Konsequenzen. Eine Handlung zu begehen und zu wissen, dass sie zu einem Resultat führen wird, das ist der Materialismus, der dann folgt.
Und wenn ich gar kein Resultat erzielen will?
Dann hättest du besser auch nichts tun sollen.

Menschen können handeln, ohne vorher darüber nachgedacht zu haben, oder es unterläuft ihnen ein Fehler.

Dem Ergebnis ist das schnurz. Es wird sich einstellen – so oder so.

Ist es negativ?

Das Resultat als solches ist neutral. Aber wenn du es nicht abwartest, kann die Kette deiner Handlungen auch abreißen. Und bist du darauf nicht vorbereitet, so kann das gefährlich werden.

Und wie also soll man sich verhalten?

Man soll nichts Überflüssiges tun. Das ist das beste Mittel gegen die Dummheit.

Aber die Evolution braucht die Suche nach supranormalen Aktivitäten.

Für die Gesellschaft ist sie nützlich, für das Individuum gefährlich. Und auch die fehlgelenkten Aktivitäten kluger Menschen können der Gesellschaft gefährlich werden.

Was soll man unternehmen, wenn die überflüssige Handlung bereits geschehen ist?

Manchmal kann man die Handlung rückgängig machen, aber es hilft nur selten.

Und was hilft öfter?

Oftmals hilft es, unnötige Handlungen zu beenden. Der Mensch verschwendet viel Energie im Kampf mit bereits begangenen Taten, die es nicht gebraucht hätte.

Würde er diese Energie nicht verschleudern, sondern finge stattdessen an, das zu tun, was wirklich zählt, könnte er wesentlich mehr bewältigen.

Wie kann ich wichtige und weniger wichtige Taten voneinander unterscheiden?

*Das ist einfach.* Kehre in die Realität zurück und beginne das zu tun, was du wirklich brauchst.

Ich spüre es durchaus, kann mir aber nicht leisten, die laufenden Projekte zu beenden.

Dann geh doch schrittweise vor.

Wie?

Fang an, die wichtigen Vorhaben zu erledigen, und diese selbst werden die weniger wichtigen Sachen abhängen.

## 01.09.1999

Ich fand die Ratschläge des Schamanen sehr hilfreich und war bereit, alle unwichtigen Sachen zu beenden. Damit mich keiner stören konnte, hatte ich niemandem gesagt, dass ich Ende August nach Moskau fliegen würde. Gleich am ersten Tag, als ich meine unwichtigen Angelegenheiten beenden wollte, kam eine Menge neuer und interessanter Aufgaben dazu: Der Redakteur einer angesehenen Zeitschrift fragte wegen eines Artikels von mir an; ein wohlhabender Unternehmer bat mich um eine Sitzung;

am Abend habe ich mit Freude eine alte Bekannte getroffen[68]. Die zehn Tage diesen fröhlich-geselligen Trubels haben mich dermaßen ausgelaugt, dass ich in mein Häuschen zurückkehrte und all diese »erfolgreichen« Zusagen einfach sausen ließ. 24 Stunden später kam der Schamane zu Besuch.

Nachdem ich mich entschieden hatte, all das unwichtige Zeug einfach sein zu lassen, bin ich so fertig von den ganzen wichtigen Sachen, dass ich es gar nicht beschreiben kann.

Der ganze Trubel hat dich so alle gemacht. *(Der Schamane feixte.)*

Das ist aber alles wirklich wichtig: die Veröffentlichungen, die Kohle.

Woher willst du das wissen?

Das war immer schon ein Problem.

Tjaaa, Mann. Scheint so, als hätte ich dir das Entscheidende über die wichtigen und unwichtigen Sachen noch gar nicht erzählt.

Was ist das?

---

68 Der Artikel wurde bislang nicht veröffentlicht, und der Geschäftsmann hat bis jetzt noch nicht bezahlt.

Ohne eine spezielle Erfahrung kann ein gewöhnlicher Mensch die wichtigen Dinge gar nicht von den unwichtigen unterscheiden.

Ist diese Erfahrung auch für mich zugänglich?

Ja. Kehr zurück in die Realität.

Aber wie?

Nachdem du dich entschieden hast, allen Ballast abzuwerfen, darfst du auch keine neuen Sachen beginnen.

Und was soll ich dann mit meiner Zeit anfangen?

Grab die alten Sachen aus und beende sie. Du darfst auf gar keinen Fall rumhängen!

Und wie lange soll das gehen?

So lange, bis du den Energiefluss spürst, den die unfertigen Projekte erzeugen, Projekte, die dich aber nicht auslaugen.

Wie lange soll ich darauf warten?

In deiner Situation: zwei bis drei Tage.

Und dann?

Dann fängst du an, dich in die richtige Richtung zu bewegen. Hin zu den Sachen, von denen du immer schon geträumt hast. Beschäftige dich ausschließlich damit, wobei du allerdings trotzdem – parallel dazu – die alten Sachen wegschaufeln solltest.

Binnen zwei Wochen machte ich den Schritt in die entgegengesetzte Richtung. Erst nach einem Jahr fing ich an, meine Notizen der Gespräche mit dem Schamanen zur Veröffentlichung vorzubereiten. Und die Riesenmenge unwichtiger Angelegenheiten[69] fiel sofort von mir ab.

## 29.10.2000

Im Herbst 2000 räumte der Schamane seine Erdhütte und bedeckte den Platz mit Geröll und Sträuchern. Da wurde mir klar, weshalb er Erdhütten errichtete und keine oberirdischen Häuschen.

Im Oktober wohnte der Schamane bei mir. Er brachte seine Papiere in Ordnung, spielte vierundzwanzig Stunden lang Computerspiele und nähte sich Kleidungsstücke. Er könnte sogar als Designer für bequeme und funktionale Sport- und Arbeitskleidung arbeiten.

Einmal, wir tranken gerade Tee, da bekam ich Besuch von einem alten Bekannten, der sich für einen kreativen und ungewöhnlichen Menschen hielt. Er war schon mehrere Jahre lang nicht mehr bei mir gewesen, was ihn aber

---

69 Außer dem »privaten Kram« fiel ein Berg verschiedener anderer Sachen von meinen Schultern: beispielsweise politische Beratungen, dämliche Kampagnen und Verträge, deren Ausführung mehr Kopfschmerzen bereitete, als Verdienst einbrachte.

trotzdem nicht davon abhielt, unangemeldet bei mir auf-
zukreuzen. Der Schamane beachtete ihn kaum, was meinen Bekannten etwas »kränkte«, weshalb er aus alter Gewohnheit heraus anfing, dem Schamanen Ratschläge zu
geben, etwa den, sein »leeres« Leben zu überdenken. Der
Schamane hörte sich die Ratschläge aufmerksam an und
»kränkte« den Bekannten noch mehr mit seiner reflex-
paradoxen Einstellung – und unterbreitete ihm dann seinerseits eine Reihe von Vorschlägen. Nachdem ich wusste, dass der Schamane ungefragt nur dann methodische
Ratschläge erteilte, wenn er jemanden für krank hielt,
war ich umso überraschter. Nach meiner Rechnung war
der Schamane seit über 15 Jahren nicht mehr in der Stadt
gewesen, doch »kurierte« er diesen modernen Menschen
trotz alledem mit einer erstaunlichen Sicherheit. In seinen Worten lag so viel von dem, was die Ewelnen »die
Macht des Wortes« nennen, dass mein nihilistischer Bekannter später sämtliche Empfehlungen sorgsam befolg-
te. Er hat sich ziemlich schnell – innerhalb von nur drei,
vier Monaten – und erstaunlich positiv verändert. Wahrscheinlich auch für sich selbst.

Z.: Und wie soll ich anfangen?
S.: Fang klein an. Plane deine Veränderungen.
Das habe ich schon tausend Mal gemacht, aber ich kriege
   das einfach nicht hin, eine Sache zu planen.

Du hast eben nie das Ritual[70] des Planens durchgeführt.

Vielleicht kannst du ja, oh Allwissender, mir etwas über dieses uralte Ritual erzählen?

*(Mein Bekannter mokierte sich, doch der Schamane stieg nicht darauf ein.)*

Erst mal solltest du in die Sauna gehen und dir dann einen guten, modischen Haarschnitt gönnen.

Wozu das denn?

Anschließend legst du dir gute, moderne Schuhe zu. Du hast doch genug Geld?

Ja, klar.

Falls du zurzeit kein Geld hast, dann putz und polier die Schuhe, die du anhast.

Ein seeeeeehr interessa-a-a-antes Ritual!

Kauf dir einen guten Herrenduft, einen Kugelschreiber von der Firma Schönschrift und gutes Papier, am besten finnisches.

Oohhh, komm doch endlich zur Sache.

Der Schamane übertreibt aber sehr.

*(Das war an meine Adresse gerichtet.)*

Zieh dir die neuen Schuhe an, deine gebügelten Hosen, dazu ein frisches Hemd, und sprüh etwas von deinem neuen Duft auf die neue Frisur. Dann setzt du dich an

---

70 Der Schamane bezeichnet Handlungen dann als Rituale, wenn er glaubt, ihr Inhalt sei dem Zuhörer unverständlich.

deinen Schreibtisch – für mindestens ein bis zwei Stunden.

Das also ist das berühmte Ritual. Soll das ein Scherz sein?

Nimm dir ein Blatt Papier und schreib mit deinem Kuli in Schönschrift darauf: »Die Planung realer Taten«.

Sie machen Witze!

Nach zwei Minuten wirst du das dringende Bedürfnis verspüren aufzuspringen, um irgendwelche angeblich unaufschiebbaren Dinge zu erledigen. Stattdessen bleibst du sitzen und denkst weiter über deine Lebensführung nach.

Was soll mir das bringen?

Nach weiteren zwei Minuten verspürst du den Drang, deine kreativen Erleuchtungen zu Papier zu bringen. Wirf sie weg, genau wie deine Hektik davor. Bleib sitzen und denk über deine Lebensführung nach.

Wie soll ich denn über meine Lebensführung nachdenken?

Wieder zwei Minuten später ertappst du dich dabei, dass du über andere Sachen nachgrübelst. Dieses Zeug musst du auch fortschmeißen. Bleib sitzen und denk über deine Lebensführung nach.

Und was bringt das?

Du wirst noch ein paarmal andere Gedanken wegschmeißen müssen, damit du wieder über deine Lebensführung nachdenken kannst.

Ja was bringt mir das denn nun?

Hast du so etwas schon jemals getan?

Nein.

Das wird eine ganz neue Erfahrung für dich werden – der Beginn des Nachdenkens über den kulturellen Akt des Planens.

## 29.10.2000

Als mein Bekannter tatsächlich in die Sauna gegangen war, fragte ich den Schamanen:

Hältst du ihn für krank?

Er fällt eher in dein Ressort. Jetzt ist er noch ein Soziopath. Aber er hat den Willen, das zu ändern.

Woran konntest du das erkennen?

Lerne auch du, unter der Schicht aus Unwichtigem und Unerwartetem das Wesen eines Menschen zu erkennen.

Weshalb gerade zwei Minuten zum Nachdenken?

Du selbst hast mir doch von deinen Erfahrungen erzählt – den Erfahrungen, bei denen es um willkürliche Macht[71] geht.

---

71 V.P. Serkin, »Die Dauer der eigenmächtigen Steigerung des Bewusstseins« in *Psychologie und die Praxis.* Das Material der 2 Bände RPO. T.4. 2. Auflage, Jaroslawl, JarGU, MAPN, RPO, 1998. S. 159f.

Deine Empfehlungen erinnern mich an die Methoden von Gurdijeff.

Ich bin Gurdijeff. *(Der Schamane fing an zu lachen.)*

Das heißt, du bist wie Gurdijeff? *(Wir lachen beide.)*

## 07.10.2000

Der Oktober ist warm, aber der Schamane prophezeit einen kalten Winter. Noch regnet es, bisher ist erst zwei Mal Schnee gefallen und gleich wieder geschmolzen. Wir gingen an den Innenhöfen der Sándor-Simiz-Straße entlang, als jemand hinter uns herrief: »Hey, ihr beiden Alten!« Das »alt« überraschte mich: Kein Unbekannter errät mein Alter. Und das des Schamanen herauszufinden ist sowieso kaum möglich, wo er doch so stark und hager ist – und das Ganze dann auch noch bei Dunkelheit.

Drei große Typen hielten auf uns zu, sie wollten unser Geld. Ich verspürte keine Angst. Meine Jugendfreunde sind deutlich kräftiger. Der Schamane sagte ihnen, *dass sie sich verp... sollten,* und klapperte mit seiner Werkzeugtasche. »Wer nicht hören will, muss fühlen«, lautet ein Sprichwort: Einer der Männer streckte seine Hand nach dem Schamanen aus, der ihm mit dem Schraubenschlüssel einen heftigen Schlag aufs Ohr versetzte. Der Mann legte seine Hände schützend über die schmerzende Stelle und schlug der Länge lang hin. Das Ganze ereignete sich in einer geradezu unwirklichen Stille. Selbst die Hunde hatten aufgehört zu bellen. Die Stille wurde von den hastigen Schritten eines fliehenden Banditen unterbrochen. Danach hörte ich die Stimme des dritten Typen: »Nicht schlagen! Nicht schlagen!« Doch der Schamane ließ seine Hand noch einmal vorschnellen, und ich verzog das Gesicht, als ich Knochen splittern und Zähne knirschen hörte. Der Mann gab eine Art Schlürflaut von sich, dann kehrte wieder Stille ein.

Wir gingen ruhig weiter, ohne den Bus zu erwähnen. Ich weiß, dass der Schamane resolut und rational war, aber von so einer Sache zu wissen … Dem Schamanen kam es überhaupt nicht in den Sinn, das Ereignis anzusprechen, doch ich konnte das Erlebte nicht einfach im Raum stehen lassen.

Wieso ist der Erste zu Boden gegangen?

Es ist vor lauter Angst von selbst hingefallen.

Warum hast du ihm den Schlag verpasst?

Er befand sich in einem völlig enthemmten Zustand. Niemand vor mir hat ihm Einhalt gebieten können.

Werden ihm der Schreck und die Schmerzen Angst einjagen?

Jetzt weiß er, dass sich ein Mensch »mit einer Asiatenfresse« auch umdrehen kann.

Kennst du den Schriftsteller Block?

Kommt mir bekannt vor.

Hat er dich zum Vorbild für seine »Skythen«* genommen?

Nein, dich.

*(Zum ersten Mal ignorierte der Schamane meine Ironie nicht, sondern stieg darauf ein.)*

*(Ich musste nun selbst aus der Nummer wieder herauskommen.)*

Ich hatte damals noch »die Gestalt einer kleinen Wahrscheinlichkeit«.

Block schrieb auch über solche Wahrscheinlichkeiten.

Weshalb sind diese Poeten eigentlich immer so früh gestorben?

Der Geist hat sie verlassen.

Wie das?

Sein Geist verlässt einen Menschen bisweilen schon, noch bevor er physisch tot ist.

Warum?

Das sagte ich bereits. Wenn ein Mensch sich dermaßen auf die Beziehungen zu den Menschen in seinem Umfeld konzentriert und darüber seinen eigenen Geist vergisst. Der Geist eines guten Poeten ist besonders ungeduldig.

Was passiert mit diesen Menschen?

Nichts. Sie leben weiter. Sogar noch ruhiger.

Und die vielen Dichter-Selbstmorde?

Andere, die spüren, dass der Geist sie verlassen hat, können das nicht ertragen.

*(Da ich nicht entscheiden konnte, ob der Schamane es ernst meinte oder nicht, kehrte ich zu unserem Gespräch über die Gesellschaft zurück.)*

Ich dachte, die Gesellschaft interessiert dich nicht.

Ich denke lieber über den Sinn und die Sinngebung nach, so wie du.

Also spielt Gesellschaft für dich eine Rolle?

*...auf die Gesellschaft!* Solche Verrückten sollten uns einfach umgehen.

So was kann einen hinter Gitter bringen.

*Das bezweifle ich.*


### 07.10.2000

Ich bin immer noch geschockt. Der Schamane spricht mit mir über das Geschehen, als ginge ihn das alles gar nichts an. Er bleibt neutral. Im selben Ton spricht er etwa über Heilpflanzen. Es ist mir klar, dass man uns nicht finden kann. Der Regen, die Dunkelheit. Die drei Typen hatten gar keine Möglichkeit, sich für uns zu interessieren und sich womöglich unser Aussehen einzuprägen. Aber der Anruf »Hey, ihr beiden Alten!« war ungewöhnlich gewesen.

Woher kannten sie unser Alter?

Sie befanden sich in einem veränderten Bewusstseinszustand.

Drogen?

Ja, ein neues Zeug.

Können Drogen die Wahrnehmung schärfen?

Alles ist miteinander verbunden. Deshalb ist es gefährlich.

Wieso?

Im Normalzustand hätten sie uns niemals angehauen, ihr Selbstschutzinstinkt hätte sie dazu bewogen, uns in Ruhe zu lassen. Das bedeutet, der alte Instinkt weiß nichts von der neuen Wahrnehmung.

Wird der Flüchtige uns anzeigen?

Sein Instinkt ist stärker ausgebildet. Im Normalzustand kann sich ein Mensch nur sehr schlecht an seltsame Begebenheiten erinnern.

Ich will ja eigentlich gar nicht danach fragen. Aber: Hast du den Ersten umgebracht?

*Das bezweifle ich.*

Hättest du es gekonnt?

Ich habe schon Kämpfe ausgefochten.

Du hast wahrscheinlich sehr heftig gekämpft?

Damals war ich ein einfacher Soldat und träumte nur, wie all die anderen.

## 30.10.2000

Ich begreife, dass der Schamane die Reisevorbereitungen
für seine Rückfahrt fast abgeschlossen hat. Seine Papiere
sind in Ordnung, und Geld hat er in einem Monat so viel
verdient wie ich in drei Monaten. Zu diesem Zweck hatte
er eine sehr spezielle Anzeige in der Zeitung aufgegeben
und allerhand Reparaturen im Haushalt angeboten. Der
erste Zyklus bestand im Austausch von Badewannen und
Toilettenschüsseln. Dem Schamanen war das egal. Er
sagt, ich sähe da eine Symbolik an der falschen Stelle.

Man empfindet seine Gegenwart nicht unbedingt als besonders angenehm, seine komplexe, »schwierige« Persönlichkeit erschwert das Gespräch mit ihm. Doch fühle ich
ganz deutlich, wie mein Verstand an dieser Herausforde-
rung wächst und ich beginne, die Welt besser zu verstehen.
Auch das, was einen Menschen ausmacht, jenseits und hinter seiner Persönlichkeit liegt. Darüber nachzudenken ist
etwas ungewöhnlich, weil es ja nicht auf eine zwischen-
menschliche Beziehung ausgerichtet ist. Noch weiß ich
nicht, ob der Schamane und ich uns je wiedersehen werden.

Wozu fährst du zur ZRS[72]?

---

[72] ZRS – die Bezirke des Landes, die übliche Abkürzung bei den Ma-
gadanern.

Ich habe schon vor Gorbatschow andere Städte und Länder besucht. Momentan fühle ich mich nicht besonders kompetent. Das ist eine sehr wertvolle Erfahrung.

Was ist daran wertvoll?

Wenn ein Mensch lange in seiner gewohnten Situation lebt, wird er kompetent und krumm. Sein Denken verkommt, weil er keine neuen Aufgaben lösen muss.

Dafür löst er die alten Aufgaben umso besser.

Er löst sie nicht mehr, sondern verändert einfach nur ihre Struktur. Er »knausert« mit seinem Denken, indem er ein ganz gewöhnliches Leben führt. Danach beginnt er damit, neue Aufgaben zu umgehen.

Braucht man neue Aufgaben, um das Denken »in Schwung zu halten«?

Alles: den Verstand, den Körper, die Gefühle.

Machst du dir keine Sorgen?

Doch, natürlich, aber man soll die Sorgen nicht vorschützen, um neuen Aufgaben auszuweichen.

### 31.12.1999

Der Schamane kann eine begonnene Handlung entweder beenden oder plötzlich eine neue beginnen. Oft begründet er das mit den »Zeichen«, die er bekommt. Mitunter fällt es mir schwer, ihm das abzunehmen. Ich habe manchmal den Eindruck, er sagt das einfach nur so dahin, erfindet die Zeichen, um eine Ausrede für seine Spinnereien zu haben.

Woran erkennst du, ob es sich wirklich um ein Zeichen handelt?
Ich weiß einfach sehr viel mehr darüber als du.
Sehr überzeugendes Argument. Das Entscheidende dabei ist, dass du es bei jeder Gelegenheit anbringen kannst.
Sei nicht so nervös. Frag mich doch einfach, und ich erzähl dir etwas über die Zeichen.
Gut. Jetzt ist es beispielsweise fast dunkel. Wir haben fünf Uhr nachmittags, alles ist von Eis bedeckt. Siehst du hier irgendwelche Zeichen?
Da neben uns ist eine Robbe.
Die Robbe ist doch albern! Was hat das mit ihr zu tun?
Sie zieht uns nach rechts.
Warum?
Links hat das Eis Risse, sonst wäre die Robbe hier gar nicht rausgekommen. Das soll für dich ein Zeichen für die Veränderung deines Lebensweges sein und dich zugleich zur Vorsicht anhalten.

## 01.01.2000

Mir ist etwas Seltsames aufgefallen: Wenn der Schamane mich über die Beziehung zwischen der Erscheinung der Menschen, der Gegenstände und der Welt aufklärt, verstehe ich alles. Selbst erkenne ich diese Beziehungen jedoch nicht. Nachdem ich nicht vorhabe, den Rest meines Lebens an der Seite des Schamanen zu verbringen, muss ich mir die Kenntnisse über diese Beziehungen selbst aneignen.

Woher weißt du so viel?
Ich beobachte.
Ich auch. Aber bevor du es mir nicht gezeigt hast, sehe ich
  es nicht.
Du solltest noch üben.
Was? Wie?
Versuch einfach, aus einer dir vertrauten Situation etwas
  herauszufiltern, was du früher nicht bemerkt hättest.
Wie Castaneda?
Was Castaneda?
Und was »Kurs«? *(Wir lachen beide.)* Er versuchte, sich
  die Welt in der Dämmerung anders vorzustellen.
Ich weiß nicht, wie Castaneda es sieht, aber diesbezüglich
  seid ihr beide unaufmerksam. Die Dämmerung geht
  nicht unter, vielmehr steigt sie aus der Erde hoch.

Das ist schon wieder so ein Fall: Jetzt, wo du es sagst, habe ich es auch sofort begriffen. Selbst hätte ich es jedoch nicht bemerkt. Was muss ich denn bloß für meine Wahrnehmung tun, um selbst auch auf solche Dinge zu kommen?

Für den Anfang solltest du versuchen, an deinen guten Bekannten andere Züge, einzelne Merkmale, neue Verhaltensweisen zu entdecken. Genauso an deinem Arbeitsplatz, in deinem Zimmer …

Und was soll das bringen?

Sobald du das gelernt hast, machen wir mit dem Thema weiter.

## 30.10.2000

Es weht ein heftiger Wind, und wir stehen gerade am Busbahnhof und warten auf den Linienbus, mit dem der Schamane zurückfahren wird. Später muss er sein Glück per Anhalter versuchen, um voranzukommen: nach Susuman, Nerüngri, Jakutsk und dann weiter nach Westen. Magadan auf direktem Weg zu verlassen ist fast unmöglich. Die Straßen sind gesperrt, es gibt keine Zugverbindung, wenn man ein Flugticket kaufen möchte, schreiben sie die Daten aus dem Pass auf, was dem Schamanen nicht behagt. Er fährt in eine andere Welt, in andere Beziehungen. Nicht zurück in jene, die damals bestanden, als er das letzte Mal ans Ufer fuhr. Der Schamane ist gelassen wie immer. Ein Leben in einem neuen sozialen Kontext zu beginnen ist bestimmt interessant für ihn. Ich verspüre einen leisen Anflug von Neid. Der Schamane hat seine sozialen Aufgaben längst hinter sich gebracht und ist davon befreit, weil er keine neuen mehr übernommen hat. Morgen würde er wieder mit der Entwicklung neuer Praktiken beginnen und sich in eine andere Welt begeben.

Wie wird ein Mensch konservativ?

In seinem Alltagsleben funktioniert der Mensch wie ein Automat. Beispielsweise wäscht er sich jahrelang, rasiert sich, isst immer dasselbe und bekommt das nicht einmal mit.

Ist das schlecht?

Bis zu einer gewissen Grenze nicht.

Und wo verläuft diese Grenze?

Wenn ein Mensch über lange Zeit nichts in seinem Leben verändert, dann dringt dieser Automatismus in seinen Verstand ein. Zum Beispiel beginnt so ein Mensch sich zu wiederholen, glaubt aber, immer etwas Neues zu erzählen. Die Menschen in seiner Umgebung registrieren es.

Was kann man denn dagegen unternehmen?

Verändere dich, verwirkliche deine Praktiken, erlerne neue. Der Mensch ist kein Teich, sondern ein leuchtender, schäumender Fluss.

Noch eine Frage: Ist dein Lachen eine besondere Praktik der Selbstwahrnehmung?

Sieh mal einer an, es sind bloß drei Jahre vergangen, und schon hast du es bemerkt!

*(Lacht.)*

Der Bus ist aber winzig – und grau.

So fällt er weniger auf. *(Wir lachen beide.)*


Die Menschen drehten sich nach mir um, doch ich winkte dem grauen Bus unverdrossen noch eine ganze Zeitlang hinterher. Und drinnen saß der Schamane: Er lachte und winkte zurück.

# Nachwort

## Die Rezepte des Schamanen

Einige der folgenden Tipps waren über die Dialoge verteilt gewesen, doch ist es für den Leser sicher praktischer, wenn er sie an einer Stelle zusammengefasst findet. Mit den Empfehlungen des Schamanen gehe ich sehr behutsam um, weil ich auf keinen Fall zu jenen Autoren gehören möchte, die unreflektiert Ausführungsanweisungen für diverse Praktiken veröffentlichen, die dazu angetan sind, die Zahl der Klienten von Psychiatern und Psychologen zu erhöhen.

Deshalb beschreibe ich hier nur diejenigen praktischen Methoden, die ich entweder selbst erprobt oder deren Einsatz ich bei anderen erlebt habe.

## Kerzenhalter im Zelt
## (im Schnee oder auf dem Erdboden)

Ich habe oft mit angesehen, wie Leuten wegen eines einfachen Rucks oder Ähnliches an der Zeltplane eine im Zelt aufgestellte Kerze umgefallen ist. Dabei ist es ganz einfach, sich einen stabilen Kerzenhalter zu machen: Man nimmt einen relativ geraden Stock und spitzt ihn am einen Ende an. Dieses Ende rammt man in den Schnee (oder in die Erde). Das andere Ende wird kreuzweise eingeschnitten.

Diese Schnitte werden nun mit kleinen Holzstückchen, die man hineinsteckt, auf die nötige Weite gedehnt. In die Mitte kommt dann die Kerze.

## Löffel, Suppenkelle und Untertasse aus Muschelschalen

Bei Ebbe findet man am Strand immer Schalen verschiedener Muschelarten wie etwa Miesmuscheln oder Kammmuscheln in praktisch allen Größen. Für einen Löffel steckt man eine Muschelschale in das gespaltene Ende eines Hölzchens oder Zweiges. Dieser wird mit Zwirn (oder zum Beispiel mit Angelschnur, Grasfasern, Draht oder Viskoseschnur) umwickelt, und schon ist ein Löffel oder Schöpflöffel fertig.

Große Muschelschalen kann man als Untertassen benutzen. Zur Not können sie auch als Gläser oder Tassen dienen (falls man vergessen haben sollte, welche mitzunehmen).

## Schlauch aus Plastikflaschen

Die nordöstlichen Regionen Russlands sind bergige Landschaften mit starken Niederschlägen. Meist fließen Bäche an den steilen Küstenhängen hinab in Richtung Meer. Den Ort für das feste Lager wählt man gewöhnlich in der Nähe eines Bachs, doch kann man häufig wegen der Topografie der Landschaft nicht direkt am Bachufer campen. Manchmal braucht man aber ziemlich große Mengen Wasser, um Fische, Krabben oder Pilze zu putzen und zu kochen, Geschirr zu spülen, Kleidung zu waschen usw. Noch im 20. Jahrhundert musste man das Wasser herbeischleppen, während es der Camper von heute leichter hat:

In den letzten Jahren wurden und werden viele leere Plastikflaschen vom Meer ans Ufer gespült. Schneidet man Flaschenboden und -hals ab, erhält man einen hohlen Plastikzylinder. Mehrere dieser Zylinder kann man ganz einfach von Hand ineinanderstecken und damit einen Schlauch der nötigen Länge herstellen (normalerweise »erträgt« diese Konstruktion bis zu zehn Meter Länge). Legt man ihn etwas bachaufwärts ins Wasser, kann man einen kleinen Wasserstrom zur gewünschten Stelle leiten – wo man arbeitet, sich wäscht, bequemer an den Bach herankommt … Wenn man den Schlauch den Winter über aus dem Bach herausnimmt, hält er meist ziemlich lange. An einem meiner Lagerplätze ist ein solcher Schlauch nun schon das dritte Jahr im Gebrauch, und ich habe nur einige Male einzelne Plastiksegmente austauschen müssen.

Einige Bekannte, die bei mir am Lagerplatz einen solchen Schlauch gesehen haben, betreiben inzwischen ähnliche selbstgebastelte »Wasserleitungen« auf ihren Datschengrundstücken.

## Weitere Verwendungsmöglichkeiten für
## Plastikflaschen oder andere Plastikbehälter

An den Lagerplätzen des Schamanen und der Wilderer habe ich viele andere Vorrichtungen gesehen, die aus Plastikflaschen und -behältern hergestellt waren, wie sie heute vom Meer an allen Küsten angeschwemmt werden:

1. Eine lange Rinne aus mehreren abgeschnittenen Flaschen, mit deren Hilfe man Preiselbeeren sortieren kann: Man lässt die gesammelten Preiselbeeren die leicht geneigte Rinne hinabkullern. Die Beeren rollen bis zum Ende durch, während kleine Blätter, Gräser oder sonstige Verunreinigungen in der Rinne liegen bleiben.

2. Vorrichtung zum Händewaschen und Duschen: In den Boden eines Kanisters oder einer Fünfliterflasche wird ein Loch geschnitten und der Behälter mit der Ausgussöffnung nach unten aufgehängt. Wenn man den Schraubverschluss oder Pfropfen leicht öffnet, fließt das Wasser in dünnem Strahl heraus. Oben wird Wasser der gewünschten Temperatur eingefüllt.

3. Schwimmer für Fisch- oder Krabbennetze. Verschlossene leere Plastikflaschen in einem Viskosesack ergeben ausgezeichnete große Schwimmer zum Abschleppen schwerer Teile im Wasser.

4. Mit Plastikstücken von zerschnittenen Flaschen oder Kanistern lassen sich Löcher im Dach oder den Wänden einer kleinen Hütte abdichten. Manche Krabbenfischer fertigen aus solchem Plastik regelrechte Dachschindeln.

5. Schneidenschutz für eine Handsäge: Eine zusammengedrückte Flasche wird auf die Sägezähne aufgesetzt, damit diese den Rucksack oder Tornister nicht beschädigen.

6. Kapseln für den Transport von Pflanzen oder anderen Gegenständen.

7. Becher zum Beerensammeln: Man hängt sich eine abgeschnittene Flasche um den Hals und hat so beide Hände zum Beerensammeln frei.

8. Trichter aus einem abgeschnittenen Flaschenhals.

9. Köderbehälter für ein Krabbennetz: Man legt ein Stück Fisch in eine Plastikflasche, in die man zuvor einige Löcher gestochen hat. Die Krabben werden vom Geruch des Fischs angelockt, kommen aber nicht gleich an ihn heran und bleiben daher mindestens für eine Weile im Netz.

10. Einige (nicht alle!) Plastik- oder Plexiglasteile brennen sogar bei Regen gut. Man kann sie gut zum *Anzünden* eines Lagerfeuers verwenden.

11. Aus Plastikbehältern lassen sich strapazierfähige Handschaufeln und Schneidbretter fertigen, aus aufge-

schnittenen und ausgewalzten Kanistern mehrfach verwendbare, abwaschbare Plastik-Tischdecken.

## Seile, Fäden und Schlingen

Damit gibt es heute kein Problem. Wenn das Meer nicht von Eis bedeckt ist, kann man nach jeder größeren Woge (und natürlich vor allem nach einem Sturm) innerhalb von zwei oder drei Stunden eine ganze Menge Material in Form zerfetzter Netze, Säcke, Taue, Schnüre, Angelschnüre, Draht und Ähnliches am Strand einsammeln.

Daraus lassen sich Fangschlingen für Vögel und andere Tiere, Angel- und Fischereigerät oder kleine Gürtel herstellen … Der Schamane hatte unter einem Schutzdach ein Häufchen solchen Materials liegen, das er je nach Bedarf aufdröselte.

## Dämm-Material, Pfropfen und
## Schutzvorrichtungen aus Fischerbojen

Abgerissene, vom Meer ans Ufer geschwemmte Netzbojen kann man zunächst einmal gemäß ihrer ursprünglichen Bestimmung weiterverwenden. Außerdem lassen sich aus hartem Styropor und ähnlichen Materialien mit dem Messer leicht Schwimmer herausschneiden. Die Krabbenfischer schneiden auch Teile verschiedenster Formen heraus, die sie zum Abdichten der Löcher in ihren Hütten verwenden, oder sie stecken Messer zum Transport in Styroporstücke und benutzen sie so als »Scheide«. Die Ewelnen setzen zurechtgeschnittene Styroporstückchen auf die Spitzen von Speeren und Fischhaken, aus mir nicht bekannten Gründen bezeichnen sie diese Vorrichtungen als »Nüsse«. Aus großen Bojen lassen sich Sitzgelegenheiten für Boote oder Hütten herstellen. Man kann daraus aber auch Unterlegmaterial für seinen Schlafplatz auf der Ofenbank oder einer Holzpritsche gewinnen.

## Messer, Pfeilspitzen oder Schaber
## aus Feuerstein

Wenn man sein Messer vergessen oder verloren hat, kann man aus Feuerstein Ersatz dafür herstellen. Betrachtet man ein Stück Feuerstein genau, so wird ersichtlich, dass man davon dünne Scheiben abspalten kann. Das braucht in der Regel ein paar Versuche, aber dann klappt es meist ganz gut. Am besten setzt man die Schläge von oben nach unten an und verwendet dabei ein »Stemmeisen« – einen Keil aus Metall (zum Beispiel einen kleinen Schraubenzieher) beziehungsweise aus Knochen oder einem kleinen Stück Feuerstein.

Schon in der Frühzeit spalteten geschickte Handwerker zwei bis drei Millimeter dünne Plättchen von bis zu 30 Zentimeter Länge ab. Für die Herstellung eines provisorischen Messers von fünf bis zehn Zentimeter Länge ist kein so großes Geschick nötig.

Man sollte mit diesen Messern vorsichtig umgehen, da die Feuersteinplättchen manchmal sehr scharfe Kanten haben. Am besten umwickelt man einen Teil der Schneide für einen Griff. Auch ist bei der Benutzung zu bedenken, dass ein Steinmesser leichter bricht als eines aus Metall.

In äußersten Notlagen können kurze Feuerstein-Plättchen als Pfeilspitzen für Wurfpfeile oder normale Pfeile verwendet werden. Die Pfeilspitze wird in ein gespaltenes Hölzchen eingesetzt, das anschließend mit kräftigem Faden umwickelt wird. Auch Klebeband, Leukoplast, Isolierband, Draht, Tiersehnen, Fasern aus aufgedröselten Seilen oder Tauen und anderes Material kann sich hierzu eignen.

### Selbstgemachte Ahlen, Nadeln, Messer, Haken, Jagdspieße und andere Metallgegenstände, die man an der Meeresküste braucht

An sanft abfallenden Ufern findet man meist sehr viel vom Meer angeschwemmtes Treibgut, darunter häufig Bretter und ganze Holzbauteile mit Nägeln, Holzschrauben, Haken, Beschlägen und anderem.

Man bringt die Metallteile am besten heraus, indem man das Schwemmholz im Lagerfeuer verbrennt.

Als Amboss kann man für den Anfang einen Stein mit flacher Oberfläche benutzen, als Hammer einen anderen

Stein, als Zange einen kleinen gespaltenen Stamm oder Zweig. Die Metallteile werden im Feuer erhitzt, damit sie sich besser schmieden lassen. Manchmal gelingt es einem, einen großen Haken oder Metallbügel aufzuspüren, dergleichen ist als Hammer natürlich wesentlich praktischer.

Aus kleinen Nägeln lassen sich primitive Angelhaken zurechtbiegen, aus großen Nägeln Messer und Spitzen für Jagdspieße (zur Verteidigung und zur Jagd). Wer zu einem längeren Robinson-Dasein gezwungen ist, kann daraus auch wiederverwendbare Pfeilspitzen fertigen.

Große Gegenstände zu schmieden ist schwieriger und braucht etwas Übung, aber in Extremsituationen wird es einem die Mühe wert sein.

Mit etwas Glück findet man Überreste von Booten, Schiffen und Lichtbojen samt Ausstattung … So stieß ich in der zweiten Hälfte der 1990er-Jahre beispielsweise – nur zwei Stunden Fußmarsch von Magadan entfernt hinter dem Kamennyj Wenez (einem bekannten Felsmassiv mit zwei kronenförmigen Spitzen) – auf einen ganzen gestrandeten Kutter, der zu der schwimmenden Fischfabrik »Felix Cohn« gehörte. Die Stelle lag aber wohl doch zu nahe bei der Stadt, und ein paar Tage später hatte ihn jemand abgeschleppt. Ein andermal entdeckten ein Freund und ich ein mit dem Eis treibendes Teilstück einer Anlegestelle, die sich an einem Fluss befunden haben musste. Sie bestand aus herrlichen riesigen Rundbalken mitsamt allen eisernen Montageteilen (riesige Bolzen, Schrauben, Beschläge, Haken und Ähnliches) und teuren Naturseilen. Niemand war schnell genug dabei, dieses Riesenteil einer neuen Verwendung zuzuführen, und so »verabschiedete« es sich wieder aus der Bucht, um mitsamt den forttreibenden Eisschollen ins Meer davonzuschwimmen. Solche »Bruchstücke« enthalten viele Teile, die man für lebensnotwendige Gegenstände nutzen kann und die sich einem oft schon in fast fertigem Zustand präsentieren.

### Pflanzliche Nahrung und Vitamine in Kolyma und Tschukotka in der Winterzeit, im Frühling, zu Beginn des Sommers und im Herbst

In Magadan kann es vorkommen, dass von Mitte September bis Ende Mai Schnee liegt. Wenn man erst einmal Geißblatt, Blaubeeren, Sumpfbrombeeren, Preiselbeeren, Hagebutten, Johannisbeeren und andere Beeren sammeln kann, braucht man natürlich keine Extra-Vitamine mehr. Doch in der Zeit, wo Schnee liegt, und noch zwei bis drei Wochen danach, ist frisches Grünzeug sehr rar, und man möchte meinen, die Menschen würden ohne importiertes Gemüse oder Vitamindragees zwangsläufig an Vitaminmangel leiden oder sogar krank werden. Apotheken und Läden gibt es nur in den Siedlungen. Wie behilft man sich aber die längste Zeit des Jahres, wenn man an der Meeresküste, in der Taiga oder in der Tundra lebt?

In Wirklichkeit kann man in Kolyma zu jeder beliebigen Jahreszeit sowohl etwas zum Essen finden als auch ziemlich viele Pflanzen, die Vitamine zur Nahrungsergänzung enthalten. Der Schamane erzählte mir sehr viel darüber, ich werde hier allerdings nur das beschreiben, was ich selbst ausprobiert habe. Ich beginne mit den Lebensmitteln, die es bei uns »in rauen Mengen« gibt, und gehe dann zu den selteneren über. Die meisten dieser Pflanzen wachsen auch in anderen Regionen, doch ist ihr Verbreitungsgrad dort anders. Man muss im Übrigen beachten, dass man nicht alle Farne und Schachtelhalme in den zentralen Landesteilen essen kann, manche davon sind giftig!

1. Außer den Zapfen sind auch die jungen Triebe und Zapfenansätze der **sibirischen Zwergkiefer** essbar. Wenn man Zucker zur Verfügung hat, kann man aus den jungen Zapfen einen vitaminhaltigen Sirup herstellen, indem man sie einfach mit Zuckerlösung übergießt und stehen lässt.

Ungefähr Mitte Juli blühen die Zwergkiefern und produzieren so ausgiebig Pollen, dass er auf der Kleidung gelbe Streifen hinterlässt, wenn man ein Gehölz durchquert. Der Kiefernpollen ist eine biologisch aktive Substanz, von der man kleine Mengen in den Tee streuen oder dem Essen beifügen kann.

Allgemein bekannt ist ein Vitamintee aus den Zwergkiefernnadeln, der sich das ganze Jahr zubereiten lässt: Die geschnittenen Kiefernnadeln werden mit kochendem Wasser übergossen, abgedeckt und über Nacht stehen gelassen. Man braucht keine große Menge davon, da er nur dann nützt, wenn man ihn frisch trinkt (in den ersten ein bis zwei Tagen).

2. Im Frühling und am Sommeranfang sind die jungen Triebe und Knospen der **Lärche** essbar. Kleine Mengen davon kann man gleich auf seinem Waldspaziergang oder -lauf verzehren.

In Extremsituationen (Hunger) kann man im Winter ein Verfahren anwenden, das die indigenen Völker des Nordens nutzen: Man entfernt vom Stamm einer gefällten Lärche die Rinde und schabt die harte weiße Schicht ab (es heißt, dabei handle es sich um gestockten Baumsaft). Diese wird zerkrümelt, gekocht und gegessen.

3. An die essbaren Knospen der **Erle** kommt man auch im Winter leicht heran. Viel davon kann man allerdings nicht essen, da sie nach nichts schmecken und die Mundschleimhäute zusammenziehen. Doch einige Knospen pro Tag bringen eine erhebliche Vitaminzufuhr. In Extremsituationen (Hunger) helfen sie auch, fit zu bleiben.

Erlenpollen ist eine bioaktive Substanz. Man kann zu jeder Zeit einige Erlenzweige mit Zapfen am Fenster ins Wasser stellen. Sehr schnell werden die bekannten langen

Erlenkätzchen erscheinen, die voller Pollen sind. Man klopft ihn leicht ab und sammelt ihn auf einem Blatt Papier, einer Tüte oder einer Untertasse. Der Erlenpollen schmeckt bitter, darum reicht es aus, einmal täglich den Pollen von einem Erlenkätzchen zur Vorbeugung einzunehmen.

4. Von den jungen Zweigen der **Purpurweide** zieht man die Rinde ab und lutscht sie anschließend aus. Der Saft enthält viele Vitamine und schmeckt leicht süßlich. Die Kinder aller Ferienlager von Kolyma kennen sich damit aus.

5. Blätter und Knospen der **Birke** können das ganze Jahr über sowohl in frischem als auch in getrocknetem Zustand zur Zubereitung eines vitaminreichen Aufgusses (Tee) verwendet werden.

**Birkensaft** ist ein vitaminhaltiges und nahrhaftes Getränk. Man kann ihn Birken in Küstennähe abzapfen, sobald der Schnee schmilzt. Wenn man ihn auf schwachem Feuer einkochen lässt, ergibt das einen sehr süßen Sirup. In Extremsituationen (Hunger) kann man ein Stück Rinde von einem Birkenstamm abziehen, eine Öffnung in den Stamm bohren und den Saft herauslutschen. Danach muss die Öffnung gut verschlossen und zugeschmiert werden.

6. Aus **Preiselbeerblättern** kann man zu jeder Jahreszeit einen guten Tee zubereiten. Unter dem Schnee halten sich die Beeren des Strauches auch bis zur Sommermitte

sehr gut. Neben ihren bekannten Qualitäten verfügen sie auch noch über eine weitere wertvolle Eigenschaft: Sie verderben nicht. Um einen Vitaminvorrat für den Winter zu schaffen, besteht außer den allgemein üblichen Methoden auch die Möglichkeit (wenn man keinen Zucker hat), die Beeren in einer dünnen Schicht zum Trocknen auszulegen. (Sie sollen dabei nicht aufeinanderliegen.) Da Preiselbeeren im September gepflückt werden, kann man sie auch einfach einfrieren.

7. Junge, noch rote Triebe des **Waldweidenröschens** können als Salat zubereitet, in Salzlake eingelegt oder mariniert werden. Aus den getrockneten Wurzeln dieser Pflanze kann man Mehl mahlen und daraus Fladen backen. In Notzeiten bilden auch das Mark des Stängels der ausgewachsenen Pflanze und die geschälten Wurzeln eine Nahrungsquelle.

Wie ein Salat aus den Blättern, Stängeln und Blüten von jungem **Löwenzahn** zubereitet wird, ist, glaube ich, Allgemeingut. Da Löwenzahnsalat etwas bitter schmeckt, gibt es einige traditionelle Verfahren, um ihm die Bitterkeit zu nehmen, wie Einweichen in Salzwasser und Übergießen mit kochendem Wasser. Auch die Wurzeln des Löwenzahns sind essbar.

8. Ein Zweiglein des sibirischen **Sumpf-Porsts** kann in einem Teekessel aufgekocht werden, was dem Tee einen angenehmen Geschmack verleiht. Da diese Pflanze teil-

weise auch toxische Wirkungen entfalten kann, sollte man sie nur in geringen Mengen verwenden.*

9. Aus frischen **Blaubeerblättern** lässt sich Tee zubereiten.

10. **Kamillenblüten** werden ebenfalls zur Zubereitung eines vitaminhaltigen Tees verwendet.

11. **Wilde Petersilie** ist von Anfang Juni bis Ende August in jeder Form essbar.

Die jungen Blättchen sind natürlich die besten. Wilde Petersilie wächst an der Meeresküste – an nach Süden gerichteten Hängen besonders üppig. Sie sollte möglichst nah am Wasser gepflückt werden, da sie sich weiter oben mit anderen Pflanzen mischt, die nicht essbar oder sogar giftig sind (wie die sogenannte Hasenmöhre oder andere). Ich sammle schon mehr als zehn Jahre wilde Petersilie[73], esse sie frisch oder gebraten oder trockne sie in mei-

---

* Für diese Pflanze – russ. *Bagul'nik* – gab es auf den russischen Webseiten nur die Varianten *Cornus* (oder *Cormus*) *Ledi palustris*; *Ledum palustrae*. Für Letzteres ist auf deutschen Seiten auch als Synonym *Rhododendron palustrae* angegeben – beidem entspricht die deutsche Bezeichnung Sumpf-Porst, der bei uns allerdings in einer anderen Subspezies existiert als im russischen Fernen Osten. *Dabei ist Vorsicht geboten, denn der Sumpf-Porst ist zwar eine Heilpflanze, aber auch giftig.* Anm. d. Übersetzerin.

73 2007 probierte ich mit Freunden an einem Südhang in der Beresowaja-Bucht die ersten Triebe wilder Petersilie, die sich dort an aufgetauten Stellen bereits am 7. Mai zeigten.

ner Wohnung für den Winter, indem ich sie einfach auf Papier auslege. Getrocknet füge ich sie allen meinen Gerichten zu – so wie gewöhnliche Petersilie. Ich beobachte immer wieder, wie Einwohner Magadans sie säckeweise sammeln.

12. Die **Vogelmiere** wächst gewöhnlich in den Gemüsegärten, aber man findet sie an feuchten Stellen auch im Wald. Die Stängel und Blätter kann man in großen Mengen als Salat essen oder sie kochen.

13. Von den **Sumpfbrombeeren** sind neben den Beeren auch die jungen Blätter verwendbar. Man fügt Salaten eine kleine Menge davon bei. Außerdem kann man die Blütenkelche und Blätter zusammen mit Tee aufbrühen.

14. Außer den **Hagebutten** lassen sich auch die Blütenblätter der **Wildrose** verwenden. Sie können dem Essen beigegeben werden.

15. Junge und noch verhältnismäßig junge Blätter sowie die jungen Triebe der schwarzen oder roten **Johannisbeere** werden zu jeder Jahreszeit – frisch oder getrocknet – Tees beigemischt. Sie gelten als hochwirksames Mittel gegen Vitaminmangel bis zur Avitaminose (Skorbut). Johannisbeeren können auch getrocknet werden, im Gegensatz zu Preiselbeeren allerdings bei Wärme – auf einem Blech im Rohr oder auf dem Ofen.

16. Aus **Pappelknospen** lässt sich Tee zubereiten.

17. Aus den Blättern, Stängeln und Knospen von jungem **Klee** (vor der Blüte) lässt sich Salat zubereiten. In einem späteren Stadium kann die ganze Pflanze (mit Ausnahme der Wurzeln!) gekocht oder gebraten werden.

18. **Farne** werden in kühlen Sommern in der Umgebung von Magadan etwa ab dem 10. Juni bis fast Ende Juni gesammelt. Später ist frischer Farn noch in Gletschernähe zu finden. Zum Essen werden gewöhnlich die jungen, noch nicht ausgerollten Blatttriebe verwendet. **Junger Farn wird gebraten wie Pilze, dabei sind dieselben Vorsichtsmaßregeln zu beachten.** Farn gilt als eiweißreich.

19. Eine ungewöhnliche (und sehr nahrhafte) Speise sind die gebratenen oder gebackenen Ähren des jungen **Schachtelhalms.** (Von Schachtelhalm bekommt man allerdings, wie von Farn, bald genug.) Nachdem die Schneedecke verschwunden ist, kann man die Knollen des Schachtelhalms essen oder sie wie Kartoffeln kochen.

20. Die Blätter und jungen Stängel des **Hirtentäschels** sind essbar.

21. Den (asiatischen) **Sauerampfer** kann man roh essen oder eine Suppe/Gemüsebrühe daraus kochen.

22. Gekochte junge Blätter des **Wegerichs** lassen sich für Salate und als Beilage verwenden.

23. **Wilderbsen (Vogelwicke)** wachsen fast überall in Kolyma, man kann sie genauso zubereiten wie gewöhnliche Speiseerbsen.

24. **Wilder Lauch** (Steifer Lauch) wird wie Zwiebeln behandelt.

25. **Wacholderbeeren** (grün, dunkelblau oder schwarz – je nachdem, in welchem Jahr sie reif werden) findet man zu jeder Jahreszeit, da sie mehrere Jahre brauchen, um zu reifen. Man kann sie kauen oder als Tee aufbrühen.

## Ein Warnhinweis!

Das Ochotskische Meer, die Beringsee und die Tschuktschensee öffnen sich zum Pazifischen Ozean. Aus der offenen See wird viel »internationales« Treibgut an die Ufer geschwemmt, das von Schiffen oder Ufern aus ins Wasser geworfen oder von den Wellen weggespült beziehungsweise durch starke Flussströmungen ins Meer gezogen wurde. Obwohl bestimmte Winde und Strömungen überwiegen, spielt der Zufall doch eine große Rolle. So bin ich beispielsweise an der Küste wiederholt auf Stämme von Tropenbäumen aus Südamerika mit teilweise noch erhaltenen Zweigen und Wurzeln gestoßen. Vereinzelt kommen einem dort auch Insekten unter, die wie durch ein Wunder überlebt haben. Und über Pflanzenteile aus Südostasien wundert sich schon niemand mehr.

Unter den von der Flut angeschwemmten Flaschen, Kanistern, Fässern und Ähnliches können sich auch Behälter mit Resten *hochaktiver oder sogar giftiger Substanzen* befinden. Solche Behälter haben gewöhnlich eine besonders grelle Farbe und tragen Warnsymbole und Warnhinweise in englischer Sprache. Leider aber nicht immer! Wenn man an der Küste wohnt, sollte man die verdächtigen Behälter möglichst weit von seinem Wohnplatz entfernt zwischen Steinen lagern. Meine Fischerfreunde machen daraus einmal im Jahr ein großes Feuer, in dem sie außerdem Treibgut wie Turnschuhe, Plastikplanen, Lumpen und anderen vom Meer angeschwemmten Abfall gleich mit verbrennen. Für die Ökologie des Küstenbereichs ist das die beste Variante. Beim Anzünden des Feuers muss man unbedingt mit Vorsicht vorgehen, am besten geht es mit einem geteerten und in Diesel getränkten Strick oder mit einer Lunte aus ölgetränkter Schnur. Man sollte erst dann dichter an das Feuer herantreten, wenn alle Behälter explodiert und vollständig ausgebrannt sind. Besser nähert man sich diesem Ort erst nach dem nächsten Regen, der ohnehin in dieser Gegend häufig fällt.

# Magie als die alltägliche Praxis
## der anderen[74]

Jeder Mensch (jedes Wesen) als Mitglied einer Gemeinschaft (von Wesen) ist gleichzeitig auch ein Vertreter seiner Kultur.

Angenommen, ein Mensch (M1 in Abb. 1), der in die
Kultur 1 (K1) integriert ist, hat von fünf Aktivitäten (A1-
A5) eine Vorstellung oder weiß, wie er das Produkt (P1-
P5) dieser Aktivitäten erlangen kann.

M1/K1

Abb. 1    A1-A5
          P1-P5

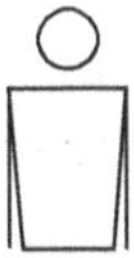

Ein anderer Mensch (M2 in Abb. 2), der in eine andere
Kultur 2 (K2) integriert ist, hat von denselben fünf Aktivitäten eine Vorstellung und zusätzlich dazu noch von
einer sechsten (A1-A5, A6), oder er weiß, wie er das Produkt (P1-P5, P6) dieser Aktivitäten erlangen kann.

---

74 Vgl. V. P. Serkin: *Fragen des Bildungssystems der indigenen Völker des
russischen Nordostens am Ende des 20. Jahrhunderts.* Magadan, 1998,
Kordis.

Abb. 2    A1-A5, A6
         P1-P5, P6

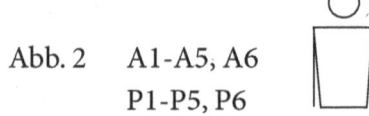

Dem Vertreter der ersten Kultur (K1) ist die Aktivität A6, dank deren Ausführung man das Produkt P6 erhalten kann, unbekannt, und er kann sie sich nicht vorstellen. Für ihn ist P6 ein Produkt, das auf unbekannte und unvorstellbare Weise gewonnen wurde, also ein magisches Produkt. A6 ist für ihn ebenfalls eine unbekannte und unvorstellbare Praxis, also Magie. Diese Beschreibung lässt einen besser verstehen, weshalb ein Erwachsener in den Augen eines Kindes manchmal wie ein Zauberer wirkt. Ein Mensch kann sowohl für eine Gruppe von Menschen wie auch für eine ganze Gemeinschaft ein Magier sein. Zwar ist der »individuelle Aktivitäten-Lebenslauf« jedes Menschen einzigartig, doch die Tatsache, dass auf bestimmten Entwicklungsstufen allen gleichermaßen zugängliche Praktiken existieren, erlaubt es, von der Existenz altersspezifischer Strukturen innerhalb einer Kulturgemeinschaft zu sprechen. Aus diesen Strukturen ergibt sich, dass der wahre Unterschied zwischen Kulturen durch den Unterschied der Praktiken definiert wird, über die der Mensch in verschiedenen Lebensperioden verfügt.

## Fortschritt ist notwendigerweise gefährlich

Der Intellekt reift nur durch Beanspruchung, d.h. auf der Basis der Problembewältigung bzw. -lösung, genauso wie der Körper sich nicht ohne körperliche Belastung entwickelt. Normalerweise finden die Probleme uns von alleine. Wenn sie komplizierter werden, entwickelt sich der Intellekt stärker, wenn nicht ...

Was aber geschieht, wenn die Probleme zu irgendeiner Zeit des Lebens (alle) gelöst sind? Dann liegt der Mensch entweder auf der faulen Haut und degeneriert, oder er sucht neue Herausforderungen und Probleme: Er reist umher, verfeindet sich mit anderen, baut Häuser u.v.m. Und falls es sich um echte Probleme handelt, dann geht er dabei auch echte Risiken ein.

Der Intellekt und die zu lösenden Probleme befinden sich in ihrem Verhältnis zueinander immer an der vordersten Grenze, an der Spitze des Möglichen. Ebenso verhält es sich mit dem Intellekt der Menschheit insgesamt. Weichen die Menschen vor einer Problematik zurück, beginnt die Degeneration, wenn nicht, ergeben sich immer schwierigere Probleme (heute sind das ökologische, geoklimatische und geopolitische), und das Risiko nimmt zu. Und es gibt niemals eine Garantie für eine Lösung.

Auf diese Weise ist es speziell die intellektuelle Entwicklung des Menschen und der Menschheit, die ihn an immer neue Probleme und Gefahren heranführt bzw. diese geradezu herausfordert, um fortschreiten zu können. Einen anderen Weg gibt es nicht. Mithilfe der Reflexion lässt sich dieser Prozess, der auf keinen Fall zum Stillstand kommen darf, unter Umständen harmonischer gestalten.

### Eine alternative Behandlungsmöglichkeit bei neurotischer Impotenz

(Nicht nur) in Wildererkreisen ist die Welt ein Dorf ... Alle in Kuzmas Brigade hatten schon viel von meinen Freunden gehört, mit denen ich bereits im Sommer 1972 und 1973 zusammengearbeitet hatte. Wenn man den Leuten aus der Brigade zuhörte, so waren meine Freunde für die Wildererszene seither fast zu lebenden Legenden geworden. Deswegen behandelten die Wilderer auch mich zu Anfang sehr respektvoll und distanziert, sie meinten nämlich, ich besäße in meiner Welt unter den Psychologen einen ebenso hohen Rang. Meine Erklärungen, dass nicht in Magadan, sondern in Moskau darüber bestimmt wird, wer in Psychologenkreisen welchen Status genießt, fruchteten bei ihnen nichts. Erst Tage erschöpfender gemeinsamer Arbeit und unsere alle heiligen Zeiten stattfindenden Abende im Schwitzbad, der

*Banja,* mit gemeinschaftlichem Besäufnis brachten die Barrieren allmählich zum Einsturz.

In Zeiten, wo das Meer gerade wenig Fische hergibt, beschäftigen sich die Wilderer ohne überflüssige Eile mit diversen Arbeiten in und ums Haus. Abends sitzen sie beim Tee zusammen und erzählen stundenlang alle möglichen Geschichten und Seemannsgarn aus ihrem bewegten Leben. In der Brigade waren alle felsenfest davon überzeugt – für sie war es eine bestehende Tatsache –, dass die Schufterei in dauerndem Kontakt mit Kälte, Wasser, Metall und Fischschuppen über Monate hinweg sich negativ auf die männliche Potenz auswirkt. Ich hielt das für ein Ammenmärchen und schenkte dem keine große Beachtung, bis zwei der Männer, unabhängig voneinander, zu mir in die Stadt kamen, über Potenzprobleme klagten und mich um Hilfe baten.

Eines muss ich vorausschicken: Der Alltag und die Sitten der Wilderer sind im wahrsten Sinn des Wortes ziemlich *tough,* sogar nach den Maßstäben der heutigen, wenig zimperlichen Zeiten. Dazu nur ein Beispiel: Als die neue (Lachs-)Saison gerade begonnen hatte, machten sich in der Brigade Filzläuse breit. Die Männer versuchten gar nicht erst zu klären, wer das Ungeziefer aus der Stadt eingeschleppt hatte, sondern lösten das Problem auf einzigartig simple Weise, ohne den Schamanen mit einer solchen »Bagatelle« zu behelligen: Sie rasierten auf der betreffenden Körperregion sämtliche Haare ab, und jeder besprühte sich an allen potenziell gefährlichen Stellen ausgiebig mit Dichlorphosphat. Das Bettzeug und die gesamte Kleidung wurden ebenfalls mit eingesprüht. Nach zehnminütiger »Einwirkungszeit« wuschen sich alle mit Seife, und damit war die Problembekämpfung abgeschlossen. Ihre Haut blieb an den betroffenen Stellen noch einige Stunden lang gerötet. Der Geruch des Schädlingsbekämpfungsmittels hing die ganze Saison lang in ihrem Wohnraum. Niemand außer mir störte sich daran.

Auf dieselbe Weise – direkt und radikal – löst die Brigade viele Probleme: etwa mit potenziellen Konkurrenten in ihrem Territorium, mit unredlichen Aufkäufern usw. Andererseits gehen die Fischer sehr behutsam miteinander um, sind gutgläubig, gefühlvoll und leicht beeinflussbar. Die zwangsläufige Rauheit ihres Lebens erzeugt bei einigen von ihnen innere Spannungen, die, wenn die Männer wieder in der Stadt sind, Probleme und Misserfolge erzeugen, unter anderem auch im sexuellen Bereich.

In physiologischer Hinsicht bestand eigentlich kein Problem. Ein Bulldozer hätte diese Kerle um ihre Gesundheit beneiden können. Mir stand der Teufelskreis der Neurosen ganz deutlich vor Augen: Die Fischer, die lange keine Frau mehr gesehen hatten und an das Märchen von der Potenzminderung durch ihre harte Arbeit glaubten, waren beunruhigt und hatten Angst, dass es beim nächsten Mal nicht mehr klappen könnte. Je mehr Sorgen sie sich machten, desto schlechter klappte es, und je schlechter es klappte, desto mehr Sorgen machten sie sich … Ich konnte nur allzu gut erkennen, welches Muster dahinter wirkte. Ich kapierte aber auch, dass ich hier mit meinen »Königsmethoden« der kognitiven und der rational-emotiven Verhaltenstherapie, nichts würde ausrichten können. Hier hatte ich es mit einem eindeutigen und hochwirksamen subkulturellen Mythos zu tun und zudem mit Menschen, die eher gewohnt waren zu handeln, als rationale Überlegungen anzustellen. Also beriet ich mich mit dem Schamanen.

Die Methode, die der Schamane ins Spiel brachte, war grandios einfach und effizient, ganz im Stil der üblichen Vorgehensweise der Brigade. *Er riet nämlich dazu, den unrichtigen Mythos nicht zu bekämpfen, sondern ihn zu ergänzen.* Mit seinem Zusatz klang der Mythos so: »Monatelange intensive körperliche Arbeit in engem Kontakt mit Kälte, Wasser, Metall und Fischschuppen wirken negativ auf die Potenz. *Führt man jedoch parallel und während der ersten Tage in der Stadt spezielle Gymnastikübungen aus, so verkehrt sich der Prozess in sein Gegenteil, und die Potenz wird gestärkt.*«

Für diese »Spezialgymnastik« stellte ich eine Reihe kreislaufanregender und allgemein kräftigender Übungen zusammen, deren Ausführung insgesamt 20 Minuten beanspruchte. Sie war nach dem Prinzip »Hauptsache, keinen Schaden anrichten« aufgebaut und enthielt Elemente aus Yoga, Karate und tschukotischen Tänzen sowie Übungen zur Kräftigung des Schließmuskels, die sozusagen auf meinem Mist gewachsen waren. Drei- bis viermal in der Woche machten alle diese Gymnastik, mit Ausnahme von Kuzma, der auch so ein einzigartiges Selbstvertrauen besaß. In jenem Jahr schenkten mir die Wilderer ein Fässchen Kaviar.

## Rituelle Tänze als Praxis des spielerischen Rollentrainings in der Vergangenheit

Heute werden Übungen, die auf der spielerischen Imitation von Realität beruhen (Rollenspiele, Problemlösungsspiele, Aktionsspiele und andere), bei Trainings eingesetzt, um das gemeinsame Handeln und die Koordination der Aktionen der Teilnehmer zu verbessern. Am häufigsten gelangen derartige Spiele dort zum Einsatz, wo sprachliche Mittel nicht in ausreichendem Umfang vorhanden sind, um praktische Erfahrungen zu vermitteln, und wo die Entwicklung solcher Mittel schwierig ist.

Ein Defizit an sprachlichen Ausdrucksmitteln existierte auf früheren Stufen der Sprachentwicklung auch hinsichtlich der Ausführung vieler Arten gemeinsamer praktischer Aktivitäten, die auf späteren Entwicklungsstufen gut beschreibbar wurden. Der Mensch musste, wie auch heute noch, zu verschiedenen Formen des Aktionstrainings greifen, um die Handlungen der Teilnehmer zu koordinieren, unabhängig davon, wie dies im Bewusstsein reflektiert und interpretiert wurde.

Eine in der Menschheit sehr umfassend entwickelte Form der Simulation gemeinsamer Betätigungen sind rituelle Tänze, in denen die Tänzer gewisse Rollen übernehmen. So ist zum Beispiel die Beteiligung an einem »Jagdtanz«, bei dem das Kind oder der Jugendliche zunächst eine »Statistenrolle« übernimmt – etwa als Treiber oder als Mensch, der in einem Versteck lauert –, ein machtvolles Mittel zur partizipativen (teilnehmenden) Einübung von Handlungen, die er bei einer realen Jagd beherrschen muss. Ganz sicher verläuft die echte Jagd nach einem solchen Ritualtanz, bei ansonsten gleichen Bedingungen, »erfolgreicher«: Die Beteiligten, vor allem die Anfänger, erfahren den Zweck ihrer Handlungen und der Handlungen der anderen Beteiligten. Dieses Wissen wird schließlich auf konkrete Handlungssituationen übertragen, was eine bessere Koordination der Aktionen bei der Verfolgung des gemeinsamen Ziels ermöglicht. Analog wurden auch andere Arten der gemeinsamen Betätigung in Simulationen modellhaft gestaltet.

Somit sind Ritualtänze, deren Bestimmung man nur in einer Art der Kooperation mit den Geistern sah, außerdem auch ein weit verbreitetes Mittel zum teilnehmenden Lernen und zur Praxisvermittlung.

## Ergänzende Bemerkungen zum (Bewusstseins-)Zustand des Schamanen

Am Abend des 2. Juli 1998 erhielt ich einen Anruf von einem Freund: »Volodja! Du ka-kannst Dir mei-meinen Frust ni-nicht vorstellen!«, rief er leicht stotternd und mit vor Aufregung sich überschlagender Stimme ins Telefon.

Die ganze vergangene Saison über hatte er auf der 70 Kilometer von Magadan entfernten Halbinsel Koni eine Blockhütte errichtet. Er hatte Holzbalken übers Meer geschafft, sie selbst das hohe Ufer hinaufgezerrt und ganz alleine die Wände der Hütte hochgezogen. Er hatte eine Unmenge Zeit, Geld und Energie dort hineingesteckt. Im Frühjahr und zu Beginn des Sommers bot sich ihm aufgrund verschiedener Umstände keine Gelegenheit, in seinem Häuschen zu wohnen. Schließlich fuhr er Anfang Juli hinaus.

Als er den Außenbordmotor abstellte, ihn ins Boot zog und dann begann, zum Ufer hinüberzurudern, wurden von dort Warnschüsse laut. »Hau ab! Das ist unser Gebiet!«, brüllten ihm zwei Männer von den Felsen her zu. Als mein Freund trotzdem versuchte, an Land zu gehen, durchschossen sie ihm die Bootswand.

Wir organisierten uns Jagdgewehre und zogen am folgenden Freitag zu sechst mit zwei Progress-Motorbooten los. Wir gingen an zwei Stellen jeweils ein paar Kilometer von der Hütte entfernt an Land, rückten vor, indem wir sie sozusagen »in die Zange nahmen«, und trafen zur selben Zeit bei der Hütte ein. Es waren nur zwei Männer. Sie baten um Entschuldigung und versprachen, sich an der Stelle nicht mehr blicken zu lassen. Wir glaubten ihnen zwar nicht wirklich, aber einsperren kann man wegen so etwas ja auch niemanden. Mein Freund verpasste ihnen pro forma noch ein paar Ohrfeigen, und die »Hausbesetzer« machten sich in die Berge davon.

In den ersten beiden Nächten hielten wir reihum Wache, dann wurde uns das zu blöd. Wir machten dann einen ganzen Tag lang Jagd auf wilde Bergschafe. Ich hatte übrigens zwei Mal eines im Visier, konnte mich aber nicht zum Abdrücken durchringen. Und die anderen, die sich zum Schuss entschlossen hatten, trafen nicht. Als wir am Abend auf unseren Booten hinter dem Kap hervorkamen, sahen wir unser Holzhaus hell lodern.

Wir stellten die Motoren ab und beobachteten den Brand einige Zeit lang schweigend. Nur der entfernte

Schrei der Möwen und das Plätschern der Wellen an die Bootswand waren zu hören.

»Mann, sieht das schön aus«, sagte mein Freund plötzlich, und ich sah ihn verdutzt an. Er sah gebannt zum Ufer, sein Gesichtsausdruck war wie verzaubert. Das Abbild der beiden Uferlinien und der Feuerschein tanzten in seinen Pupillen – im Takt der Wellen unter unserem Boot. Ich schaute wieder zum Ufer und erblickte nun »mit den Augen meines Freundes« ein fantastisch schönes Bild: Vor dem Hintergrund der abendlich dunkelgrünen Berge, des orangefarbenen Strahlens der Sonne auf dem blaugrünen Wasser und der vom Sonnenuntergang zartrosa gefärbten Wolken wirkte das Feuer auf der Anhöhe wie eine lebendige, leuchtende Blüte. Sie entfaltete sich allmählich ganz, und dann gab es einen Moment des Schwankens, als der Höhepunkt ihres Lebens erreicht und dann überschritten war, als der Prozess des Welkens einsetzte. Die Blüte versuchte verzweifelt, mit ihren lodernden Blättern neue Quellen der Lebenskraft zu finden, um diese unreale wunderschöne Welt nicht verlassen zu müssen. Dieses aussichtslose, aber leidenschaftliche Kämpfen und Blühen setzte sich vor unseren Augen vielleicht noch zehn Minuten fort, dann begann der Brand allmählich zu verlöschen. Das Feuer prasselte noch, und von Zeit zu Zeit loderten noch einzelne Flammenzungen empor, aber der Ausgang war klar.

Mein Freund trauerte seiner Hütte noch einige Zeit nach, dann war das Ganze für ihn erledigt. Doch ich sehe auch heute noch jedes Mal, wenn ich ihn anblicke, in seinem Gesichtsausdruck den Widerschein der Verzauberung, die ihn durchs Leben führt.

Vor meiner Begegnung mit dem Schamanen dachte ich, dies sei eine angeborene Gabe. Was bei diesem Freund lediglich für ein paar Minuten aufblitzte und wieder verging, ist bei dem Schamanen allgegenwärtig: Er ist in höchstem Maße ruhig, gesammelt und für alle Ewigkeit verzaubert von dieser wunder-vollen, gewaltigen und vielfältigen Schöpfung in ihren unendlichen zeitlichen und räumlichen Dimensionen. Der Schamane sagt, er habe das gelernt. Und auch ich werde es irgendwann lernen.

# Antworten auf Leser-Fragen
# zum Schamanen

Antworten auf Leserfragen zu *Die Dankbarkeit des Wolfs* (Magadan, Städtische O. Kuwajew-Bibliothek, 11.11.2002)

*Frage:* Weshalb heißt das Buch *Das Lachen des Schamanen* (Anm. der Redaktion: im Original)?

*Antwort:* Es existiert die Vorstellung, Schamanen seien düster wirkende Menschen mit unheimlichem Blick, die im Halbdunkel einer Yaranga (wigwamähnliche, fellgedeckte Zelte der Völker des Nordens) beim Schein eines Feuers mit tiefer, kehliger Stimme Gesänge anstimmen. Hier wird ein vollkommen anderer Mensch beschrieben, der subtil, ironisch, heiter und sarkastisch ist. Ich habe diesen Titel gewählt, um den Sarkasmus und den Humor des realen Schamanen zu betonen.

*F.:* Vor einigen Monaten begegnete mir ein ungewöhnlicher Mensch. Er nannte sich Mischa und betätigte sich als Heiler. Er hat weder bestätigt noch verneint, dass er dieser Schamane sei. Könnte er es sein?

*A.:* Nein. Die erste Ausgabe von *Die Dankbarkeit des Wolfs* ist in Magadan vor etwa zwei Jahren erschienen.

Bereits ein halbes Jahr später tauchten die ersten Leute auf, die behaupteten, dieses Buch handle von ihnen. Der Mann, den Sie getroffen haben, gehört wahrscheinlich dazu. Der Schamane hat in Magadan nur mit mir und zweien meiner Bekannten Umgang gehabt, außerdem mit einem Mann aus kriminellen Kreisen und einem von der Miliz, um sich Papiere ausstellen zu lassen. Nachdem er genug verdient hatte, um einige Monate leben zu können, ist er weggefahren. Er ist während seines Aufenthalts in der Stadt niemandem aufgefallen. Und er erzählt niemals Menschen, die er kaum kennt, etwas von sich.

*F.:* Worauf beruht die Themenauswahl in Ihrem Buch?

*A.:* Als ich mit meinen Aufzeichnungen begann, hatte ich noch gar kein Buch im Sinn. Meist stellte ich dem Schamanen Fragen zum Gegenstand unserer augenblicklichen Beschäftigung oder über Dinge, die als Assoziation dazu in mein Bewusstsein traten. In diesem Sinn kann man den Text mit dem tschukotischen Wanderlied vergleichen, in dem es heißt: »*Was ich sehe, darüber singe ich.*« Es sind sehr viele Notizen geworden. Vielleicht werde ich sie irgendwann einmal alle strukturieren und auswerten. Die Bücher sind das erste Stadium der Bearbeitung dieser Notizen.

*F.:* Haben Sie bei dem Schamanen etwas gelernt, das von praktischem Nutzen ist?

*A.*: Die ungeheure Menge an Ratschlägen, Anleitungen, Methoden, Tipps und Rezepten, die ich mir notiert habe, legt den Gedanken an ein Buch nahe, das einen Titel wie »Ratschläge eines Schamanen« tragen könnte. Leider komme ich aber als Buchautor nicht sehr schnell voran, weil die Tätigkeit an der Universität den größten Teil meiner Zeit beansprucht.

*F.*: Sie erwähnen in dem Buch, Sie hätten zugenommen. Ich kann jetzt aber kein Kilo zu viel an Ihnen erkennen. Hat Ihnen vielleicht der Schamane geholfen? Bitte verraten Sie uns Ihr Geheimnis.

*A.*: Ein bisschen Übergewicht habe ich schon. Aber der Schamane hat mich darauf gebracht, wie ich das Problem lösen kann. Ich erzähle es Ihnen gerne: Auf den Rat des Schamanen habe ich mich zurückerinnert, zu welchem Zeitpunkt ich anfing zuzunehmen und was sich in meinem Leben in der Zeit davor geändert hatte. Ich hatte zuvor dreißig Gehminuten von der Universität entfernt gewohnt. Da es keine günstige Buslinie gab, hatte ich jeden Tag mindestens eine Stunde Fußmarsch zu bewältigen. Dann kaufte ich eine Wohnung in einem Haus in direkter Nachbarschaft zur Universität. Ein Jahr später tauchte mein Gewichtsproblem auf. Ich rechnete nach, dass ich in diesem Jahr mindestens 1500 Kilometer (5 Kilometer x 300 Tage) »zu wenig« gelaufen war. Daraufhin begann ich, zum Ausgleich für diese fehlenden Kilometer Wanderungen zu unternehmen, und mein Gewicht normalisierte sich allmählich. Das Wesentliche daran ist der Rat des Schamanen, meine Lebensweise auf Veränderungen hin zu analysieren und diese Veränderungen durch etwas auszugleichen.

F.: Stehen Sie jetzt in Verbindung mit dem Schamanen?

A.: Nein, aber wir werden uns in einiger Zeit wiedersehen.

F.: Haben Sie sich auch mit anderen Schamanen getroffen? Besitzen diese Ähnlichkeiten mit demjenigen, den Sie beschrieben haben?

A.: Ja, ich hatte mehrmals Gelegenheit dazu, aber der Kontakt war nicht so ausführlich. Sie waren anders. »Mein« Schamane schmiert sich zum Beispiel nicht ranziges Robbenfett gegen die Kälte und den Wind ins Gesicht, und seine Haut wird trotzdem nicht rissig. *Ich habe vor vielen Schamanen Respekt und möchte mich nicht mit ihnen streiten oder schlecht über sie sprechen.* Sie können sehr vieles, was für mich unbegreiflich ist. Trotzdem imponiert mir an dem Schamanen, wie gebildet, offen und humorvoll er ist und welches Talent er manchmal hat, einem Dinge zu erklären und einen in Dingen zu unterweisen.

F.: Wie ist die Einstellung des Schamanen und anderer Männer, die in der Einsamkeit leben, zu Frauen?

*A.:* Der Schamane regelt die Funktionen seines Körpers voll und ganz. In meinem Buch werden Sie auf die Antwort stoßen, die er selbst gibt: »In den Städten lebe ich wie ein Städter, in meinen Erdhütten wie ein Einsiedler.« Ich bin fast überzeugt, dass er zu dieser Zeit in einer eheähnlichen Lebensgemeinschaft lebt.

Eine andere Ebene Ihrer Frage berührt das Thema »Liebe«. Im Buch findet sich die Aussage, dass der Schamane Mann und Frau als Teile eines allumfassenden Systems betrachtet. Der Schamane hat lange mit der Frau, die er liebt, zusammengelebt und kommuniziert weiter mit ihr, ungeachtet dessen, dass ihr Körper inzwischen gestorben ist. Vielleicht vermittelt ihm auch gerade diese Tatsache seine Integrität und Ganzheit, seine Weisheit und Langlebigkeit. Auf meine Fragen nach ihr antwortet er mir: »Sie ist bei mir.«

*F.:* Sie schreiben in dem Buch, dass Sie noch viele weitere Aufzeichnungen mit ungewöhnlichen Ideen des Schamanen gemacht haben, die teilweise sogar im Widerspruch zu den Ergebnissen der modernen Wissenschaft stehen. So etwas ist schwer zu glauben. Könnten Sie direkt hier noch das eine oder andere Beispiel anführen?

*A.:* Im ersten Kapitel habe ich atmosphärische Wesen erwähnt, die *Tiun*. Hier sind weitere Beispiele:

1. Ich habe dem Schamanen einmal davon erzählt, man habe uns beigebracht, dass in einer Tierherde immer

das stärkste Männchen als Leittier fungiere. Der Schamane bezeichnete das als Unsinn und erklärte, die Rolle des Leittiers spiele vielmehr dasjenige Tier – meist ein gesundes, kräftiges Männchen –, welches fähig sei, in für die Herde ungewohnten Situationen Entscheidungen zu treffen. Die übrigen Tiere sind nicht fähig, in neuen Situationen Entscheidungen zu treffen, doch sie können das Leittier nachahmen oder ihm folgen. Der Schamane wies mich auch auf die Analogie zu Jugendcliquen, Banden von Erwachsenen oder Stammesgruppen hin. Die Bandenchefs oder Anführer sind nicht unbedingt die stärksten Männer der Gruppe – aber sie sind fähig, Entscheidungen zu treffen. Ihnen unterwerfen sich sogar solche, die erheblich stärker sind als sie. Ich gebe dem Schamanen Recht, weiß aber vorläufig nicht, wie ich effektiv gegen dieses Klischee, das sich unter Biologen, Zoologen, Verhaltensforschern und Tierpsychologen eingebürgert hat, angehen könnte.

2. Der Schamane hat mir ab und zu im Wald Spinnen gezeigt (und ich habe meinen Bekannten schon öfters welche gezeigt), die bei Temperaturen weit unter null Grad über den Schnee krabbelten. Biologen aus meiner Bekanntschaft wollen davon absolut nichts hören, weil Spinnen ihrer Behauptung nach keine Warmblüter sind und so etwas deshalb gar nicht sein kann.

3. Die spezifische Geometrie des Menschen zwingt ihn, sich in bestimmten geometrischen Bahnen (raum-zeitlichen »Flugbahnen«) zu bewegen. Der Mensch ist in der Lage, »seine Geometrie bewusst zu verändern« (ein besserer Terminus dafür existiert nicht) und sich in andere geometrische Muster zu transformieren. Dabei wirkt er auf die Bewohner dieser Muster vermutlich nicht besser ausgeformt als für uns eine Qualle.

F.: Sie schreiben über einen gewissen SMD-Ansatz, den Sie bei der Beschreibung des Bewusstseins des Schamanen anzuwenden versuchen. Was ist das?

A.: SMD steht für systemische Denktätigkeits-Methodologie (engl. STA = *system-thinking activity methodology*). Von 1984 bis 1987 war ich Teilnehmer des von G. P. Schtschedrowizki geleiteten Moskauer Methodologischen Zirkels. Das Wesen dieses Ansatzes besteht meinem Verständnis nach darin, dass hierbei die Einschränkungen aufgehoben werden, die bei einer getrennten Untersuchung des Denkens (in der neuzeitlichen Philosophie die Schule von Kant und Hegel) und des Handelns (die Sichtweise Goethes und des amerikanischen Philosophen John Dewey) gegeben sind. In den vergangenen 15 Jahren habe ich versucht, diesen Ansatz weiterzuentwickeln, indem ich die Beschränkungen einer Betrachtung des Menschen »außerhalb der Welt« aufhob (die mit Platon beginnende Linie; vor ihm die mystische Linie). Diese Arbeit ist noch nicht veröffentlichungsreif.

*F.:* Haben Sie selbst sich durch den Umgang mit dem Schamanen irgendwie verändert?

*A.:* Das Wichtigste ist, dass sich die Welt für mich erweitert hat und ich eine andere Sichtweise hinsichtlich der Werte des Lebens gewonnen habe. So ist mein Leben heute nicht mehr den alten Zielen (Titel, die gesellschaftliche Stellung meiner Verwandten, Sozialprestige o.Ä.) gewidmet und ihnen damit unterworfen, heute ist es mir zum Beispiel wichtiger, einen zahmen Nerz zu heilen, weil er etwas Lebendiges ist – während die früheren Ziele nicht lebendig sind. Ich will all die Titel und das Übrige gar nicht kleiner machen, aber sie sind bereits sekundäre Effekte, genauso wie das Heilen sich als Nebeneffekt aus der Praxis der Achtsamkeit ergibt.

*F.:* Sie schreiben, uns beobachteten manchmal andere Wesen und wir könnten das fühlen. Würden Sie das bitte genauer erläutern?

*A.:* Ich will Ihnen ein Beispiel geben. Als Kinder haben wir in einem leeren Zimmer oft gespürt, dass uns jemand beobachtet. Mit den Jahren haben wir uns an dieses Gefühl gewöhnt und bemerkten es nicht mehr, oder wir haben es ausgeblendet. Ein ähnliches Gefühl empfindet eine Raupe oder ein Fisch oder eine Spinne, wenn wir sie beobachten. Sie können uns wegen der unterschiedlichen Zahl von Sinnen oder der unterschiedlichen Distanz der rezeptorischen Mittel bzw. des unterschiedlichen Wahrnehmungshorizontes nicht sehen. Sogar wenn wir die Raupe in die Hand nehmen, sieht sie uns nicht vollständig, da wir für sie eher taktil (vom Fühlen her) als visuell repräsentiert sind, eher wie Finger. So sind ihre Sinnesorgane angelegt.

Genauso beobachten uns oft andere Wesen, die mit einer größeren Zahl an Sinnen oder mit einer sensibleren Wahrnehmung ausgestattet sind als wir, und interagieren sogar mit uns. Aber wir können eben nur das empfinden, was mithilfe unserer Sinnesorgane möglich ist.

Ein ganz einfaches Beispiel: Ein Wesen mit anderen Seh-Möglichkeiten beobachtet uns aus einer Entfernung von fünfzig Kilometern. Wir können es nicht sehen, aber manchmal fühlen wir uns beobachtet.

F.: Gibt es andere Lebewesen, die wir einstweilen für nicht lebendig halten?

A.: Inzwischen begreifen bereits viele Menschen, dass der Ozean eines der globalen Lebewesen unserer Erde ist. Man muss in diesem Verständnis weitergehen: Alle »Lebensformen« (und wir selbst) sind ein Teil des Ozeans, sind ein Stückchen von ihm und Wahrnehmungsorgane und Organe der Ausbreitung des Ozeans auf der Erde und im Kosmos. (Es gibt ein vielfältiges Leben im Kosmos.) Der Ozean erhält Informationen von ihnen und testet über sie Möglichkeiten einer weiteren Expansion. Pflanzen ganz allgemein und vor allem jene, die von ihrer mineralischen Zusammensetzung her einen »süßwasserartigen Charakter« haben, sind wesentlich später aufgetaucht als die Tiere. Das ist eine prinzipiell neue Linie der Ausbildung von Organen und Milieus mit anderer Zusammensetzung.

F.: Dem Text nach zu urteilen, lebt der Schamane im Einklang mit seiner Umwelt. Warum ist er dann mit Wilderern befreundet, die den Lachs dezimieren?

A.: Im Buch spreche ich von »Wilderern«, weil diese selbst sich so nennen. Sie haben keine Fangerlaubnis, und sie können auch keine bekommen, weil sie ein Schiff benutzen, das sie ohne genehmigten Plan in Eigenregie gebaut haben. Niemand wird die Verantwortung übernehmen, sie einzutragen. Sie zahlen keine Steuern und arbeiten in einem Gebiet, das von der Küstenwache nicht kontrolliert wird. Gleichzeitig gehen sie aber sehr umsichtig mit den Lachsschwärmen in ihren Gewässern um, die ihre Familien schon seit mehr als zehn Jahren ernähren. Sie passen auf, dass die Lachse nicht überfischt werden, die Bestände sich nicht erschöpfen und dass niemand sie zugrunde richtet. Wenn tatsächlich jemand beginnt, den Lachs in ihrer Gegend zu dezimieren, so schützen sie die

Fische bei Weitem effektiver und radikaler als die Ochotskrybvod, die staatliche Fischereiaufsicht.

F.: In Ihrem Buch zitieren Sie den Schamanen mit den Worten: »Ich selbst bin Gurdijeff.« Ist der Schamane nun tatsächlich Gurdijeff, und hatte dieser sich für eine gewisse Zeit entfernt?

A.: Nein, das ist er nicht. Im Buch werden noch andere vergleichbare Aussagen des Schamanen zitiert, zum Beispiel: »Ich selbst bin der Rabe. Ich selbst bin der Philosoph. Ich selbst bin der Bär.« Ähnliches findet sich auch in den unveröffentlichten Notizen. Hier ist ein partizipatives (teilnehmendes) Weltbild gemeint. Der Fachterminus »partizipativ« ist sicher in ethnografischen Wörterbüchern enthalten und wird in den bereits zu Klassikern gewordenen Arbeiten zur Spezifik des »Denkens des Urmenschen« erklärt. Das sind unter anderem die Arbeiten von Claude Lévi-Strauss, Lucien Lévy-Bruhl und Friedhart Klix, die auch in russischer Übersetzung existieren.

F.: Es wäre für mich unheimlich wichtig, mich mit dem Schamanen zu treffen, damit er mich heilt. Bitte bringen Sie mich zu ihm!

A.: Erstens »heilt« der Schamane auf eine sehr eigene Weise. Nachdem er die schweren Symptome aufgelöst hat, behandelt er schon nicht mehr im herkömmlichen Sinne des Wortes weiter, sondern lehrt seine Patienten eine *neue Lebensweise*. Und zwar eine, in der die Krankheit keinen Platz mehr hat. Dies erfordert häufig eine Änderung der Gewohnheiten, des Freundeskreises, manchmal sogar der beruflichen Tätigkeit, wozu nicht alle bereit sind.

Zweitens weiß ich leider selbst nicht, wo sich der Schamane jetzt befindet, was er treibt und welchen Namen er verwendet.

## Interview mit Radio Liberty (2004)

Interview mit Radio Liberty (2004) aus der Website des Senders:

*Jewgenija Lawut*: Der Gast unserer heutigen Sendung ist Vladimir Serkin, Psychologe, Professor und Lehrstuhlleiter an der Nördlichen Internationalen Universität[75] Magadan. 1991 gründete er den Lehrstuhl für Psycho-

---

75 Im Juni 2007 in Nordöstliche Staatliche Universität umbenannt.

logie an der Magadaner Universität, dessen Leitung er übernahm; er hat über 90[2] wissenschaftliche Arbeiten veröffentlicht. 1997 begann Serkin mit einem Mann zu kommunizieren, der von der lokalen Bevölkerung »der Schamane« genannt wurde. Aus diesen Begegnungen entstand das Buch *Die Dankbarkeit des Wolfs*. Mit Vladimir Serkin spricht die Korrespondentin von Radio Liberty, Tatjana Tkatschuk.

*Tatjana Tkatschuk:* Vladimir, wie und warum begannen Sie, der Sie von Beruf Psychologe sind, sich auf einmal für Schamanen zu interessieren?

*Vladimir Serkin*: Nicht für Schamanen als solche – dafür interessieren sich die Ethnologen oder Soziologen. Wofür ich mich interessierte, war eine einzelne Person. Das begann 1997, als ich mir ziemlich weit von der Stadt entfernt eine Jagdhütte baute. Und wie es das Schicksal so wollte, stellte sich heraus, dass der einzige Mensch weit und breit jener Mann war, den man in der Gegend »den Schamanen« nannte. Er lebte in seiner Erdhütte ungefähr zwei Stunden zu Fuß von meinem Häuschen entfernt. Da in dieser Region die längste Zeit des Jahres nicht nur wenige, sondern überhaupt keine Menschen leben, kam es, dass wir anfingen, viel miteinander zu kommunizieren.

*T. T.*: Können Sie ihn den Hörern von Radio Liberty beschreiben? Wie sieht er aus, der Schamane, wie alt ist er?

*V. S.:* Er ist etwa 1,76 Meter groß, 85 Kilogramm schwer und sieht aus wie ein Kriegsveteran aus einem Actionfilm. Sein Gesicht wirkt sehr verwittert und hart. Auf den ersten Blick würde man ihn auf 45 bis 60 Jahre schätzen. Durch das Alter haben sich die nationalen Eigenheiten seiner Züge verwischt. Seine Kleidung ist eher etwas nachteilig für sein Bild. Die letzten drei Jahre hat er das getragen, was ich ihm mitgebracht habe. Als er in die Stadt kam, wohnte er einen Monat lang bei mir und nähte sich Sachen. Übrigens hätte er ein guter Designer für Arbeits- oder Sportkleidung sein können, für sehr funktionelle Arbeitskleidung.

*T. T.:* Vladimir, Sie sagen an manchen Stellen: »Der Schamane wird kommen, er kann erscheinen.« Wo geht er denn in der Zwischenzeit hin, und wie treffen Sie sich mit ihm? Wie bekommen Sie die Gelegenheit zu Ihren Gesprächen?

*V. S.:* Er sagte, er werde in der Großstadt leben und sich mit neuen Praktiken beschäftigen, die in den Sowjetzeiten nicht zugänglich waren. Als ich ihn fragte, was das für Praktiken seien, antwortete er: »Ich werde als Kellner arbeiten oder mein eigenes Restaurant eröffnen.«

*T. T.:* Er hat also einen Ausweis, er ist ein durchaus sozialisierter Mensch, und er kann Arbeit finden?

*V. S.:* Den Ausweis ließ er sich ausstellen, während er bei mir in Magadan wohnte. Wenn ich sage, wie alt man ihn schätzen würde, so deswegen, weil ich nicht sagen kann, wie alt er wirklich ist. Er kennt die Städte sehr gut. Als ich ihn danach fragte, sagte er: »Ich kenne die Städte besser als du. Genauso, wie ich die Küste, die Berge und die Tundra besser kenne als du, weil ich schon länger gelebt habe als du.« Ich selbst bin immerhin auch schon 48. Ich konnte mich wirklich davon überzeugen, dass er Aufgaben, die sich einem in der Gesellschaft stellen, effektiv löst, darunter auch solche, mit denen nicht alle modernen Menschen zurechtkommen.

*T. T.:* Sagen Sie, wer hat Ihnen denn überhaupt gesagt, dass er ein Schamane ist?

*V. S.:* Er wird allgemein so bezeichnet.

*T. T.:* Nennt er sich vielleicht selber so?

*V. S.:* Ihm ist vollkommen egal, wie man ihn nennt. Als ich mich nach seinen Beziehungen zu den Wilderern erkundigte, fragte ich ihn, woher ihre große Achtung ihm gegenüber denn komme, und er sagte: »Ich behandle sie manchmal und sage ihnen, was sie nehmen sollen und wie viel, damit sie auch im nächsten Jahr und im Jahr darauf arbeiten können.« Ich fragte: »Ist es dir angenehm, dass sie dich den Schamanen nennen?« – »Von mir aus kannst du mich einen Topf nennen …« An der Küste, in der Taiga und Tundra leben ziemlich viele Menschen entweder nur saisonweise an festen Orten, oder sie ziehen als Nomaden herum; alle kennen ihn, und er kennt alle, und alle nennen ihn den Schamanen.

T. T.: Was meinen Sie mit Ihrer Aussage »Ich habe mein Leben vollständig verändert«?

V. S.: Das ist gar kein Ausdruck! Früher war mein Leben auf gesellschaftliche Prioritäten ausgerichtet, auf mein Verhältnis zu anderen Menschen und darauf, Beziehungen zu haben. Jetzt denke ich nicht mehr so sehr daran, was für gewöhnlich »Selbstverwirklichung« genannt wird, sondern viel häufiger an etwas, das entweder nicht mehr modern oder noch nicht modern ist – klingt schlecht aus dem Munde eines Wissenschaftlers –, nämlich an die Verbindung mit meinem Geist. Auch die Prioritäten haben sich geändert. Aber damit hier nicht der Eindruck entsteht, ich wollte jetzt ganz unter die Einsiedler gehen: Ich weise gesellschaftliche Meriten nicht zurück, sie sammeln sich allmählich an – jetzt aber nicht mehr als das Ergebnis darauf abzielender Arbeit, sondern als Nebenprodukt meiner Suche nach dem, was ich im Moment noch »die Verbindung mit meinem Geist« nennen würde.

T. T.: Erklären Sie bitte genauer, welche Bedeutung Sie in diese Worte legen.

V. S.: Die moderne Psychologie und die heutige Erziehungs-Ideologie sind auf die Selbstverwirklichung der Persönlichkeit ausgerichtet. Die Persönlichkeit wiederum baut sich aus den Beziehungen zu anderen Menschen auf. Der Mensch ist also an Beziehungen mit anderen Menschen orientiert: entweder mit nahestehenden Personen oder mit einer »Anhängerschaft«, wenn es sich um irgendeine Art von »Star« handelt. Von all den Menschen, die den Hörern jetzt bekannt sind, richtet sich praktisch keiner auf die Verbindung mit seinem eigenen Geist aus, darum kann ich niemanden als Beispiel anführen. Neulich hielt ich am Institut für Psychoanalyse in Chabarowsk eine Vorlesung über Esoterik. Dort stellten mir die Zuhörer Fragen zu einer bestimmten Technik, die der Beruhigung dient. Sie fragten mich: »Was ist ein ›ruhiger Mensch‹?« Ich ging in Gedanken alle meine Bekannten durch, plötzlich bildete sich die Gestalt heraus, *und ich begriff, warum jemand ruhig ist: weil er das tut, was sein Herz will.* Vielleicht entwickelt der Mensch ja gerade dann die Verbindung zu seinem Geist, wenn er nicht so sehr das tut, was er – jedenfalls nach Meinung anderer – tun sollte, und nicht das, was sein gesellschaftliches Prestige steigert, sondern das, was er selbst wirklich will, was sein Herz will.

*T. T.*: Ist das nicht ein Weg, der zum Egoismus führt?

*V. S.*: Ganz im Gegenteil. Wenn zum Beispiel ein Pilot ein Flugzeug steuert, so wäre hier eine Persönlichkeit wünschenswert, die weniger nach Selbstverwirklichung strebt, sondern eher mit dem technischen System verschmilzt und imstande ist, sich von sich selbst zu lösen, um während dieser Flugstunden anderen zu dienen. Doch wenn der Drang nach Selbstverwirklichung die Persönlichkeit dominiert, wird er sich niemals vollständig von sich lösen, um mit dem System zu arbeiten. Viele moderne, technisch bedingte Katastrophen stehen übrigens damit in Zusammenhang. Zu häufig werden technische Systeme von Menschen gesteuert, die sich nicht wenigstens für eine bestimmte Zeit ganz darauf einstellen können zu dienen, sondern sich ausschließlich der Entwicklung ihrer Persönlichkeit widmen. Ein Mensch hingegen, der die Verbindung mit seinem Geist immer wieder erneuert, verschreibt sich eine gewisse Zeitlang etwas anderem. Und darum wird er sich natürlich weniger von Nebensächlichkeiten ablenken lassen.

T. T.: In früheren Zeiten lagen die Hauptfunktionen der Schamanen beim Jagd- und Fischereihandwerk*, sie sollten das Jagdglück und den Erfolg beim Fischfang sichern, heilten Kranke, sagten das Schicksal voraus. All das war für die Mitglieder ihres jeweiligen Stammes notwendig. Jetzt, wo nur noch einige wenige von ihnen übrig sind und dieser Schamane, mit dem Sie zu tun hatten, allein lebt – worin liegen jetzt Sinn und Wesen seiner Existenz?

*V. S.*: Ich werde Ihnen ein reales Beispiel geben. Es war Anfang des 20. Jahrhunderts in einem Eskimodorf. Nachdem sehr viele Robben gefangen worden waren, kamen die Jäger des Dorfes einmal im großen Gemeinschaftszelt zusammen, saßen dort herum und taten nichts. Der Schamane schaute bei ihnen vorbei – die Stammesmitglieder nannten ihn halb im Scherz, halb im Ernst »der ewig Wache« – und fing an, sie auszuschimpfen: »Was sitzt ihr da herum, geht und schaut, dass ihr etwas zum Mittagessen beschafft!« Die Gemeinschaft wurde von niemandem organisiert, es war der Schamane, der sie aus der Sphäre ihrer individuellen Interessen herausführte – darin bestand seine wichtigste Funktion.

*T. T.*: Aber muss man fähig sein, Verbindung mit den Geistern aufzunehmen, um eine Gemeinschaft ganz einfach technisch so zu organisieren, dass die Leute wieder auf die Jagd gehen?

*V. S.*: Die haben auf einen Menschen gehört, der mit der Vergangenheit, mit der Zukunft und mit den Ahnen in Verbindung steht.

*T. T.*: Das heißt, der Schamane ist in jedem Fall die führende Persönlichkeit und die Autorität seines Stammes?

*V. S.*: Der Schamane ist nicht der Häuptling. Stellen Sie sich vor, wie vierzig Menschen inmitten der verschneiten Tundra oder an eisbedeckten Ufern leben, wo sich die

Eismassen viele Kilometer weit in die Ferne erstrecken. Ein halbes Jahr lang bekommen sie niemanden zu Gesicht. Aber sie sind nicht einsam. Nicht, weil sie Funkverbindung haben – früher existierte nichts dergleichen –, sondern weil es den Schamanen gibt, über den sie die Verbindung zu ihren Ahnen und Nachkommen halten und mit anderen Menschen, die fünfhundert oder tausend Kilometer entfernt in einer ebenso kleinen Siedlung an der Küste oder in der Tundra leben. Darin bestand die wichtigste *geistige Funktion des Schamanen*. Natürlich behandelte er auch Kranke, suchte Vermisste, war der Ausführende von Ritualen und Träger von Kulturtraditionen, doch seine Hauptfunktion bestand darin, dass dank seiner diese vierzig Menschen eben neun Monate im Jahr im Polarwinter nicht einsam waren.

*T. T.:* In den zwanziger und dreißiger Jahren des 20. Jahrhunderts wurden die Schamanen sehr heftig und grausam verfolgt, man nahm ihnen ihre Gewänder und Ritualgegenstände weg. Was denken Sie, ist es im Prinzip überhaupt möglich, das Schamanentum zu verbieten und es abzuschaffen?

*V. S.:* Nein, das geht nicht, es werden trotzdem wieder Schamanen auftauchen. Es gibt da einen Begriff – die »Schamanenkrankheit«. Da ist, sagen wir mal, ein erwachsener Mensch, 45 Jahre alt, im Leben erfolgreich, seine Kinder sind schon erwachsen und haben auch gesellschaftlichen Erfolg. Auf einmal beginnen ihn Geister zu verfolgen und ihn dazu zu drängen, sich als Schamane zu betätigen – nicht unbedingt im herkömmlichen Sinn. Dabei lebt der Mensch in einer modernen, städtischen Siedlung! Er hadert einige Jahre lang mit seinem Problem, wird davon schwer krank, aber letzten Endes fängt er an, als Schamane zu leben.

*T. T.*: Ist Ihnen irgendetwas darüber bekannt, ob Schamanen die Techniken, die sie beherrschen, dazu einsetzen, um die Rätsel sogenannter Anomalien, von UFOs oder von Spuren alter Zivilisationen und so weiter zu lösen, oder versuchen sie es zumindest?

*V. S.*: Ich selbst spreche ja nur von diesem einen Schamanen. Er sagt, er benutze bestimmte Techniken zum Beispiel dazu, in die Welt der Urmenschen einzudringen. Die Technik klingt einfach, ist es von ihrer Ausführung her aber nicht. Er macht dasselbe, was sie in ihrer Zeit getan haben. Er ahmt sie nicht bloß nach, sondern fertigt zum Beispiel Pfeil und Bogen haargenau so, wie sie es getan haben. Indem Menschen gleiche Praktiken realisieren, befinden sie sich in einer ähnlichen Realität. Er weiß sehr viel über die Welt der Urmenschen.

*T. T.*: Vladimir, man nennt Sie jetzt den russischen Castaneda – ich weiß, dass Sie das ablehnen. Castaneda hat zwölf Werke verfasst, in denen er seine Begegnungen mit den Schamanen des indianischen Yaqui-Stammes beschreibt. Es heißt, um den Schamanismus zu studieren, müsse man sein ganzes Leben dafür einsetzen. Ist Ihr Interesse mit dem Verfassen dieses Buchs nun erschöpft?

*V. S.:* Es ist ein Dialog dargestellt, aber der Begründer dieser stilistischen Form ist nicht Castaneda, sondern Platon – er hat als Erster Dialoge in Schriftform gebracht – seine Dialoge mit Sokrates. Bei der Lektüre von Carlos Castaneda ist die Ähnlichkeit mit Platon verblüffend. Meine eigenen Texte haben eine größere Nähe zu den Dialogen von Sokrates als zu den Texten Castanedas. Mit der Idee des Don Juan (Matus) wird bei Castaneda die Ansicht vertreten, wir seien wahrnehmende Wesen, während wir nach Meinung des Schamanen erschaffende Lebewesen sind. Bei vielen Praktiken, die Castaneda beschreibt, ist ein Mensch, der sich in einem bestimmten Bewusstseinszustand befindet, prinzipiell nicht fähig, sich an das, was mit ihm in einem anderen Bewusstseinszustand geschah, zu erinnern. Bei den Praktiken des Schamanen ist dies sehr wohl möglich, weil der Mensch sich an jenen Zustand und an jene Handlungen zwar nicht erinnert, aber doch über die Resultate seiner Handlungen verfügt: Er tut etwas. Und durch das Ergebnis wird die Erinnerung wiederhergestellt.

*T. T.:* Was denken Sie – ist Schamanismus Philosophie, Religion oder etwas Drittes?

*V. S.:* Er ist eher eine Lebensweise. Er enthält das, was wir heute Philosophie nennen. Was die Religion betrifft, so verwendet der Schamane Begriffe wie »der Geist des Ortes« und »die Verbindung mit dem eigenen Geist«, doch könnte ich sein Weltbild und seine Denkweise keinem religiösen Konzept zuordnen.

*T. T.:* Vladimir, haben Sie sich niemals anhören müssen, dass dieser Mensch, den alle »den Schamanen« nennen, in Wirklichkeit einfach nur ein Scharlatan ist?

*V. S.:* Ein Scharlatan ist ein Mensch, der seine Umgebung betrügt, um daraus irgendeinen Nutzen für sich zu ziehen. Welchen Nutzen zieht der Schamane denn aus alldem?

*T. T.:* Zum Beispiel sich selbst zu mystifizieren, Aufmerksamkeit und Interesse auf sich zu lenken …

*V. S.:* Wie zieht er denn Aufmerksamkeit auf sich, wenn jetzt noch nicht einmal jemand weiß, wo er ist und wie er heißt? Er hat das alles überhaupt nicht nötig. Das Erste, was mein Interesse an ihm geweckt hat, war, dass er fähig ist, jahrelang und wahrscheinlich sogar jahrzehntelang allein zu leben. Nicht er sucht den Kontakt zu anderen, die anderen suchen den Kontakt zu ihm.

## Interview in *Rossijskaja Gaseta* – *Nedelja* (Russische Zeitung – »Die Woche«)[76]

Vladimir Serkin ist Doktor der Psychologie und Professor. Er hat den Lehrstuhl für Psychologie an der Nördlichen Internationalen Universität in Magadan inne und bereits über 90 wissenschaftliche Arbeiten veröffentlicht.

Sein Werk *Die Dankbarkeit des Wolfs* hat in Magadan bereits zwei Neuauflagen erlebt, in diesem Jahr ist es in Moskau in einer kleinen Auflage erschienen.[77] Die Buchpräsentation in der Hauptstadt fand im Ausstellungsgebäude »Manege« statt, kurz bevor es abbrannte. Vladimir Serkin, der Autor, wurde in Rezensionen als der »russische Castaneda« betitelt[78], weil seine Bücher ähnlich wie

---

76 Das Treffen mit der Journalistin der *Rossijskaja Gaseta* (»Russische Zeitung«), Susanna Alperina, fand in einem offenen Café am Alten Arbat in Moskau statt. Sie schnitt das Gespräch auf Band mit, einen Vorabdruck vor der Veröffentlichung habe ich nicht zu Gesicht bekommen. Es wurde in der Ausgabe Nr. 25 vom 02.06.2004 veröffentlicht.

77 Hier ist von der 2004 im Verlag *Zebra E* erschienenen Ausgabe die Rede. Im Sommer 2006 und im Januar 2007 erschien im Verlag *Sofia* zweimal eine ergänzte Ausgabe.

78 Ich muss hier noch einmal bemerken, dass ich diese journalistische »Kreation« für eine sehr unglückliche Wahl halte.

die Werke Castanedas aus Dialogen mit einem Menschen bestehen, der in einer anderen Dimension lebt.

Vor meiner Begegnung mit Vladimir Serkin malte ich mir beim Lesen des Buches ein Fantasiebild von ihm – einen älteren Professor, dessen Äußeres etwas vom Aussehen der fernöstlichen Magadaner Küstenbewohner hat. Doch als wir uns dann gegenüberstanden, stellte ich mit Erstaunen fest, wie jung er wirkte – etwa wie 37 –, und so lautete meine erste Frage:

*Susanna Alperina:* Wie alt sind Sie?
*Vladimir Serkin:* Achtundvierzig.
*S. A.:* Mir schien, als müsse der Mensch, der das Buch geschrieben hat, älter sein.
*V. S.:* Meine Seele ist älter.
*S. A.:* Mir ist beim Lesen eine Stelle aufgefallen, wo Sie schreiben, der Schamane sei in einem Alter, in dem sich die nationalen Eigenheiten der Gesichtszüge bereits verwischen, und es sei nicht klar, wie alt er wirklich sei: Man könne ihn auf 45 bis 60 Jahre schätzen. Hat er Ihnen vielleicht das Geheimnis enthüllt, wie man sein eigenes Alter beeinflussen kann?
*V. S.:* Er lebt einfach, was soll es für ein Geheimnis geben?
*S. A.:* Warum haben Sie dann geschrieben: »ob er überhaupt ein Mensch ist«? Was ist er? Ein Geist, ein Übermensch?

*V. S.:* Das ist schwierig zu erklären. Ich habe es versucht, bislang aber weiß ich noch nicht, wie ich es am besten beschreiben soll. Der Schamane vergleicht das Leben des Menschen mit einer Welle. Es geht um Energie. Der Mensch ist eine Energiewelle, und das ist wichtiger als der Körper. Der Mensch ist eine sich selbst erhaltende Art von Energie, ein geschlossener Raum, eine Spirale. Wenn er in Widerspruch zu seiner Energie, seiner Gestalt geht, so zerstört er sich selbst, altert und wird schwach. Der Schamane lebt deshalb so lange, weil er sich seiner selbst als Energiegebilde klar bewusst ist. Und weil er diese Gestalt rekonstruieren kann.

*S. A.:* Bevor Sie dem Schamanen begegnet sind, haben Sie an einer Dissertation gearbeitet, die der Erforschung der »Neurose des aufgeschobenen Lebens« gewidmet ist. Was ist das?

*V. S.:* Das war keine Dissertation, sondern eine Reihe von Artikeln, in denen ich wissenschaftliche Untersuchungen zu dieser Thematik beschreibe. Darunter versteht man Folgendes: wenn ein Mensch meint, dass er jetzt noch nicht lebt, sondern sich im Moment nur auf das wirkliche Leben vorbereitet, welches dann später, wenn die Voraussetzungen geschaffen sind, beginnen wird. Manchmal kann ein solches Szenario ziemlich lange andauern: Man plant, wie man nach Moskau umziehen wird, eine Wohnung oder ein Auto kaufen wird … Das kann sich zehn oder fünfzehn Jahre lang hinziehen, bei manchen Menschen dauert es sogar das ganze Leben lang. Im Endeffekt packt dieser Mensch seine vordringlichen Lebensfragen nicht an, weil er darauf baut, dass er sie in seinem »wirklichen Leben« lösen wird. Und er beginnt, sich wie ein Neurotiker zu verhalten. Dieser unterscheidet sich von einem normalen Menschen gerade dadurch, dass der Neurotiker Probleme aufschiebt und Erklärungen dafür findet, während der »normale« Mensch danach strebt, Probleme zu lösen. Wenn sich die Last der ungelösten Probleme allmählich aufstaut, beginnen die neurotischen Krisen.

*S. A.:* Warum haben Sie sich mit diesem Thema befasst?

*V. S.:* Im hohen Norden gibt es viele Menschen, die mit dem Wunschtraum von einem Umzug in andere Regionen leben: Wir werden Geld sparen, eine Wohnung kaufen, die Voraussetzungen schaffen, und dann ziehen wir um. Manche denken noch mit fünfzig, dass sie gar nicht leben, sondern sich erst auf das wahre Leben vorbereiten. Die Jugend vergeht, die reifen Jahre …

*S. A.:* Kommen wir zu Castaneda: War das ein PR-Gag, um den Verkauf des Buches anzukurbeln, oder wurden Sie tatsächlich so genannt?

*V. S.:* Als Erste haben mich Journalisten so genannt, sie arbeiten bei der Zeitschrift *Ogonjok*, worin Auszüge aus dem Buch veröffentlicht wurden. Ich denke, sie haben diesen Vergleich angestellt, um mich genremäßig einzuordnen. Dabei hat meiner Ansicht nach jemand einfach drauflosformuliert und damit einem wirklichen Verständnis eher den Weg verbaut, denn Castaneda und ich, wir haben vollkommen unterschiedliche Vorstellungen von der Welt, unterschiedliche Sichtweisen.

S. A.: Ich bin über die Stelle »gestolpert«, wo der Schamane von der Bedeutung der Schamanentrommel spricht: »Die meisten Krankheiten entstehen dadurch, dass der Mensch nicht mehr mit seiner Welt im Einklang lebt. Der Tanz und der Gesang zu den Rhythmen der Trommel helfen dem Menschen, die verlorene Harmonie wiederherzustellen.«

V. S.: Die Sache mit dem Tamburin ist wesentlich komplizierter. Ein Tamburin kann man auch in Moskau kaufen, aber das ist dann nur ein Schlaginstrument. Wenn ein echter Schamane eine Trommel bzw. ein Tamburin vorbereitet, so tut er das mit einem engen Bezug zu dem Ort, an dem er arbeiten will. Auf die Trommel werden die Landkarte der Gegend und die Himmelskarte aufgelegt. Wenn der Himmel nicht zu sehen ist, sieht ihn der Schamane trotzdem auf seiner Trommel. Er visualisiert ihn. Er kann über die Trommel, das heißt über den Sternenhimmel, die Richtung einhalten und das Wetter vorhersagen.

*S. A.:* Und der Aspekt des Rhythmusgefühls bei der Rentierjagd?

*V. S.:* Der Mensch läuft rhythmisch, während das Rentier davonprescht, eine kurze Strecke läuft und dann wieder stehen bleibt. Darum erschöpft es sich auf die Dauer wesentlich schneller als ein Mensch, der gleichmäßig, mit stetigem Atem läuft. Die Jäger in alten Zeiten waren nicht ausdauernder und nicht schneller, sie waren einfach rhythmischer.

*S. A.:* Könnten Sie einem Rentier auf der Spur bleiben, bis es nicht mehr kann?

*V. S.:* Ich habe eine andere Weltsicht. Ich jage nicht. Wenn es natürlich um Leben oder Tod ginge, könnte ich es wohl.

*S. A.:* Eine Frage von mir haben Sie noch nicht vollständig beantwortet: Was hat sich in Ihrem Leben nach den Begegnungen mit dem Schamanen geändert?

*V. S.:* Ich bin ruhiger geworden. Menschen, die mich schon lange kennen, sagen, ich sei irgendwie jünger geworden. Das ist schwer damit in Bezug zu setzen und zu erklären. Meine Prioritäten haben sich geändert.

*S. A.:* Was sind jetzt Ihre Prioritäten?

*V. S.:* Es tauchen jetzt auch andere Gedanken auf. Zum Beispiel kämpft man bei uns viel für die Rechte von Minderheiten, von Frauen, von unterdrückten Völkern oder benachteiligten Menschen. Ich denke, dass in zukünftigen Verfassungen die Rechte von Mineralien, Pflanzen und Tieren ausdrücklich festgeschrieben werden müssen. Was wir heute tun, ist die reine Willkür. Die Umwelt ist bei uns absolut rechtlos.

S. A.: Wer aber wird über die Einhaltung dieser Rechte wachen, wenn noch nicht einmal die Menschenrechte besonders geachtet werden?

V. S.: Im Großen und Ganzen wacht die Natur selbst darüber. Wenn der Mensch sich nicht in Harmonie verhält, treibt er sich rasch selbst ins Verderben. Das zeigt, dass die Umwelt über ihre Interessen wacht. Zerstörst du sie, so zerstört sie dich. Erhältst du sie, so erhält sie dich.

S. A.: Schamanismus ist heute ein angesagtes Thema. Haben Sie beim Schreiben daran gedacht?

V. S.: Ich lebe in einem fernen Winkel, wozu soll ich mir über so etwas Gedanken machen?

S. A.: Wie stand der Schamane dazu, dass Sie ein Buch über ihn schreiben?

V. S.: Ihm ist das egal. Hauptsache, dass kein direkter Hinweis auf ihn drinsteht. Und mir sind solche Dinge auch egal. Ich begann damit Mitte der Neunziger, jetzt ist 2004. Was für Spekulationen auf Modethemen soll ich hier also angestellt haben? Überhaupt, ich habe bei Gouverneurswahlen und Wahlen zur Gosduma (dem russischen Parlament) mitgewirkt und sogar noch bei Wahlen zum letzten Obersten Sowjet. Was PR und gefragte Themen angeht, damit kenne ich mich aus. Wenn ich mich nach dem Massengeschmack hätte richten wollen, so hätte ich Gelegenheit dazu gehabt.

*S. A.:* Meiner Vorstellung nach ist ein Schamane nicht nur derjenige, der heilt. »Schamane« – das kann auch ein Synonym für »Zauberpriester« sein, also für den verantwortlichen Träger des gesamten geistigen Lebens seines Stammes.

*V. S.:* Schamanentum ist die älteste der uns bekannten Formen von Religiosität. Später haben sich die Religionen entwickelt und etwas dazugewonnen, das im Vergleich zum Schamanentum neu ist. Doch gleichzeitig verläuft durch die Religionen eine Trennlinie und teilt die Welt folgendermaßen ein: Ihr seid die Ungläubigen, und wir sind die Rechtgläubigen. Der Schamanismus war eine integrative Lehre, eine Lehre, die alle umfasste, während die Religionen das Persönliche zwar verstärkt, das Gemeinsame aber verloren haben. Für mich ist der Schamane ein Mensch, der dieses Gemeinsame trägt, er versteht es und lebt darin.

*S. A.:* Wie denkt der Schamane über die Beziehungen zwischen Mann und Frau? Sie stellen ihm im Buch die Frage: »Wo ist die Frau, die du liebst?«, und er antwortet: »Sie ist bei mir.« Erläutern Sie das bitte näher.

*V. S.*: Das Gefühl der Liebe zwischen Mann und Frau schafft eine wechselseitige Energie. Das ist vielen bekannt. Ein altes Paar, das ich kenne, sagt: »Solange wir zu zweit sind, haben wir keine Angst, wir fühlen uns gut. Aber wir haben Angst, dass einer von uns früher stirbt…« Warum? Weil sie ein gemeinschaftliches Ganzes geschaffen haben. Wenn der Schamane über seine Liebste sagt: »Sie ist bei mir«, so meint er damit, dass dieses gemeinschaftliche Ganze erhalten geblieben ist und bleibt. Er kommuniziert mit ihr. Sie mit ihm ebenfalls.

*S. A.*: Wie hat der Schamane Ihr persönliches Leben und Ihre Arbeit beeinflusst?

*V. S.*: Mein Verhältnis zu den mir nahestehenden Menschen und zu meinen Verwandten ist herzlicher geworden. In meiner Arbeit bin ich in mancher Hinsicht nachgiebiger geworden, in anderer unduldsamer. Früher habe ich häufig ohne Unterschied geholfen und ohne Unterschied verziehen. Einige Jahre nach meiner ersten Begegnung mit dem Schamanen hörte ich auf, das zu tun. Denn Hilfe und Verzeihung, die man Menschen wahllos zukommen lässt, dienen nicht deren Wachstum, sondern verderben sie. Das wusste ich zwar früher auch schon, aber danach zu handeln begann ich erst, als ich mich mit dem Schamanen ausgetauscht hatte.

Ich begann darüber nachzusinnen, dass andere Menschen durch die Beziehung zu mir nicht nur materiellen

Wohlstand, sondern auch seelisches Wohlbefinden erlangen sollten, und der Typus der Studenten, die bei mir ihre Diplom- und Kursarbeiten schrieben, veränderte sich. Als Lehrstuhlleiter demonstrierte ich wohl mehr als alle anderen Dozenten Erfolg – soweit für einen Studenten ein Dozent oder Wissenschaftler überhaupt erfolgreich sein kann. So kam zu mir auch jene Kategorie von Studenten, die tüchtig und gut waren, aber auch den Wunsch hatten zu lernen, wie man sozial erfolgreich wird. Jetzt ziehe ich außer diesen Studenten auch solche an, die sich entwickeln, etwas verstehen, den Menschen Nutzen bringen wollen. Und ich begann selbst, mit ihnen auf eine besondere Weise umzugehen und sie aufmerksamer zu betreuen.

S. A.: Also der Guru und seine Jünger?

V. S.: Ein Dozent kann und darf kein Guru sein. Ich sage meinen Studenten immer wieder, ihre erste Aufgabe nach dem Diplom bestehe darin, sich psychisch und psychologisch von uns frei zu machen.

S. A.: Warum nennen Sie die Völker des Nordens in Ihrem Buch »Ewelnen«? Ich habe überhaupt noch nichts von einem solchen Volksstamm gehört, nur von den Ewenken.

V. S.: Das ist eine Kollektivbezeichnung. Es gibt Ewenen und Ewenken, aber keine Ewelnen. Das ist wie mit den Onkilonen im Film *Sannikows Land*. In der ersten

Ausgabe schrieb ich »Ewenen«, doch als das Buch in die Läden kam, sagten die Tschuktschen und die Korjaken: »Das hast du doch über uns geschrieben, warum hast du uns Ewenen genannt?« So schrieb ich ab der zweiten Ausgabe »Ewelnen«, damit niemand sich übergangen fühlte.

S. A.: Sie verbringen viel Zeit in den Wäldern. Wie man mir sagte, wandern Sie durch den Wald zum Pazifik, um hinauszublicken. Sie laufen tagelang, bis zur Brust im Schnee eingesunken, schlafen in Erdhütten, heizen dort den Ofen an. Egal, wie viel Minusgrade herrschen. Und Sie nehmen auch noch Studenten dazu mit. Wird denn niemand von Ihnen krank?

V. S.: Wenn ein Mensch wirklich krank ist, wird er nicht mitgehen. Wenn er nur ein bisschen kränkelt, macht er die Tour mit und kommt gesund zurück.

S. A.: Bei welcher Temperatur baden Sie im Pazifik?

V. S.: Ich bade dann, wenn es möglich ist, überhaupt ans Wasser heranzukommen, wenn ein Eisloch oder eine geeignete Eisspalte da ist. Oder wenn das Eis vom Ufer wegtreibt. Die Wassertemperatur beträgt minus zwei, drei Grad. Mehr als drei bis fünf Minuten in so kaltem Wasser überlebt ein Mensch nicht. Ich gehe auch bloß ganz kurz rein.

S. A.: Es existiert die Ansicht, dass nichts in unserem Leben einfach so geschieht. Was mag hinter dieser Begegnung mit dem Schamanen gestanden haben? Hat der Schamane einen Schüler oder einen »Dolmetscher« gesucht?

*V. S.:* Die Frage stellt sich zu Recht. Ich habe noch keine Antwort darauf, sollte aber darüber nachdenken. Der Schamane unterscheidet sich von einem gewöhnlichen Menschen gerade dadurch, dass er beim Erwerb neuen Wissens das alte nicht vergisst. In diesem Sinn ist sein Wissen enzyklopädisch. Worin besteht der Alterungsprozess in Bezug auf das Gedächtnis? Wir studieren – und vergessen einen großen Teil unseres Schulwissens. Wir gehen in die Arbeit – und vergessen, was wir an der Uni gelernt haben. Wir nehmen eine andere Stelle an, gewinnen neue Erfahrungen hinzu – und verlieren das, was wir bei der alten Arbeit erfahren haben. Wenn ein Mensch dabei ist, mehr zu verlieren, als hinzuzufügen, dann altert er bereits. Der Schamane ist für mich deshalb einzigartig, weil er nichts verliert: weder Erfahrungen noch Wissen. Er erinnert sich noch an die Sozialrevolutionäre. Die Sowjetmacht hat nicht gleich zu Beginn alle erschossen. In der ersten Zeit schickte man sie nach der alten Methode der Zaren einfach weit fort ins Exil. Erst als sich Bürgerkrieg und Klassenkampf verschärften, ging man zu brutalen Repressionen über. Er hat Erinnerungen an diese Zeiten. Er wurde an der Artillerieschule in Ussurijsk ausgebildet – daran kann er sich gut erinnern. Er weiß auch noch, was dort unterrichtet wurde. Er hat in Chabarowsk Medizin studiert – auch das ist alles in seinem Gedächtnis. Er diente in der Nordmeerflotte. Er erzählt interessante Geschichten über seine lange Zeit bei einem Truppenverband der Streitkräfte im Nordkaukasus – während des Zweiten Weltkriegs. Das Land befand sich im Krieg, und sie standen dort in voller Kampfbereitschaft und warteten darauf, dass die Türkei sie angreifen würde, während es an der Front an Soldaten mangelte. Und er vergisst diese ganzen Dinge nicht.

S. A.: Ist der Schamane tatsächlich so selbstgenügsam? Hat er auch mal das Gefühl, einsam zu sein?

V. S.: Das kann ich schlecht vermitteln. In der Sprache gibt es keine Begriffe dafür. Er ist so gut und fest mit der Umwelt verbunden, dass er nicht einsam ist und nie einsam sein wird. Er ist in seine Umgebung sozusagen eingetaucht und mit ihr verschmolzen. Nicht nur mit ihr, sondern womöglich auch mit einer umfassenderen Welt. Er bewegt sich auf einer anderen Ebene der Kommunikation. Ob er mit Menschen oder mit Tieren zu tun hat – er unterhält sich in beiden Fällen ziemlich gut.

S. A.: Warum lautet der Titel des Buches *Das Lachen des Schamanen* (Anm. der Redaktion: im Original)?

V. S.: Beim Schreiben kristallisierte sich bei mir in der ersten Zeit das Bild eines ironischen Beobachters heraus, der mir oder uns allen zuschaut. Zunächst war dies bei mir eine Art mythologisierter Gestalt: Da sitzt einer einige hundert Jahre lang, beobachtet uns und lacht dabei vor sich hin. Ich ließ diese Idee dann zwar wieder fallen, aber etwas von dieser ersten Vorstellung ist mir präsent geblieben und in den Titel eingegangen. Jeder stellt sich einen Schamanen als düsteres Wesen vor, das in einem speckigen Nomadenzelt mit kehliger Stimme seltsame Verse vor sich hin singt und in einem schmuddeligen Eskimopelz am Feuer im Ruß herumspringt und die Schamanentrommel schlägt. Humor kommt hier nicht vor. Dieser Mann hingegen war sehr ironisch und heiter. Bei unseren Unterhaltungen bekam ich viele Male Bauchweh vor Lachen. Es war sehr schwierig für mich, das im Buch richtig »rüberzubringen«.

S. A.: In dem, was ich gelesen habe, war viel Philosophisches enthalten, aber nicht sonderlich viel Humor.

V. S.: Der Schamane besitzt einen ganz eigenen Humor. Erinnern Sie sich, dass ich beschrieben habe, wie ich mich über einen Hautausschlag beklagte und er mich aufforderte, Sprünge auf dem Schnee zu vollführen? Der Kern der Sache ist, dass der Kreislauf durch die Bewegung angeregt wird und die Kälteallergie vergeht. Ich hopste, und er lachte. Kein Grund, deswegen eingeschnappt zu sein – es hilft ja! Er brachte mir bei, dass man tut, was zu tun ist, aber auch seinen Spaß dabei hat: Das eine ist dem anderen nicht hinderlich. Seiner Meinung nach wäre es für alle nützlich, das zu lernen.